上達論

基本を基本から検討する

甲野善紀 × 方条遼雨

PHP

序・「基本《きほん》」に替《か》わるもの

甲野善紀先生《こうのよしのりせんせい》は物事《ものごと》の習得《しゅうとく》において、「基本《きほん》をひたすらに繰《く》り返《かえ》せ」といった練習法《れんしゅうほう》に否定的《ひていてき》な立場《たちば》を取《と》られています。

それは、「この世《よ》に基本《きほん》など存在《そんざい》しない」と言《い》い切《き》っているのではなく、「安易《あんい》に基本《きほん》を定《さだ》める」事《こと》の危険性《きけんせい》について語《かた》っているのです。

そこには、主《おも》に二つの大《おお》きな問題《もんだい》が関《かか》わっています。

○単純《たんじゅん》な「繰《く》り返《かえ》し」になってしまう

様々《さまざま》な流儀《りゅうぎ》・分野《ぶんや》で多《おお》く見られるのは、「素振《すぶ》り何百回《なんびゃっかい》」などと繰《く》り返《かえ》す練習《れんしゅう》をしながら一向《いっこう》に上手《うま》くならない、**「初心者《しょしんしゃ》のようなベテラン」**です。

仮《かり》にその「素振《すぶ》り」が本質的《ほんしってき》に大切《たいせつ》な要素《ようそ》を含《ふく》んでいるとしても、「どうして大切《たいせつ》なのか」「どの部分《ぶぶん》がどのように大切《たいせつ》なのか」を把握《はあく》しないまま闇雲《やみくも》に繰《く》り返《かえ》している場合《ばあい》、大《おお》きな効果《こうか》はなかなか期待《きたい》できません。
それを甲野先生《こうのせんせい》は「下手《へた》を植《う》え付《つ》ける」という言葉《ことば》で表現《ひょうげん》されています。

人間《にんげん》には、良《よ》くも悪《わる》くも「適応力《てきおうりょく》」というものがあります。
一つの動《うご》きを繰《く》り返《かえ》せば、その動《うご》きを支《ささ》える筋肉《きんにく》がついてゆきます。
当然《とうぜん》、「下手《へた》な動《うご》き」を繰《く》り返《かえ》せば「下手《へた》な動《うご》きを支《ささ》える筋肉《きんにく》」が増強《ぞうきょう》されます。
体内《たいない》に、「下手《へた》な動《うご》きを支《ささ》える道筋《みちすじ》」がどんどんできてしまうのです。
それが「**癖**《くせ》」です。
実際《じっさい》、甲野先生《こうのせんせい》の教室《きょうしつ》へ学びに来た人には、ある共通《きょうつう》した傾向《けいこう》が見られます。

「特定分野《とくていぶんや》に熱心《ねっしん》に取《と》り組《く》んだ人ほど習得《しゅうとく》が遅《おそ》い」

言《い》い換《か》えると、武術《ぶじゅつ》もスポーツも経験《けいけん》した事《こと》の無《な》い「素人《しろうと》」の方《ほう》が飲《の》み込《こ》みが早い場合《ばあい》が多い、という事《こと》です。
また、単純《たんじゅん》な筋力《きんりょく》に頼《たよ》らない武術的《ぶじゅってき》な技《わざ》に対《たい》しても、余計《よけい》な「癖《くせ》」のない素人《しろうと》の方《ほう》が、柔軟《じゅうなん》な耐久力《たいきゅうりょく》を発揮《はっき》したりします。

つまり、体《からだ》を熱心《ねっしん》に鍛《きた》えているはずのスポーツ選手《せんしゅ》の方《ほう》が、脆《もろ》く崩《くず》れてしまうのです。体《からだ》の使《つか》い方《かた》が「上手《うま》い」とされているプロや指導者達《しどうしゃたち》の「**特定《とくてい》の動《うご》き**」**を植《う》え付《つ》けてきた経験《けいけん》が、かえって未知《みち》の世界《せかい》に対《たい》する**「**対応力《たいおうりょく》**」**や**「**習得《しゅうとく》**」**の障害《しょうがい》となっている場合《ばあい》があるということです。**

本来《ほんらい》、**この世《よ》のあらゆる事象《じしょう》は「初見《しょけん》」であり、「未知《みち》」**です。武術《ぶじゅつ》の「戦闘《せんとう》」にせよ、スポーツの「試合《しあい》」にせよ、その瞬間《しゅんかん》その瞬間《しゅんかん》は常《つね》に「生《う》まれて初《はじ》めて」であり、未知《みち》でない経験《けいけん》など何《なに》一つありません。

にもかかわらず、「実用性《じつようせい》」という意味《いみ》で最《もっと》も大切《たいせつ》かもしれない「未知《みち》への対応力《たいおうりょく》」を鈍《にぶ》らせてしまう「繰《く》り返《かえ》し」は、果《は》たして本当《ほんとう》に有効《ゆうこう》なのでしょうか？

ここで、もう一つの「問題《もんだい》」が関《かか》わってきます。

○「基本《きほん》」を断言《だんげん》できる指導者《しどうしゃ》がどれだけいるのか

「基本《きほん》」と思《おも》っていた行為《こうい》が、いつの間《ま》にか本質的《ほんしつてき》な対応力《たいおうりょく》を低下《ていか》させてしまっている。

そして我々《われわれ》が見る限《かぎ》り、それに気付《きづ》けている指導者《しどうしゃ》の方々《かたがた》も非常《ひじょう》に少ない状況《じょうきょう》です。

そんな中「これが基本《きほん》」と定《さだ》め、「ひたすら繰《く》り返《かえ》させる」のは、その人の動《うご》きの「根《こん》幹《かん》」を確定《かくてい》する行為《こうい》であり、とても重大《じゅうだい》な責任《せきにん》があります。

では、それを「させている」指導者《しどうしゃ》が、どれだけその「基本《きほん》」の意味《いみ》を認識《にんしき》し、「その意義《いぎ》を体現《たいげん》できているのか」という問題《もんだい》があるのです。

古《いにしえ》の達人《たつじん》のように、抜群《ばつぐん》に体《からだ》を使《つか》える人が正確《せいかく》にその「意義《いぎ》」を把握《はあく》し、慎重《しんちょう》に誘導《ゆうどう》するならば大《おお》きく道《みち》を逸《そ》れないで済《す》むかもしれません。

しかし、そのような人がほぼ絶滅状態《ぜつめつじょうたい》にある昨今《さっこん》、よほど自信《じしん》のある人でも他人《たにん》に「これが基本《きほん》だ」と植《う》え付《つ》ける行為《こうい》は、本来恐《ほんらいおそ》ろしい事《こと》なのです。

甲野先生自身《こうのせんせいじしん》、その「恐《おそ》ろしさ」をよくよく把握《はあく》しているからこそ、いまだ自分《じぶん》の武《ぶ》術《じゅつ》に「基本《きほん》」を定《さだ》めていないのだと思《おも》います。

では、「基本《きほん》が無《な》い」甲野先生《こうのせんせい》の武術《ぶじゅつ》をどう学《まな》べば良《よ》いのでしょうか。

多《おお》くの人が、ここで頭《あたま》を悩《なや》ませる事《こと》になります。

残念《ざんねん》な事《こと》に、手掛《てが》かりが無《な》いまま早々《そうそう》に挫折《ざせつ》をしてしまう人《ひと》もいます。

一方《いっぽう》で、甲野先生《こうのせんせい》は驚《おどろ》くほど多彩《たさい》な人材《じんざい》を輩出《はいしゅつ》しているという面《めん》もあります。

「基本《きほん》がない」はずの先生《せんせい》の元《もと》で学《まな》んだ人達《ひとたち》の中から、武術《ぶじゅつ》やスポーツに留《とど》まらず、多《おお》くの分野《ぶんや》で活躍《かつやく》する指導者《しどうしゃ》や選手《せんしゅ》が生まれているのです。

「挫折《ざせつ》をした人」と「残った人」。この違《ちが》いは何なのでしょうか。

それは**「基本《きほん》に替《か》わるもの」**を手に入れた人達《ひとたち》だと私《わたし》は考《かんが》えています。

では、「基本《きほん》に替《か》わるもの」とは何《なん》でしょうか？

まずは、そこから語《かた》り始《はじ》めたいと思《おも》います。

方条《ほうじょう》　遼雨《りょうう》

上達論

目次

一、変《か》わらないもの

甲野先生《こうのせんせい》ほど技《わざ》の変遷《へんせん》が激《はげ》しい武術家《ぶじゅつか》は珍《めずら》しいと思《おも》います。

月替《つきが》わり、週替《しゅうが》わりはもちろん、日替《ひが》わり、「時《じ》」替《が》わりである事《こと》すらよくあります。

これは、参加《さんか》する人にとって稽古《けいこ》に行《い》く度《たび》に驚《おどろ》きや発見《はっけん》があり、目を離《はな》せない面白《おもしろ》さがあります。

一方《いっぽう》、「習得《しゅうとく》とは、一つの事《こと》を熱心《ねっしん》に積《つ》み重《かさ》ねてゆく行為《こうい》」だと思《おも》っている方《かた》にとっては、「何《なに》を学《まな》べばいいのか」という「混乱《こんらん》の元《もと》」であるとも思《おも》います。

前述《ぜんじゅつ》の「挫折《ざせつ》をする人」と「残《のこ》る人」を分《わ》ける要因《よういん》の一つでしょう。

しかし、次々《つぎつぎ》と生まれ、変《か》わり続《つづ》ける甲野先生《こうのせんせい》の技《わざ》は、手掛《てが》かりが無いほどに無秩序《むちつじょ》でとりとめのないものでしょうか。

そんな事《こと》はないのです。

重要《じゅうよう》な「手掛《てが》かり」となるものがあります。

それは、数十年《すうじゅうねん》にわたる甲野先生《こうのせんせい》の武術《ぶじゅつ》の中で、変《か》わる事《こと》のない「原則《げんそく》」であり、複数《ふくすう》の技《わざ》を横断《おうだん》して運用《うんよう》される「原理《げんり》」です。

これらの「原則《げんそく》」と「原理《げんり》」を軸《じく》に、これから甲野先生《こうのせんせい》の術理《じゅつり》を語《かた》ってゆきたいと思《おも》います。

そして、この「原則《げんそく》」や「原理《げんり》」こそが、甲野先生《こうのせんせい》の技《わざ》における「基本《きほん》に替《か》わるもの」だと私《わたし》は考《かんが》えています。

二、原則《げんそく》

「原則《げんそく》」とは何《なに》か。

それは、これまで生《う》み出《だ》されてきた無数《むすう》の技《わざ》を貫《つらぬ》く、一定《いってい》の「**秩序《ちつじょ》**」と「**共通点《きょうつうてん》**」があるという事《こと》です。

有名《ゆうめい》なもので言うと、「ねじらない」「うねらない」「ためない」「蹴《け》らない」があります。

また、本のタイトル（『不安定《ふあんてい》だから強《つよ》い』田中聡著《たなかさとし》）にも引用《いんよう》されている「不安定《ふあんてい》の使《つか》いこなし」も、歴史《れきし》の長い原則《げんそく》でしょう。

つまり、甲野先生《こうのせんせい》の技《わざ》は目まぐるしく変化《へんか》を続《つづ》けているけれども、それらは「ねじらず」「うねらず」「ためず」「蹴《け》らず」に行《おこな》われており、「不安定《ふあんてい》を使《つか》いこなしている」のです。

この辺《あた》りを認識《にんしき》しておくと、技《わざ》への理解《りかい》がぐっと深《ふか》まってゆきます。

これから甲野先生《こうのせんせい》の技《わざ》における重要原則《じゅうようげんそく》をとりあげつつ、関連《かんれん》する技《わざ》や稽古法《けいこほう》についてもご紹介《しょうかい》してゆきたいと思《おも》います。

三、我田引水《がでんいんすい》であるという事《こと》

ここで、一つお断《ことわ》りしておかねばならない事《こと》があります。

ここから書《か》く術理《じゅつり》に関《かん》する解説《かいせつ》や稽古法《けいこほう》は、執筆者《しっぴつしゃ》（方条《ほうじょう》）独自《どくじ》の解釈《かいしゃく》によるものであるという事《こと》です。

今回《こんかい》の執筆《しっぴつ》にあたり、甲野先生《こうのせんせい》より一つの言葉《ことば》をかけていただきました。

「我田引水《がでんいんすい》でいいです」

これは、極《きわ》めて珍《めずら》しい事《こと》であると思《おも》います。

まだ現役《げんえき》である武術《ぶじゅつ》の師《し》が、弟子《でし》に自分《じぶん》の技術《ぎじゅつ》を語《かた》らせる際《さい》、「恣意的解釈《しいてきかいしゃく》」も許容《きょよう》する、と言っているようなものだからです。

特《とく》に、一つの体系化《たいけいか》された流儀《りゅうぎ》を正確《せいかく》に伝《つた》えてゆこうという団体《だんたい》や個人《こじん》では考《かんが》えられない事《こと》でしょう。

ではなぜ、ここでこのような背景《はいけい》をご紹介《しょうかい》しているかと言うと、もしも「この文章全《ぶんしょうすべ》てが寸分《すんぷん》たがわぬ甲野善紀《こうのよしのり》の考《かんが》えである」と誤解《ごかい》を与《あた》えてしまったら、さすがに申《もう》し訳《わけ》ないからです。

そしてもう一点、「我田引水《がでんいんすい》でよい」と言えてしまう事自体《ことじたい》に、甲野先生《こうのせんせい》の稽古思想《けいこしそう》や、「師《し》」としての重要《じゅうよう》な在《あ》り方《かた》が表《あらわ》れている、と私《わたし》は思《おも》ったからです。

それは、甲野先生《こうのせんせい》や周辺《しゅうへん》の人の「上達論《じょうたつろん》」にも密接《みっせつ》に関《かか》わってゆきます。

その事《こと》についても、いずれ語《かた》れたらと思《おも》います。

話《はなし》がそれましたが、この先もどうぞ「私的上達論《してきじょうたつろん》」及《およ》び、「私的甲野術理《してきこうのじゅつり》・稽古論《けいころん》」だと思《おも》って読《よ》み進《すす》めていただければ幸《さいわ》いです。

四、原則《げんそく》・「不安定《ふあんてい》の使《つか》いこなし」

甲野先生《こうのせんせい》の象徴的原則《しょうちょうてきげんそく》でもある「不安定《ふあんてい》の使《つか》いこなし」。

そもそも、「不安定《ふあんてい》」とは何《なん》でしょうか。

「不《ふ》」安定《あんてい》というからには、対極《たいきょく》に「安定《あんてい》」があります。

武術《ぶじゅつ》において技《わざ》を繰《く》り出《だ》すのは肉体《にくたい》ですから、肉体《にくたい》における何《なん》らかの「安定《あんてい》」を崩《くず》すのが「不安定《ふあんてい》の使《つか》いこなし」という事《こと》になります。

肉体《にくたい》における「安定《あんてい》」を表現《ひょうげん》するならば、

- 「バランスが取れている」
- 「どっしりと落《お》ち着《つ》いている」

といった所でしょうか。

そして後者《こうしゃ》を言《い》い換《か》えれば、「位置《いち》や形《かたち》・状態《じょうたい》が定《さだ》まって揺《ゆ》るがない」とも言えるでしょう。

「不安定《ふあんてい》の使《つか》いこなし」とは、これ等《ら》を「崩《くず》し」て「使《つか》いこなす」わけです。

五、原理《げんり》・「膝抜《ひざぬ》き」

甲野先生《こうのせんせい》の定番《ていばん》とも言える術理《じゅつり》の一つに「**膝抜《ひざぬ》き**」というものがあります。

これは、立っている状態《じょうたい》から急激《きゅうげき》に両膝《りょうひざ》の力《ちから》を抜《ぬ》き、体《からだ》を自由落下《じゆうらっか》させるというものです。

この原理《げんり》は単純《たんじゅん》ながら非常《ひじょう》に有効《ゆうこう》かつ応用範囲《おうようはんい》が広く、多《おお》くの稽古人《けいこにん》が自然《しぜん》と活用《かつよう》しています。

また、甲野先生《こうのせんせい》の中でも非常《ひじょう》に歴史《れきし》ある術理《じゅつり》であり、その後《ご》の様々《さまざま》な原理《げんり》に応用展開《おうようてんかい》されています。

そういった意味《いみ》で、初期《しょき》に学《まな》ぶには非常《ひじょう》に適《てき》した術理《じゅつり》の一つと言えるでしょう。

具体的《ぐたいてき》な技法《ぎほう》で言えば、「浪之下《なみのした》」「斬《き》り落《おと》し」「タックル潰《つぶ》し」など「落《お》とし系《けい》」にそのまま転用《てんよう》する事ができます。

一例《いちれい》を挙《あ》げてみましょう。

前述《ぜんじゅつ》の「浪之下《なみのした》」とは、片腕《かたうで》を両腕《りょううで》でつかまれた状態《じょうたい》から、相手《あいて》を下方向《したほうこう》に崩《くず》す技《わざ》です。

ちなみに、武術《ぶじゅつ》の世界《せかい》では技《わざ》をかける人を**「取《とり》」**、受ける人を**「受《うけ》」**と呼《よ》びます。

実際《じっさい》にやってみると分かりますが、この状況《じょうきょう》はなかなかに厳《きび》しく、体格《たいかく》が同じくらいの相手《あいて》に試《こころ》みても、うまく技《わざ》を成功《せいこう》させるのは難《むずか》しいと思《おも》います。

初心者《しょしんしゃ》の方《かた》はもちろん、ベテランでさえやってしまいがちなのは、どうしても相手《あいて》にし掛《か》かってしまい、ぐいぐいと力技《ちからわざ》で掛《か》けようとしてしまうのです。

そうすると、両手《りょうて》でがっちり支《ささ》えている相手《あいて》に対《たい》し、単純《たんじゅん》な「腕力《わんりょく》」で対抗《たいこう》する構図《こうず》となりますから、難《むずか》しくなってしまうわけです。

ここで、「膝抜《ひざぬ》き」を応用《おうよう》してみます。

通常《つうじょう》、つかまれている腕《うで》でなんとか相手《あいて》をねじ伏《ふ》せたくなりますが、逆《ぎゃく》にその腕《うで》をなるべく「働《はたら》かせない」ように、持《も》たれた状態《じょうたい》のまま「形《かたち》の保持《ほじ》」程度《ていど》にとどめておくようにします。

そして、そのまま「膝抜《ひざぬ》き」を行《おこな》い、全身《ぜんしん》を一気に落下《らっか》させます。

すると、相手《あいて》はこちらの落下《らっか》に巻《ま》き込《こ》まれ、上手《うま》く行《ゆ》けば体格《たいかく》に勝《まさ》る相手《あいて》さえも、あっけなく崩《くず》れてゆきます。

これは、力《ちから》の発生源《はっせいげん》を通常《つうじょう》の「**腕力**《わんりょく》」から、腕《うで》を媒介《ばいかい》にして「**体重の落下**《たいじゅうらっか》」という「**重力**《じゅうりょく》」に切《き》り替《か》えた効果《こうか》が活《い》かされています。

そして、この「落下《らっか》」こそが、「不安定《ふあんてい》の使《つか》いこなし」の原初型《げんしょけい》の一つでもあるのです。

六、体重移動《たいじゅういどう》

前述《ぜんじゅつ》「浪之下《なみのした》」の例《れい》で行《おこな》った**「体《からだ》の落下《らっか》エネルギーに相手《あいて》を巻《ま》き込《こ》む」**という技法《ぎほう》は、直立《ちょくりつ》していた全身《ぜんしん》の「安定状態《あんていじょうたい》」を、「膝抜《ひざぬ》き」により自《みずか》ら崩《くず》し、「不安定《ふあんてい》」を作《つく》り出《だ》したとも言えます。

つまり、**下《した》（重力《じゅうりょく》）方向《ほうこう》への「不安定《ふあんてい》」を「使《つか》いこなした」**のです。

ここで注目《ちゅうもく》したいのが、「体重移動《たいじゅういどう》」が大《おお》きな力《ちから》を生《う》み出《だ》した、という点です。落下《らっか》とは、最《もっと》も単純《たんじゅん》な「体重移動《たいじゅういどう》」の一つと見る事もできます。「体重《たいじゅう》」は、本来誰《ほんらいだれ》もが労《ろう》せず手にしている非常《ひじょう》に大《おお》きなエネルギーです。にもかかわらず、通常《つうじょう》ではほとんど活用《かつよう》する事ができていません。

この「膝抜《ひざぬ》きからの浪之下《なみのした》」は、一般的《いっぱんてき》な「筋力《きんりょく》に頼《たよ》った動《うご》き」から体《からだ》の使《つか》い方《かた》を転換《てんかん》し、**「自重《じじゅう》の転用《てんよう》」**を体験《たいけん》する事《こと》ができる良《よ》い材料《ざいりょう》にもなると思《おも》います。

七、筋力系《きんりょくけい》と重力系《じゅうりょくけい》

まずは最《もっと》も単純《たんじゅん》な下方向《したほうこう》における「体重《たいじゅう》（自重《じじゅう》）の転用《てんよう》」をご紹介《しょうかい》しましたが、「体重《たいじゅう》移動《いどう》」というからには、**下だけに限《かぎ》らず色々《いろいろ》な方向《ほうこう》への「移動《いどう》」があります。**

そのもう一つの典型的《てんけいてき》な例《れい》が**「前方向《まえほうこう》」**への移動《いどう》、つまり**「歩行《ほこう》」**です。

そして、下方向《したほうこう》に「筋力系《きんりょくけい》」と「重力系《じゅうりょくけい》」があるのですから、前方向《まえほうこう》にもそれがあるのです。

しかし、どんな方法《ほうほう》にせよ「歩行《ほこう》」すれば前に進《すす》んでいるわけですから、「体重《たいじゅう》移動《いどう》」は起こっているはずです。

にもかかわらず、「筋力系《きんりょくけい》」と「重力系《じゅうりょくけい》」と分けて考《かんが》えているのはなぜか。

その決定的《けっていてき》な違《ちが》いは、

「動いた結果《けっか》体重《たいじゅう》が移動《いどう》している」のか、「体重《たいじゅう》で移動《いどう》している」のか

という点です。

もう少し詳《くわ》しくご説明《せつめい》します。

まず、「筋力系《きんりょくけい》」とは何か。

「筋力《きんりょく》」と名《な》がついているからには、筋肉《きんにく》が主《おも》に働《はたら》いている系統《けいとう》の動《うご》きになります。

「歩き」において通常《つうじょう》最《もっと》も使用《しよう》される筋肉《きんにく》は「足」であり、ウォーキングを始《はじ》め、近代《きんだい》スポーツ的な歩行《ほこう》は**「足の筋力《きんりょく》で地面《じめん》を力強《ちからづよ》く蹴《け》る動《うご》き」**と言えるでしょう。


では、「重力系《じゅうりょくけい》」とは何か。

簡単《かんたん》に言えば、その「正反対《せいはんたい》」となります。

まず、**大地《だいち》を蹴《け》りません**。

ここで、先述《せんじゅつ》の原則《げんそく》**「蹴《け》らない」**が登場《とうじょう》しました。

蹴《け》らずにどう進《すす》むのか？

代《か》わりに使用《しよう》されるのが**「体重《たいじゅう》移動《いどう》」**です。「重心移動《じゅうしんいどう》」という言い方もよく使《つか》われますが、ここでは同義《どうぎ》の言葉《ことば》とします。

具体的《ぐたいてき》には、前方《ぜんぽう》に倒《たお》れ込《こ》む時の「不安定《ふあんてい》」を使用《しよう》します。

例《たと》えば朝礼《ちょうれい》などで立ちくらみがし、転倒《てんとう》しそうになる「おっとっと」という感覚《かんかく》です。

人は転倒《てんとう》しそうな時、無意識《むいしき》に足を踏《ふ》み出《だ》してバランスを取ろうとします。

目まいがひどいほど、数歩《すうほ》、あるいはそれ以上《いじょう》よろけてしまう事《こと》もあります。

この時よろけてしまった「数歩《すうほ》」は、前進《ぜんしん》のための筋力《きんりょく》をほぼ使《つか》っていなかったはずです。

それどころか、「早く止まりたい」とすら思《おも》っていたのに、意《い》に反して数歩《すうほ》「動《うご》いてしまった」。

この、自分《じぶん》を「動かしてしまった」動力源《どうりょくげん》が「自重《じじゅう》」です。

そして、「立ちくらみ」で取り出された「自重《じじゅう》」の具体的個所《ぐたいてきかしょ》は「頭部《とうぶ》」です。

つまり、「頭部《とうぶ》」が前方《ぜんぽう》に倒《たお》れ込《こ》もうとした「不安定《ふあんてい》」のエネルギーが、人を前方《ぜんぽう》に「進《すす》めた」のです。

これを、**意図的《いとてき》にコントロールするのが「使《つか》いこなし」**です。

八、フラフラ歩《ある》き

私《わたし》は、最《もっと》も単純《たんじゅん》なこの構造《こうぞう》を、**「フラフラ歩《ある》き」**と呼《よ》んで練習《れんしゅう》に取《と》り入《い》れています。

やり方は簡単《かんたん》、足首《あしくび》の力をゆるめ、ゆっくりと前方《ぜんぽう》に倒《たお》れ込《こ》みながら「おっとっと」とよろける感覚《かんかく》で前に進《すす》んで行《ゆ》くのです。

この時のこつは足の余分《よぶん》な力を抜《ぬ》き、地面を蹴《け》らず、よろけていくに任《まか》せてどんどん前に進《すす》む事です。

また、上手《うま》くいくほど頭《あたま》の重さに体《からだ》が**「引《ひ》っ張《ぱ》られる」**感覚《かんかく》で進《すす》みます。

この時大切《たいせつ》なのは、足が「動力《どうりょく》」というより「**車輪《しゃりん》**」として機能《きのう》しますので、**無駄《むだ》な力を抜《ぬ》いた方《ほう》がよりスムーズに「回転《かいてん》」し、前進《ぜんしん》の助けとなる**という事です。

では何が「動力《どうりょく》」かと言うと、何度《なんど》も登場《とうじょう》している「頭《あたま》の重み」、つまり「自重《じじゅう》」です。

一方《いっぽう》「筋力系《きんりょくけい》」は動力《どうりょく》が脚部《きゃくぶ》の筋肉《きんにく》ですから、足に力を込《こ》めながら体《からだ》を前に進《すす》めてゆきます。

ゆえに両者《りょうしゃ》は**正反対**《せいたんたい》なのです。

「重力系《じゅうりょくけい》」として「車輪《しゃりん》」をきれいに回転《かいてん》させるためには、力《りき》んで固《かた》めてしまっては上《う》手《ま》く回ってくれません。

内部《ないぶ》のベアリングが錆《さ》びついてしまっているようなものです。

上手《うま》く力が抜《ぬ》けてくるほどに、体《からだ》をわずかに傾《かたむ》けるだけで、効率《こうりつ》よく前に進《すす》めるようになります。

最初《さいしょ》は、ぎこちなくても不細工《ぶさいく》でも良《よ》いのです。

ここで、私《わたし》の考《かんが》える上達《じょうたつ》の大切《たいせつ》なポイントをご紹介《しょうかい》します。

九、習得《しゅうとく》と言語《げんご》

大抵《たいてい》の練習法《れんしゅうほう》は、ひとつの「正解《せいかい》」を設定《せってい》し、厳密《げんみつ》にそれに向《む》かい進《すす》められてゆきます。

たとえば「基本的《きほんてき》なフォーム」を習得《しゅうとく》すべく、同じ動作《どうさ》を繰《く》り返《かえ》す生徒《せいと》に向かって、指導者《しどうしゃ》が「正解《せいかい》」からの「ずれ」を厳《きび》しく指摘《してき》しながら修正《しゅうせい》するようなスタイルです。

冒頭《ぼうとう》でも触《ふ》れましたが、こうした「当《あ》たり前《まえ》」の稽古法《けいこほう》に、我々《われわれ》は大《おお》きな疑問《ぎもん》を呈《てい》しているわけです。

その具体的《ぐたいてき》ポイントをいくつか挙《あ》げてみましょう。

●「あら探《さが》し」になってしまう

厳密《げんみつ》に正解《せいかい》を定《さだ》め過《す》ぎ、事細《ことこま》かく「間違《まちが》い」を指摘《してき》するスタイルは、教《おし》える方《ほう》も教わる方《ほう》も、単《たん》なる「あら探《さが》し」に陥《おちい》る傾向《けいこう》にあります。

例《たと》えば、幼児《ようじ》がようやく喋《しゃべ》り出した時に、事細《ことこま》かく文法《ぶんぽう》や単語《たんご》の誤《あやま》りを指摘《してき》する親御《おやご》さんがいたらどうでしょうか。

そんな事をしたら子供《こども》は萎縮《いしゅく》して話《はな》す意欲《いよく》が低下《ていか》し、むしろ口下手《べた》な人間《にんげん》になりかねません。

しかし、拙《つたな》かったり間違《まちが》いだらけでも、とにかく「喋《しゃべ》る」「使《つか》う」経験《けいけん》を続《つづ》けているうちに、自然《しぜん》と言語《げんご》を習得《しゅうとく》してしまいます。

世界《せかい》の言語《げんご》の中でも特《とく》に難解《なんかい》と言われる日本語《にほんご》の、文法《ぶんぽう》や理論《りろん》も学《まな》ばずにです。

一方《いっぽう》、我々《われわれ》日本人《にほんじん》は世界《せかい》でも有数《ゆうすう》の英文法《えいぶんぽう》に「詳《くわ》しい」民族《みんぞく》でもあります。

高校《こうこう》ではアメリカ人でも知らないような高度《こうど》な内容《ないよう》を当《あ》たり前《まえ》のように学《まな》んでいます。

にもかかわらず、まともに英語《えいご》を話《はな》せる日本人《にほんじん》はなかなかいません。

ここに、「習得《しゅうとく》」に関《かか》わる秘密《ひみつ》と問題点《もんだいてん》が隠《かく》れています。

十、幼児《ようじ》と習得《しゅうとく》

幼児《ようじ》が喋《しゃべ》り始《はじ》めた時、大抵《たいてい》の両親《りょうしん》は「喋《しゃべ》れたこと」をただただ祝福《しゅくふく》します。

その祝福《しゅくふく》のもとに、子供《こども》は間違《まちが》えたりつっかえたりしつつも、成長《せいちょう》につれだんだんと言《こと》葉《ば》が「整《ととの》って」ゆきます。

ここで何が起《お》こっているかと言《い》うと、「細部《さいぶ》」や「厳密《げんみつ》さ」は二《に》の次《つぎ》に置《お》きながら、**「文《ぶん》法《ぽう》」も「単語《たんご》」も自然《しぜん》と含《ふく》まれた「言語体験《げんごたいけん》」を「一通《ひととお》りなぞっている」**のです。

そして、**上塗《うわぬ》りするように**経験《けいけん》を重《かさ》ねてゆきます。

例《たと》えば、ペンキで広《ひろ》い壁《かべ》を塗《ぬ》る時に、端《はし》から順番《じゅんばん》に「仕上《しあ》がり状態《じょうたい》」の精度《せいど》と厚《あつ》みで塗《ぬ》り進《すす》めたらどうなるでしょうか。

相当《そうとう》な熟練《じゅくれん》の職人《しょくにん》さんでも全体《ぜんたい》はごてごてのムラだらけになります。

ましてや、経験《けいけん》の無い初心者《しょしんしゃ》がそんな塗《ぬ》り方《かた》をしては目も当てられない結果《けっか》となるでしょう。

物事《ものごと》の習得《しゅうとく》も、これとよく似《に》ています。

下塗《したぬ》りから何度《なんど》も全体《ぜんたい》を薄《うす》く重《かさ》ねてゆくのです。

細《こま》かい模様《もよう》や仕上《しあ》げは最後《さいご》です。

赤ちゃんは、習得《しゅうとく》において自然《しぜん》とこれをやっています。

「大《おお》きく学《まな》んで、後《あと》から細部《さいぶ》を整《ととの》える」

これが私《わたし》の考《かんが》える上達《じょうたつ》の大切《たいせつ》なポイントです。

幼児期《ようじき》を例《れい》に出しましたが、これはこの時期《じき》が吸収力《きゅうしゅうりょく》や記憶力《きおくりょく》が優《すぐ》れているからだという訳《わけ》ではありません。

それが「効率的《こうりつてき》」だから、本能《ほんのう》が自然《しぜん》とそうするように進化《しんか》しているのです。

十一、技《わざ》を「受《う》ける」

この構造《こうぞう》を、稽古《けいこ》に置《お》き換《か》えてみましょう。

大事《だいじ》なのは、とにかく「体験《たいけん》してみる」事《こと》です。幼児《ようじ》が、単語《たんご》だけでも何《なん》となく口にするように。

そして、「大《おお》づかみ」にでも情報《じょうほう》を捉《とら》える事《こと》です。

赤ちゃんは、大人《おとな》の喋《しゃべ》っている事《こと》を全《すべ》ては理解《りかい》してはいません。

しかし、細部《さいぶ》にこだわらず、自分《じぶん》の能力《のうりょく》の範囲《はんい》でどんどん「吸収《きゅうしゅう》」しています。

これは稽古《けいこ》で言うと、まず**「技《わざ》を受《う》ける」**という事《こと》です。

甲野先生《こうのせんせい》の教室《きょうしつ》は、初心者《しょしんしゃ》であろうが運動未経験者《うんどうみけいけんしゃ》であろうが、技《わざ》を直接体験《ちょくせつたいけん》することが出来《でき》ます。

しかし遠巻《とおま》きに眺《なが》めて、お話《はなし》や他《ほか》の方《かた》とのやり取《と》りを見るだけで帰《かえ》ってしまう人もいます。

これは、とてももったいない事《こと》です。

「吸収《きゅうしゅう》」の機会《きかい》を、一つ失《うしな》ってしまっているからです。

十二、理解《りかい》と吸収《きゅうしゅう》

言語《げんご》だけに留《とど》まらず、赤ちゃんは大人《おとな》が何《なに》をしているのか、何を喋《しゃべ》っているのか「分からぬまま」次々《つぎつぎ》と「吸収《きゅうしゅう》」してゆきます。

大人《おとな》の常識《じょうしき》で観察《かんさつ》すると、「理解《りかい》もしていないのに」と、まるで自分《じぶん》とは違《ちが》った生《い》き物《もの》を見るような驚《おどろ》きを覚《おぼ》えるかもしれません。

しかし、むしろ「**理解《りかい》をしていない**」事《こと》こそが有効《ゆうこう》に作用《さよう》する部分《ぶぶん》があるのです。

「理解《りかい》をしていない」とは「解釈《かいしゃく》をしていない」という事《こと》です。

そもそも、「解釈《かいしゃく》」とは何《なん》でしょうか。

解釈《かいしゃく》とは、「**体験《たいけん》した情報《じょうほう》を、自分自身《じぶんじしん》に翻訳《ほんやく》する**」という行為《こうい》です。

「**既存《きぞん》のデータに照《て》らし合《あ》わせて、自分《じぶん》に対《たい》して噛《か》み砕《くだ》いている**」とも言えます。

ここに、大《おお》きな「問題」があります。

十三、日本語英語《にほんごえいご》

「解釈《かいしゃく》」というのは、大なり小なり「**自分《じぶん》の観点《かんてん》**」**という物差《ものさ》しを通《とお》し、**「**元《もと》の情報《じょうほう》**」**を変形《へんけい》させてしまっている**からです。

「変形《へんけい》」しているという事《こと》は、元の情報《じょうほう》が「**劣化《れっか》**」しています。

この問題《もんだい》は、その人にとって**未知《みち》の情報《じょうほう》、新しい体験《たいけん》**であるほど顕著《けんちょ》に表《あらわ》れます。

たとえば東洋医学《とうよういがく》を一から学《まな》ぼうという人が、西洋医学《せいよういがく》の知識《ちしき》で全《すべ》てを解釈《かいしゃく》しようとしたら、当然習得《とうぜんしゅうとく》は遅《おく》れるでしょう。

西洋医学《せいよういがく》の知識《ちしき》は、むしろ「邪魔《じゃま》」にすらなるはずです。

この構造《こうぞう》は、様々《さまざま》な「習得《しゅうとく》」においても起《お》こっています。

先《さき》ほど例《れい》に出した「言語《げんご》」もその一つです。

いわゆる、「**日本語英語《にほんごえいご》**」というものがあります。

少し英語《えいご》を理解《りかい》できる人ならばすぐに分かるくらい、日本人《にほんじん》の英語《えいご》は本来《ほんらい》の発音《はつおん》と掛《か》け離《はな》れています。

その大《おお》きな原因《げんいん》の一つが、脳内《のうない》で「**カタカナに置《お》き換《か》えてしまっている**」事《こと》です。

英語《えいご》には日本語《にほんご》に存在《そんざい》しない母音《ぼいん》が沢山含《たくさんふく》まれています。

また、母音《ぼいん》を含《ふく》まない発音《はつおん》も多《おお》くあります。

しかし「日本語英語《にほんごえいご》」は、英語《えいご》のあらゆる発音《はつおん》を「あ・い・う・え・お」の母音《ぼいん》のどれかに当てはめて発音《はつおん》してしまっているのです。

これが、**「原型《げんけい》」からの「ゆがみ」**です。

日本人《にほんじん》に生まれ、「日本語《にほんご》を習得《しゅうとく》した」という「経験《けいけん》」が、「新しい言語《げんご》を習得《しゅうとく》する」という行為《こうい》においては、むしろ「マイナス」として働《はたら》いています。

ここで大切《たいせつ》なのが、**「それまでの体験《たいけん》」を一度《いちど》「捨《す》てる」事《こと》**です。

ある天才的《てんさいてき》な歌手《かしゅ》は、英語《えいご》は一切《いっさい》話《はな》せないのに、英語《えいご》の歌《うた》の発音《はつおん》がとても正確《せいかく》だったといいます。

これは、英語《えいご》の歌を「言葉《ことば》」でなく「音」で覚《おぼ》えたからでしょう。

まるで、鳥や自然音《しぜんおん》を「音まね」する芸人《げいにん》さんのようにです。

一方《いっぽう》「カタカナ英語《えいご》」は、言葉《ことば》の通《とお》り脳内《のうない》でいったん「カタカナ」に変換《へんかん》してしまっています。

つまり、その時耳《ときみみ》にした「英語体験《えいごたいけん》」を**自身《じしん》の「日本語体験《にほんごたいけん》」という「フィルター」に通《とお》し、情報《じょうほう》を「劣化《れっか》」「変形《へんけい》」させてしまっている**のです。

言《い》い換《か》えれば、目の前の情報《じょうほう》を自分自身《じぶんじしん》に植《う》え付《つ》けられている「習慣《しゅうかん》」「常識《じょうしき》」で「解《かい》釈《しゃく》」「翻訳《ほんやく》」してしまったがゆえに起きている問題《もんだい》です。

その逆《ぎゃく》が「赤ちゃん」です。

赤ちゃんはそもそも「経験《けいけん》」が無いので、情報《じょうほう》をゆがめる「フィルター」がありません。

これが先述《せんじゅつ》した、「理解《りかい》をしていない事《こと》こそが有効《ゆうこう》に作用《さよう》している」部分《ぶぶん》なのです。

十四、捨《す》てる力《ちから》

とはいえ、「日本人《にほんじん》に生まれたのだから、日本語《にほんご》のフィルターが掛《か》かるのは当然《とうぜん》」と思《おも》う方《かた》も多いかもしれません。

では、なぜ例《れい》に出した天才歌手《てんさいかしゅ》は劣化《れっか》なく「直通《ちょくつう》」で情報《じょうほう》を吸収《きゅうしゅう》できたのでしょう。

天才《てんさい》だから？

それだけではありません。

「歌《うた》」として吸収《きゅうしゅう》したがゆえに、「それ以外《いがい》の情報《じょうほう》」を自然《しぜん》と「排除《はいじょ》」できたのです。

つまり、「音」だけを純粋《じゅんすい》に吸収《きゅうしゅう》するためには、通常《つうじょう》は有効《ゆうこう》に働《はたら》いている「**経験**《けいけん》」**すらも排除**《はいじょ》**しなければならない。**

ここで試《ため》されるのは、「習得《しゅうとく》」という「足《た》し算《ざん》」とは一見逆方向《いっけんぎゃくほうこう》に見える、「**捨**《す》**てる力**《ちから》」です。

十五、上達《じょうたつ》と更新《こうしん》

ここで、「一般的《いっぱんてき》な稽古法《けいこほう》」におけるもう一つの問題点《もんだいてん》が見えてきます。

●「**捨**《す》**てる」練習**《れんしゅう》**があまりにも足**《た》**りない**

「**上達**《じょうたつ》」**とは、「それまでの自分**《じぶん》」**を更新**《こうしん》**する作業**《さぎょう》です。

「更新《こうしん》」とは、「**上書**《うわが》**き**」する事《こと》です。

そして上書《うわが》きとは、不要《ふよう》なデータを「消去《しょうきょ》」し、「塗《ぬ》り替《か》える」という事《こと》です。

「捨《す》てる」のが上手《うま》くできないのは、この「消去《しょうきょ》」というプロセスに、大《おお》きな問題《もんだい》が生《しょう》じてしまっているのです。

それは、**落書《らくが》きだらけのキャンバスに新《あら》たな絵《え》を描《か》き始《はじ》めるようなもの**です。

キャンバスはまっさらだから、「新しい絵」は描《か》き始《はじ》められます。

「新《あら》たな情報《じょうほう》」をノイズ無く取《と》り込《こ》むために、「既存《きぞん》の情報《じょうほう》」の存在《そんざい》を白紙《はくし》に戻《もど》す能力《のうりょく》。


それが、**「忘《わす》れる力《ちから》」**です。


忘《わす》れるためには、一般的《いっぱんてき》な「足《た》し算《ざん》」中心《ちゅうしん》の訓練《くんれん》とは全《まった》く逆《ぎゃく》の能力《のうりょく》が必要《ひつよう》となります。

「引《ひ》き算《ざん》」の能力《のうりょく》です。

近代《きんだい》の体育《たいいく》や武道《ぶどう》にはこのための訓練《くんれん》が**あまりにも足《た》りていない**のです。

十六、忘《わす》れる力《ちから》

甲野先生《こうのせんせい》は新しい術理《じゅつり》を考案《こうあん》すると、それまでの体《からだ》の使《つか》い方《かた》から簡単《かんたん》に切《き》り替《か》える事《こと》ができます。

以前《いぜん》の技《わざ》が、どんなに素晴《すば》らしいものであったとしてもです。

新しい研究《けんきゅう》に取《と》り組《く》み始《はじ》めてから、旧式《きゅうしき》の技《わざ》をリクエストすると、つい昨日《きのう》まで熱心《ねっしん》に説明《せつめい》していた技《わざ》が「下手《へた》」になっている事《こと》すらよくあります。

これは、見方《みかた》によっては「節操《せっそう》がない」と映《うつ》る事《こと》があるかもしれません。

しかし、これがまさに「捨《す》てる能力《のうりょく》」であり「忘《わす》れる力《ちから》」なのです。

一つの例《れい》として、ある日を境《さかい》に甲野先生《こうのせんせい》の刀《かたな》の持《も》ち方《かた》が大《おお》きく変《か》わった事《こと》がありました。

それまでは刀《かたな》を握《にぎ》る両手《りょうて》の位置《いち》がほぼ柄《つか》の両端《りょうたん》になるように、離《はな》して持っていたのですが、一晩《ひとばん》にしてその両手《りょうて》が隣《とな》り合《あ》うくらい近くに移動《いどう》したのです。

道具《どうぐ》を扱《あつか》う分野《ぶんや》で、ある程度練習《ていどれんしゅう》を重《かさ》ねてきた人ならば分かると思《おも》うのですが、自分《じぶん》の専門用具《せんもんようぐ》の「持《も》つ位置《いち》」を変えるというのは、動《うご》き全体《ぜんたい》に関《かか》わる大《おお》きな事《こと》です。

甲野先生《こうのせんせい》はその日以来《いらい》、両手《りょうて》を離《はな》して持つ事《こと》は無くなってしまいました。

三十年以上《いじょう》慣《な》れ親《した》しんできた刀《かたな》の持《も》ち方《かた》を、あっさりと「捨《す》てて」しまったのです。

この日の事《こと》を甲野先生《こうのせんせい》は、**「背中《せなか》が地殻変動《ちかくへんどう》を起《お》こした感《かん》じがした」**と言われています。

これは、何が起こったのでしょうか。

先《さき》ほど「専門用具《せんもんようぐ》の持《も》つ位置《いち》を変える」というのは、**「動《うご》き全体《ぜんたい》に関《かか》わる大《おお》きな事《こと》」**と説明《せつめい》しました。

通常《つうじょう》のトレーニング論《ろん》・上達論《じょうたつろん》ではフォームがガタガタになったり、それまでの精度《せいど》が狂《くる》ったり、マイナスなイメージを想像《そうぞう》するかもしれません。

しかし甲野先生《こうのせんせい》は、「持《も》つ位置《いち》を変える」事《こと》により、**積極的《せっきょくてき》に「動《うご》き全体《ぜんたい》」を大《おお》きく「変《か》えた」**のです。

では、なぜ両手《りょうて》を「寄《よ》せた」のでしょうか。

十七、窮屈《きゅうくつ》と解放《かいほう》

未経験《みけいけん》の方《かた》も試《ため》してみると分かると思《おも》いますが、両手間《りょうてかん》の距離《きょり》を開《あ》けて持つと、テコの原理《げんり》なども作用《さよう》しやすく、剣《けん》は色々《いろいろ》な方向《ほうこう》に「動かしやすい」と思《おも》います。

寄《よ》せて持《も》つと腕《うで》は使《つか》いづらい状態《じょうたい》となり、多《おお》くの方《かた》は窮屈《きゅうくつ》に感《かん》じるはずです。

この「**使《つか》いづらい**」という部分《ぶぶん》に、大切《たいせつ》なポイントが隠《かく》れています。

人の体《からだ》は、何かが窮屈《きゅうくつ》になると、他《ほか》の部分《ぶぶん》で代用《だいよう》しようとし始《はじ》めます。

両手《りょうて》を使《つか》いづらくした事《こと》により、代《か》わりに働《はたら》き始《はじ》めるのが「**背中《せなか》**」や「**体全体《からだぜんたい》**」です。「腕《うで》」に代《か》わって、通常《つうじょう》ではなかなか扱《あつか》わない部分《ぶぶん》の動《うご》きで剣《けん》を振《ふ》り始《はじ》めるということです。

上手《じょうず》に体《からだ》が使《つか》えてくると、腕《うで》で直接道具《ちょくせつどうぐ》を扱《あつか》うよりも、その後《うし》ろに控《ひか》えている「背中《せなか》」や「体全体《からだぜんたい》」の動《うご》きを伝《つた》えて操《あやつ》る方《ほう》が有効《ゆうこう》に作用《さよう》する事《こと》があるのです。

甲野先生《こうのせんせい》が「背中《せなか》が地殻変動《ちかくへんどう》を起《お》こした」と言《い》われていたのは、**腕《うで》に代《か》わって背中《せなか》が積《せっ》極的《きょくてき》に働《はたら》き出《だ》した**表《あらわ》れでしょう。

十八、根幹《こんかん》から変《か》える

ここで大切《たいせつ》なのは、甲野先生《こうのせんせい》は一晩《ひとばん》にして――それどころか、甲野先生《こうのせんせい》の体感《たいかん》ではわずか三十分ぐらいの間《あいだ》に――自身《じしん》の動《うご》きを「**根幹**《こんかん》」**から変えた**ということです。

それは、既存《きぞん》の技術《ぎじゅつ》にアレンジを加《くわ》える程度《ていど》のものでは当然《とうぜん》なく、全《すべ》ての動《うご》きに影響《えいきょう》を及《およ》ぼす**大変革**《だいへんかく》とも言えます。

それを一晩《ひとばん》、それどころかごく短時間《たんじかん》で完了《かんりょう》させてしまいました。

これは、一般的《いっぱんてき》なスポーツや武術界《ぶじゅつかい》の常識《じょうしき》からはなかなか考《かんが》えられない事《こと》だと思《おも》います。

しかもこのような変革《へんかく》は、甲野先生《こうのせんせい》の人生《じんせい》において様々《さまざま》な形《かたち》で何度《なんど》も行《おこな》われています。

これを可能《かのう》とするには、先述《せんじゅつ》した「捨《す》てる能力《のうりょく》」「忘《わす》れる力《ちから》」が必要《ひつよう》になります。

そして、「忘《わす》れる」ためには「それまで持っていた物」に対《たい》する「**執着**《しゅうちゃく》」や、染《し》み付《つ》いている「固定観念《こていかんねん》」を捨《す》てねばなりません。

「**まっさら**」な気持《きも》ちで、新たな自分《じぶん》や発見《はっけん》を受《う》け入《い》れねばならないのです。

十九、栄養《えいよう》

ここで、冒頭《ぼうとう》で語《かた》った**「特定分野《とくていぶんや》に熱心《ねっしん》に取《と》り組《く》んだ人ほど習得《しゅうとく》が遅《おそ》い」**という問題《もんだい》の本質《ほんしつ》が見えてきます。

「特定《とくてい》の分野《ぶんや》に熱心《ねっしん》に取《と》り組《く》んだ」という事《こと》は、自分《じぶん》の中に積《つ》み上《あ》げられた情報《じょうほう》が**強固《きょうこ》に「残留《ざんりゅう》」している**状態《じょうたい》です。

つまり、先《さき》ほど述《の》べた「更新《こうしん》」における「消去《しょうきょ》」の段階《だんかい》で不具合《ふぐあい》が生《しょう》じてしまっているのです。

また、確立《かくりつ》した自分《じぶん》の「専門分野《せんもんぶんや》」に照《て》らし合《あ》わせて「解釈《かいしゃく》」する傾向《けいこう》が強《つよ》くなります。

つまり、**「西洋医学《せいよういがく》で東洋医学《とうよういがく》を解釈《かいしゃく》する状態《じょうたい》」**です。

「新《あら》たな世界《せかい》」に触《ふ》れようとする時、こうした「ノイズ」を一旦排除《いったんはいじょ》しておけるほど、情《じょう》報《ほう》は加工《かこう》されない「元《もと》の形《かたち》のまま」吸収《きゅうしゅう》され、上達《じょうたつ》のための栄養《えいよう》となるのです。

二十、解釈《かいしゃく》の精度《せいど》

とはいえ、「それまでの経験《けいけん》を全《すべ》て否定《ひてい》しろ」という訳《わけ》ではありません。

もちろん解釈《かいしゃく》する事も、人間《にんげん》に備《そな》わった有効《ゆうこう》な能力《のうりょく》です。

では何が問題《もんだい》なのかというと、

「吸収段階《きゅうしゅうだんかい》」で解釈《かいしゃく》してしまっている

という点です。

「解釈《かいしゃく》」する事自体《じたい》は良《よ》いのです。

目の前で起きた事を、起きたまま受《う》け入《い》れられているのならば。

一番《いちばん》の問題《もんだい》は、新《あら》たな情報《じょうほう》を受《う》け入《い》れようとしている最中《さいちゅう》から「解釈《かいしゃく》」のフィルターを通《とお》す事により、「元《もと》の情報《じょうほう》」の形《かたち》をどんどん変形《へんけい》させてしまっている点です。

つまり、

「解釈《かいしゃく》する事により、解釈《かいしゃく》の精度《せいど》を自《みずか》ら落《お》としてしまっている」

のです。

では、どうすれば良《よ》いのでしょうか。

「解釈《かいしゃく》は後回《あとまわ》し」にすれば良《い》いのです。

二十一、解釈《かいしゃく》は後《あと》

「解釈《かいしゃく》は後《あと》にする」という事《こと》は、**「吸収《きゅうしゅう》すべき時には吸収《きゅうしゅう》に専念《せんねん》した方《ほう》が良《よ》い」**という事《こと》です。

先《さき》ほどの西洋医学《せいよういがく》と東洋医学《とうよういがく》の例《れい》で言えば、すっかり東洋医学《とうよういがく》をマスターした後《あと》ならば、西洋医学《せいよういがく》と組《く》み合《あ》わせた独自《どくじ》の見解《けんかい》や手法《しゅほう》も生《う》まれるかもしれません。

大切《たいせつ》なのは「吸収《きゅうしゅう》すべき時」と「解釈《かいしゃく》すべき時」の振《ふ》り分《わ》けであり、そこに必要《ひつよう》なのが自在《じざい》に「まっさらになる」能力《のうりょく》だという事《こと》です。

これは、なかなかに難《むずか》しそうですが、本来《ほんらい》は単純《たんじゅん》な事《こと》です。

「目の前で起きた事」を**「目の前で起きた事」のまま受《う》け入《い》れれば良《よ》い**だけだからです。

赤ちゃんでもできているこんな事《こと》を、大人《おとな》はなぜ難《むずか》しくしているのか。

大人《おとな》は大抵《たいてい》**「余計《よけい》なこと」**をしているからです。

二十二、余《よ》計《けい》なこと

「余計《よけい》なこと」は「解釈《かいしゃく》」の他《ほか》にも沢山《たくさん》あります。

「きっと」や**「どうせ」**もその一つです。

たとえば甲野先生《こうのせんせい》の講習会《こうしゅうかい》に「きっとすごいはずだ」と過剰《かじょう》に期待《きたい》して参加《さんか》する人がいます。

そういった人は自分《じぶん》の中の期待《きたい》を叶《かな》えるために、本来《ほんらい》の「すごさ」よりも過剰《かじょう》に「すごい」ものとして情報《じょうほう》を受《う》け取《と》ったまま帰《かえ》ってしまいます。

逆《ぎゃく》に、自分《じぶん》の期待《きたい》にそぐわず、がっかりする場合《ばあい》もあります。

最初《さいしょ》から「どうせ大《たい》した事《こと》ないだろう」と思《おも》って参加《さんか》する人もいます。

そうした人は自分《じぶん》の中にある「負《ふ》の願望《がんぼう》」を叶《かな》えるために、本来《ほんらい》持つ「すごい」部分《ぶぶん》から目を逸《そ》らすように起こった事《こと》を見てしまいます。

逆《ぎゃく》に期待《きたい》をはるかに超《こ》えた場合《ばあい》、過剰《かじょう》に「すごいもの」として受《う》け止《と》め過《す》ぎてしまう場《ば》合《あい》もあります。


これらは、すべて「余計《よけい》」なのです。


こういったことは自分《じぶん》と「目の前の事象《じしょう》」の間《あいだ》に作《つく》り出《だ》した「**フィルター**」に他《ほか》ならず、余分《よぶん》なフィルターは情報本来《じょうほうほんらい》の形《かたち》を歪《ゆが》めます。

情報《じょうほう》が歪《ゆが》むという事《こと》は、そこが修正《しゅうせい》され「正しい情報《じょうほう》」に辿《たど》り着《つ》くまでに、**余分《よぶん》な道《みち》のりを歩《あゆ》む事《こと》になります。**

つまり、「上達《じょうたつ》」が遅《おく》れます。

「まっさらになれる」とは「上達《じょうたつ》を早《はや》める」事なのです。

二十三、才能《さいのう》

これは本来《ほんらい》、あらゆる事象《じしょう》に対《たい》して同じ事《こと》が言えます。冒頭《ぼうとう》でも述《の》べたように、この世界《せかい》で起きている事《こと》は全《すべ》て「生まれて初《はじ》めて」であり、以《い》前《ぜん》と全《まった》く同じ経験《けいけん》をする事《こと》は一度《いちど》もありません。

しかし、**人は隣接《りんせつ》・類似《るいじ》した状況《じょうきょう》を「同じもの」として処理《しょり》する傾向《けいこう》にあります。**

時にそれは状況判断《じょうきょうはんだん》を早め、思考《しこう》を整理《せいり》する事《こと》に役立《やくだ》ちます。

その代《か》わり、「認識《にんしき》の精度《せいど》」は格段《かくだん》に低下《ていか》します。

簡単《かんたん》に言えば「**大《おお》ざっぱ**」になるのです。

逆《ぎゃく》に、「まっさら」になれると「認識《にんしき》の精度《せいど》」は高まります。「隣接《りんせつ》した事象《じしょう》」の「差分《さぶん》」を「同じ事《こと》」として切《き》り捨《す》てずに、損失《そんしつ》なく把握《はあく》できるからです。

これはその時その時の事象《じしょう》から獲得《かくとく》できる情報《じょうほう》の「質《しつ》」と「量《りょう》」が高まるという事《こと》です。

つまり「**まっさら」になれると、一見《いっけん》他者《たしゃ》と同じ経験《けいけん》をしていても、同時間内《どうじかんない》で取得《しゅとく》できる情報《じょうほう》の「密度《みつど》」が変《か》わる**のです。

当然《とうぜん》、上達《じょうたつ》も早まります。


これが「**才能《さいのう》**」と言われる物の正体《しょうたい》の一つです。

二十四、不親切《ふしんせつ》と能力《のうりょく》

子供《こども》の遊びを見ていると、ごくごく単純《たんじゅん》な事《こと》を、一人《ひとり》でひたすら繰《く》り返《かえ》しています。

大人《おとな》は、「よく飽《あ》きないものだ」という感想《かんそう》を抱《いだ》きがちですが、彼《かれ》らは「同じ事《こと》」を繰《く》り返《かえ》している訳《わけ》ではないのです。

たとえばお祭《まつ》りの水ヨーヨーをばんばん叩《たた》き続《つづ》けたり、積《つ》み木《き》を重《かさ》ねては崩《くず》しを繰《く》り返《かえ》す経験《けいけん》の中から、毎回《まいかい》「**新鮮《しんせん》な情報《じょうほう》**」を発掘《はっくつ》しています。

大人《おとな》からは「同じ」に見える「ヨーヨーを叩《たた》く」一回一回も、「積《つ》み木《き》を崩《くず》す」一回一回も、子供《こども》からしたら毎回《まいかい》が「**新しい経験《けいけん》**」なのです。

なので、こんな時大人《おとな》は「いいかげんにしなさい」などと邪魔《じゃま》をすべきではありません。

本当《ほんとう》に「飽《あ》きるまで」やらせてあげれば良《よ》いのです。

ここには人間《にんげん》の「学習能力《がくしゅうのうりょく》」と「上達能力《じょうたつのうりょく》」の根源《こんげん》があります。

学習能力《がくしゅうのうりょく》とは、

「単純《たんじゅん》な事象《じしょう》から、いかに豊《ゆた》かな情報《じょうほう》を引《ひ》き出《だ》すか」

にあるからです。

それは先述《せんじゅつ》したように「他者《たしゃ》と同じ経験《けいけん》」をしながらも、取得《しゅとく》できる情報《じょうほう》の「質《しつ》」と「量《りょう》」＝「密度《みつど》」の違《ちが》いとして現《あらわ》れてきます。

同じ経験《けいけん》をしながら取得《しゅとく》できる情報量《じょうほうりょう》が多いのですから、当然《とうぜん》「学習能力《がくしゅうのうりょく》」や「上達《じょうたつ》速度《そくど》」にも差《さ》が出てきます。

それを大《おお》きく左右《さゆう》するのが「まっさらになれる能力《のうりょく》」ということです。

この能力《のうりょく》を引《ひ》き出《だ》すためには、環境《かんきょう》はシンプルなほど有効《ゆうこう》に働《はたら》きます。

情報《じょうほう》を「与《あた》えられる」のではなく自《みず》ら「**迎《むか》えにゆく**」事《こと》になるからです。

自《みず》ら「迎《むか》えにゆく」、つまり「**引《ひ》き出《だ》す**」能力《のうりょく》が高まります。

逆《ぎゃく》に、「与《あた》え過《す》ぎ」は「引《ひ》き出《だ》す能力《のうりょく》」を著《いちじる》しく低下《ていか》させます。こちらがさぼっていても、向こうから届《とど》けに来てくれるからです。

環境《かんきょう》が「不親切《ふしんせつ》」だからこそ、それを補《おぎな》うべく目覚《めざ》める「能力《のうりょく》」というものがあります。

それは先《さき》ほどの、「両腕《りょううで》が不自由《ふじゆう》だからこそ背中《せなか》や体全体《からだぜんたい》が働《はたら》く」という構造《こうぞう》と似ています。

何かを目覚《めざ》めさせるためには、何かを「制限《せいげん》」する事《こと》が有効《ゆうこう》に作用《さよう》する場合《ばあい》があるのです。

二十五、ランダムとアナログ

そういう意味《いみ》で山や海、森などの自然《しぜん》は、「根源的能力《こんげんてきのうりょく》」を引《ひ》き出《だ》すのに最《もっと》も有効《ゆうこう》な環《かん》境《きょう》と言えます。

木々《きぎ》や流れる水は、決して我々《われわれ》に何かを「与《あた》えに来《く》る」ほど親切《しんせつ》ではありません。

しかし、こちらが何かを「引《ひ》き出《だ》そう」とした瞬間《しゅんかん》から、無限《むげん》の情報《じょうほう》を与《あた》えてくれます。

「自然環境《しぜんかんきょう》」とは「ランダム」で「アナログ」だからです。

一度《いちど》として「同じ瞬間《しゅんかん》」が無いこの世界《せかい》から「豊《ゆた》かな情報《じょうほう》」を引《ひ》き出《だ》したいのならば、当然《とうぜん》その性質《せいしつ》を色濃《いろこ》く体現《たいげん》した環境《かんきょう》ほど適《てき》しています。

「同じ瞬間《しゅんかん》が無い」、つまり「ランダム」です。

木々《きぎ》の形《かたち》には同じ物が無く、水の流れにも同じ瞬間《しゅんかん》はありません。

「豊《ゆた》かな情報《じょうほう》」とは、「アナログ」です。

例《たと》えばこの世《よ》に「五センチ」という長さの物は存在《そんざい》しません。

物差《ものさ》しが正確《せいかく》に五センチを示《しめ》していても、拡大《かくだい》してみれば数《すう》ミクロンずれているかもしれません。

ミクロン単位《たんい》で合っているとしても、ナノメートル単位《たんい》では？　分子単位《ぶんしたんい》では？　原子《げんし》単位《たんい》では？

そこまで拡大《かくだい》しなくても、どこかに必《かなら》ず「ずれ」があるはずです。

という事《こと》は、一つの存在《そんざい》に「五センチ」という区《く》切《ぎ》り目《め》をつけた瞬間《しゅんかん》、その外側《そとがわ》にある無《む》限《げん》の「ずれ」を「無いことにしている」、つまり「失《うしな》ってしまっている」のです。

これが、「デジタル」の欠点《けってん》です。

デジタルは「区《く》切《ぎ》り目《め》」を明確《めいかく》にする代《か》わりに、その「外側《そとがわ》」、「端数《はすう》」を次々《つぎつぎ》と削《けず》ってゆきます。

たとえば、「言葉《ことば》」もそうです。

カラスを「黒《くろ》い」と表現《ひょうげん》した瞬間《しゅんかん》に、カラスを「黒《くろ》」という枠《わく》の中に閉《と》じ込《こ》めます。

しかし、その羽《はね》はどこか青みがかっているかもしれない。

光の加減《かげん》で、わずかにオレンジの光沢《こうたく》があるのかもしれない。

「黒」と表現《ひょうげん》するという事《こと》は、その瞬間《しゅんかん》に「青」も「オレンジ」も「光沢《こうたく》」も切《き》り捨《す》てているという事《こと》なのです。

「デジタル」は、分かりやすく、伝《つた》えやすい。

しかし、**この世《よ》の事象《じしょう》は全《すべ》て「アナログ」であり、「端数《はすう》」なのです。**

にもかかわらず世界《せかい》を「数値化《すうちか》されたもの」「言語化《げんごか》されたもの」ばかりで捉《とら》えていると、膨大《ぼうだい》な情報《じょうほう》を見失《みうしな》う事《こと》になります。

その損失量《そんしつりょう》は、「認識範囲《にんしきはんい》」を遥《はる》かに超《こ》えています。

本質的《ほんしつてき》に「アナログ」な世界《せかい》を、「数値《すうち》」や「言語《げんご》」という、いわば「嘘《うそ》」で眺《なが》めているからです。


失《うしな》われた「アナログ」を取《と》り戻《もど》すためには、**「アナログ」をアナログのまま取り込《こ》む**能《のう》力《りょく》が必要《ひつよう》になります。

それを育《はぐ》むのに、「未加工《みかこう》のシンプルさ」と、「無限《むげん》の情報量《じょうほうりょう》」を同時《どうじ》に有《ゆう》している**「自《し》然環境《ぜんかんきょう》」**は「豊《ゆた》か」で適《てき》しているという事《こと》です。


レオナルド・ダ・ヴィンチは、何《なに》かに取《と》り憑《つ》かれたかのように、晩年《ばんねん》まで「水のスケッチ」を続《つづ》けていたといいます。

その理由《りゆう》が、私《わたし》には少し分かる気がします。

彼《かれ》はおそらく、「水」という究極《きゅうきょく》の「ランダム」を掌握《しょうあく》しようとしていたのです。

二十六、ロボット

そういう意味《いみ》で、幼少期《ようしょうき》からゲームの類《たぐい》をやらせ過《す》ぎるのは、「能力《のうりょく》を育《はぐく》む」という観《かん》点《てん》において問題《もんだい》のある選択《せんたく》だと思《おも》います。

ゲームやディスプレイの中にある存在《そんざい》は全《すべ》て「作り物」なので、事象《じしょう》における大《おお》きな要《よう》素《そ》が「切《き》り捨《す》てられている」パッケージだからです。

また、人の手で作られた「記号《きごう》」や「学問《がくもん》」をひたすらに植《う》え付《つ》けようとする「英才《えいさい》教育《きょういく》」も、「知性《ちせい》を磨《みが》く」という目的《もくてき》から逆行《ぎゃっこう》する行為《こうい》に思《おも》えます。

「与《あた》えられた命令《めいれい》」を正確《せいかく》かつ忠実《ちゅうじつ》に遂行《すいこう》する存在《そんざい》としては優秀《ゆうしゅう》に育《そだ》つかもしれません。

しかし、「自分《じぶん》の頭《あたま》で考《かんが》える能力《のうりょく》」「自分《じぶん》で生《う》み出《だ》す能力《のうりょく》」は磨《みが》かれていないので、本質《ほんしつ》的《てき》には「馬鹿《ばか》」なのです。

誰《だれ》かにプログラミングされないと、まともに動《うご》く事《こと》もできない「ロボット」のような存《そん》在《ざい》になるからです。

つまり、**「英才教育《えいさいきょういく》をするほど馬鹿《ばか》が育《そだ》つ」**という事です。

先進的《せんしんてき》な感覚《かんかく》で成功《せいこう》をおさめているデザイナーや芸人《げいにん》、芸術家《げいじゅつか》の方々《かたがた》の幼少期《ようしょうき》の話《はなし》の中に、豊《ゆた》かな自然《しぜん》の中で過《す》ごしたという経験《けいけん》は、意外《いがい》なくらい多《おお》く見られます。

そうした人達《ひとたち》の中にある、時代《じだい》を牽引《けんいん》するような「都会的感覚《とかいてきかんかく》」さえも、その基礎《きそ》が田舎《いなか》の中で育《はぐく》まれているのです。

「事象《じしょう》」という「アナログ」を掌握《しょうあく》する能力《のうりょく》は、この世界《せかい》を「そのまま」捉《とら》える能力《のうりょく》です。

それは、あらゆる能力《のうりょく》の根源《こんげん》であり、身体《しんたい》から心、知性全《ちせいすべ》ての分野《ぶんや》に跨《また》ります。

「自然《しぜん》の中で心のままに遊ぶ」という行為《こうい》は、世の「英才教育《えいさいきょういく》」以上《いじょう》に、**「究極《きゅうきょく》の英才《えいさい》教育《きょういく》」**なのです。

二十七、デジタル

「アナログ」の重要《じゅうよう》さ。

ここから、「**とにかく技《わざ》を受ける**」という事の意味《いみ》がより明確《めいかく》になってきます。

技《わざ》を直接《ちょくせつ》受けた時点《じてん》の情報《じょうほう》は損失《そんしつ》なく「そのまま」のアナログだからです。

しかし、「解釈《かいしゃく》」をした瞬間《しゅんかん》に情報《じょうほう》は「劣化《れっか》したデジタル」と化《か》します。

自分《じぶん》の中で「明確《めいかく》にする」事と引《ひ》き換《か》えに、「既存《きぞん》の知識《ちしき》」「固定観念《こていかんねん》」で事象《じしょう》をくり抜《ぬ》き、大部分《だいぶぶん》を捨《す》ててしまっているからです。

「デジタル」とは「明確《めいかく》にする」「整理《せいり》する」のには適《てき》しているのですが、先述《せんじゅつ》の「切《き》り捨《す》て」があるので、本質《ほんしつ》を捉《とら》えるのには向いていません。

「デジタル化」とは数字《すうじ》・言葉《ことば》・概念《がいねん》などへの「記号化《きごうか》」です。

本当《ほんとう》はいつでも「事象《じしょう》」が先で、後《あと》からついて来るのが「記号化《きごうか》」だという事《こと》です。

しかし、記号化《きごうか》した時点《じてん》で「明確化《めいかくか》」と引《ひ》き換《か》えに削《けず》られる要素《ようそ》があり、事象《じしょう》の「本《ほん》質《しつ》」から劣化《れっか》した分、どこかに「嘘《うそ》」が入《はい》り込《こ》みます。

つまり、**数字《すうじ》・言葉《ことば》・既存《きぞん》の概念《がいねん》などはこの世《よ》を明確《めいかく》にしてくれると同時《どうじ》に、「嘘《うそ》」でもある事《こと》を忘《わす》れた時、大切《たいせつ》な物を永遠《えいえん》に失《うしな》う**のです。

そういう意味《いみ》で、幼少期《ようしょうき》から人による作り物ばかりに囲《かこ》まれて暮《く》らすという事は、「デジタル」という「嘘《うそ》」の小窓《こまど》から世界《せかい》を眺《なが》める事になります。

そこには、致命的《ちめいてき》な「認識力《にんしきりょく》」の損失《そんしつ》が生《しょう》じます。

画面越《がめんご》しの文字列《もじれつ》ばかりのコミュニケーションでは、人の表情《ひょうじょう》や息遣《いきづか》い、強弱《きょうじゃく》や雰囲気《ふんいき》を読《よ》み取《と》る事はできないからです。

逆《ぎゃく》に、自然《しぜん》や人など「生《なま》」の現象《げんしょう》から情報《じょうほう》を取る体験《たいけん》を充分《じゅうぶん》に経《へ》た人は、文字列《もじれつ》の間からでも、その人の雰囲気《ふんいき》や気持《きも》ちを読《よ》み取《と》る能力《のうりょく》が高まっています。

それが**「行間《ぎょうかん》を読《よ》む」**という事です。

多《おお》くの作家《さっか》や文字書《もじか》きは、大量《たいりょう》の「ことば」を駆使《くし》しますが、文字《もじ》を通《つう》じてその「行《ぎょう》間《かん》」をいかに伝《つた》えるかに腐心《ふしん》しています。

「事象《じしょう》の手触《てざわ》り」を生《なま》で感《かん》じられる能力《のうりょく》の高い人が書《か》いた文章《ぶんしょう》の「行間《ぎょうかん》」には、豊《ゆた》かな「情報《じょうほう》」が含《ふく》まれているのです。

また、「アナログ」主体《しゅたい》の情報取得能力《じょうほうしゅとくのうりょく》が磨《みが》かれた人は、「行間《ぎょうかん》」から豊《ゆた》かな情報《じょうほう》を読《よ》み取《と》る事もできます。


本質的《ほんしつてき》に「表現《ひょうげん》」とは、「行間《ぎょうかん》」と「行間《ぎょうかん》」のキャッチボールです。

そしてその時に起こっているのが、「事象《じしょう》」というアナログから「文字《もじ》」というデジタルに変換《へんかん》する行為《こうい》と、「文字《もじ》」というデジタルから「事象《じしょう》」というアナログに再変換《さいへんかん》する行為《こうい》です。

つまり、「ことば」のやり取《と》りとは、**アナログ⇕デジタルの相互交換《そうごこうかん》**なのです。

二十八、たとえ

「ことば」というデジタルな存在《そんざい》に「アナログ」の息《いき》を吹《ふ》き込《こ》む。吹《ふ》き込《こ》もうとする。その誤差《ごさ》を埋《う》めるのが「たとえ」です。

ある人が春の陽射《ひざ》しを母親《ははおや》の子守歌《こもりうた》にたとえた時、聞《き》き手《て》の心《こころ》に浮《う》かんでくる陽射《ひざ》しの中に、母親《ははおや》のような優《やさ》しい温《あたた》かみと、歌声《うたごえ》のような心地《ここち》よさを感《かん》じるでしょう。

これは、「歌《うた》」と「陽射《ひざ》し」という一見無関係《いっけんむかんけい》な二者《にしゃ》の間に、共有《きょうゆう》する「行間《ぎょうかん》」を作り出《だ》したのです。

仮《かり》に二三度《ど》という気温《きおん》を示《しめ》したところで、それは「陽射《ひざ》し」にほぼ直結《ちょっけつ》する二次情報《にじじょうほう》にすぎず、その時に生《しょう》じる人の気持《きも》ちや場《ば》の雰囲気《ふんいき》までは伝《つた》わりません。

「歌《うた》」と「陽射《ひざ》し」という「距離感《きょりかん》」のある二者《にしゃ》だからこそ、それをつなぐ隙間《すきま》に豊《ゆた》かな情報《じょうほう》を乗《の》せる「広がり」が生まれるのです。

しかし、この行為《こうい》には脳《のう》の「跳躍力《ちょうやくりょく》」が必要《ひつよう》となります。

「豊《ゆた》かな情報《じょうほう》」を収納《しゅうのう》する行間《ぎょうかん》を作るには、それに見合《みあ》った「距離感《きょりかん》」ある二者《にしゃ》を結《むす》び付《つ》けねばなりません。

一見無関係《いっけんむかんけい》に見えるくらい「かけ離《はな》れた」二者《にしゃ》が結びついた時ほど、豊《ゆた》かな「行間《ぎょうかん》」が生まれるのです。

一方《いっぽう》、ただ「離《はな》れた」だけでは二者《にしゃ》は結びつかず、「的外《まとはず》れ」な表現《ひょうげん》となります。

「近すぎる」と「結《むす》びつけ」やすいですが、たとえる意味《いみ》が無くなります。

岩塩《がんえん》の味《あじ》わいを「食卓塩《しょくたくえん》のように塩《しお》からい」とたとえたところで、岩塩特有《がんえんとくゆう》の要素《ようそ》は何一《なにひと》つ伝《つた》わりません。

つまり、ぎりぎりまで遠《とお》い所から「比喩《ひゆ》」を持ってきて、「つなげる」事ができるかどうかがその人の**「脳《のう》の飛距離《ひきょり》」**なのです。

「脳《のう》の飛距離《ひきょり》」と同意義《どういぎ》の言葉《ことば》は、普段皆《ふだんみな》さんが当《あ》たり前《まえ》のように使用《しよう》しています。

「想像力《そうぞうりょく》」です。

この「想像力《そうぞうりょく》」が「伝達《でんたつ》」という行為《こうい》の根幹《こんかん》を支《ささ》えている、と私《わたし》は考《かんが》えています。

当然《とうぜん》、その「飛距離《ひきょり》」が長ければ長いほど、受《う》け取《と》る側《がわ》の「想像力《そうぞうりょく》」も試《ため》されます。

二十九、想像力《そうぞうりょく》

「想像力《そうぞうりょく》」とは**「距離《きょり》の離《はな》れた複数事象《ふくすうじしょう》をつなげる力《ちから》」**であり、その「飛距離《ひきょり》」が出せた時に、表現《ひょうげん》する者にとっては「会心《かいしん》の作品《さくひん》」となります。

しかし、その飛距離《ひきょり》が遠《とお》ければ遠《とお》くなるほど、受《う》け取《と》る側《がわ》の距離《きょり》感覚《かんかく》や投《な》げ返《かえ》す飛距離《ひきょり》・キャッチング技術《ぎじゅつ》も試《ため》されます。

遠投《えんとう》ができる人と近くまでしかボールが届《とど》かない人とでは本気《ほんき》のキャッチボールができません。

つまり、遠投力《えんとうりょく》のある表現者《ひょうげんしゃ》が会心《かいしん》のボールを投《な》げるほどに、キャッチボールをする相手《あいて》はいなくなります。

これを芸術《げいじゅつ》の世界《せかい》にたとえるならば、先進的《せんしんてき》な芸術家《げいじゅつか》が会心《かいしん》の作品《さくひん》を生《う》み出《だ》した時ほど、世《よ》には「伝《つた》わりづらい」ものとなります。

これが「表現者《ひょうげんしゃ》の孤独《こどく》」です。

現在《げんざい》常識外《じょうしきがい》な高額《こうがく》で取り引きされる絵画《かいが》を生《う》み出《だ》した画家《がか》も、生前《せいぜん》には全《まった》く評価《ひょうか》されておらず、貧窮《ひんきゅう》を極《きわ》めていたという例《れい》は珍《めずら》しくありません。

その画家《がか》の「飛距離《ひきょり》」に、「時代《じだい》」の誰《だれ》も追《お》いつけなかったのです。

いくら豪速球《ごうそっきゅう》を投《な》げても「受《う》け取《と》れる」人がいなければキャッチボールは成立《せいりつ》しません。

そこで、「伝《つた》える者」にはいくつかの選択肢《せんたくし》が生《しょう》じます。

その一つが「いつか、誰《だれ》かに伝《つた》わる」事を信《しん》じ、「全力《ぜんりょく》で投《な》げ続《つづ》ける」事です。

その時点《じてん》で「暴投《ぼうとう》」に見えたボールは「時代《じだい》の向《む》こう側《がわ》」まで飛《と》んでゆき、ミットを構《かま》えている人の手にようやく届《とど》くのです。

それが例《れい》の「死後《しご》に評価《ひょうか》された画家《がか》」ということです。

表現《ひょうげん》とは本質的《ほんしつてき》に「祈《いの》り」のようなものであり、「届《とど》け」と捧《ささ》げたら、後《あと》は「結果《けっか》に任《まか》せるのみ」なのです。

そしてもう一つの選択肢《せんたくし》が、「こちらでボールの強弱《きょうじゃく》を加減《かげん》する」という行為《こうい》です。

それが「**歩《あゆ》み寄《よ》る**」という事です。

歩《あゆ》み寄《よ》ると受《う》け取《と》る事のできる人は増《ふ》えますが、飛距離《ひきょり》を抑《おさ》えているので、その「距離《きょり》感《かん》」の中には「伝《つた》えたい事」の全《すべ》ては収納《しゅうのう》できません。

そこで相手《あいて》の目を慣《な》らしながら徐々《じょじょ》に球速《きゅうそく》を上げてゆき、キャッチングの上達《じょうたつ》を導《みちび》く過《か》程《てい》が必要《ひつよう》となります。


これが「噛《か》み砕《くだ》く」という事です。

三十、たとえ負《ま》け

世《よ》には、「たとえ話《ばなし》」が全《まった》く通《つう》じない人がいます。

これは、脳《のう》の中で飛距離《ひきょり》が取れていない＝「想像力《そうぞうりょく》が働《はたら》いていない状態《じょうたい》」です。

「春の陽射《ひざ》し」を「母親《ははおや》の子守歌《こもりうた》」にたとえても、「だって春の陽射《ひざ》しは母親《ははおや》の子守歌《こもりうた》じゃないだろう」といった調子《ちょうし》になってしまいます。

これを脳《のう》が「**たとえ負《ま》け**」をすると私《わたし》は呼《よ》んでいます。

「たとえ負《ま》けをする」＝「行間交流《ぎょうかんこうりゅう》に不具合《ふぐあい》が生《しょう》じる」＝「高度《こうど》な意図《いと》のやり取《と》りに支《し》

障《しょう》がある」。

この構造《こうぞう》を遡《さかのぼ》れば、「たとえ負《ま》けをする」人は「アナログ情報《じょうほう》に触《ふ》れる」経験《けいけん》の不足《ふそく》がどこかにあると考《かんが》えられます。

「目に見える言葉《ことば》」からしか情報《じょうほう》が取れず、「行間《ぎょうかん》」を読み情報《じょうほう》を自己補足《じこほそく》できません。

そういった人には言葉《ことば》に言葉《ことば》を重《かさ》ねなければならず、「伝《つた》える側《がわ》」の人は時間と労力《ろうりょく》を要《よう》します。

つまり、近代社会《きんだいしゃかい》の知的基準《ちてききじゅん》から一見離《いっけんはな》れている森の木々《きぎ》、流れる水、人の手触《てざわ》りといった「アナログ情報《じょうほう》」こそが、人の根源的知性《こんげんてきちせい》を左右《さゆう》する「原動力《げんどうりょく》」となっているのです。

しかし、人の手により「デジタル化」した知識《ちしき》、セオリー、カリキュラムばかりを詰《つ》め込《こ》む事を「学問《がくもん》」と捉《とら》え、そういった世界《せかい》で育《そだ》った人達《ひとたち》には「アナログ」と「デジタル」をつなぐ**「知《ち》の原動力《げんどうりょく》」**の構造《こうぞう》は見えません。

なぜなら、「脳《のう》の飛距離《ひきょり》」が足《た》りていないからです。

三十一、飛距離《ひきょり》

「脳《のう》の飛距離《ひきょり》」の構造《こうぞう》は多岐《たき》に亘《わた》っています。

例《たと》えば「科学《かがく》」は「脳《のう》の飛距離《ひきょり》」の産物《さんぶつ》です。

一般《いっぱん》の常識《じょうしき》では結《むす》びつかなかった事象《じしょう》を組《く》み合《あ》わせて世《よ》に広まった物は数知《かずし》れません。

その時代《じだい》の学者《がくしゃ》が、誰《だれ》も引用《いんよう》しなかった数式《すうしき》を用《もち》いて解明《かいめい》された宇宙《うちゅう》の法則《ほうそく》もあります。

現在《げんざい》ある様々《さまざま》な料理《りょうり》も、誰《だれ》も思《おも》いつかなかった素材《そざい》や調理法《ちょうりほう》を組《く》み合《あ》わせた創造性《そうぞうせい》の産物《さんぶつ》です。

文学《ぶんがく》や芸術《げいじゅつ》は先《さき》ほど述《の》べた通《とお》りです。

この世界《せかい》は、脳《のう》の飛距離《ひきょり》＝「創造性《そうぞうせい》」が切《き》り開《ひら》いているのです。

それは、「セオリー」や「メソッド」、既存《きぞん》の知識《ちしき》からの「引用《いんよう》」とは全《まった》く違《ちが》った回路《かいろ》です。

いつでも切《き》り開《ひら》くのは創造性《そうぞうせい》で、それらの**実績《じっせき》の集合体《しゅうごうたい》**が「セオリー」や「メソッド」

となってゆくからです。

「知識《ちしき》」「セオリー」を覚《おぼ》え、「引用《いんよう》」する行為《こうい》に創造性《そうぞうせい》はほとんど要《い》りません。

状況《じょうきょう》 状況《じょうきょう》に覚《おぼ》えた物を当てはめていけば良《よ》いからです。

甲野先生《こうのせんせい》は昔《むかし》、インタビューで「現代《げんだい》の武術家《ぶじゅつか》は技《わざ》を覚《おぼ》えるばかりで、作《つく》ろうとしないのが問題《もんだい》だ」とコメントされていました。


なぜなら、「武術《ぶじゅつ》」こそ本来《ほんらい》「創造性《そうぞうせい》」が発揮《はっき》されるべき分野《ぶんや》だからです。

三十二、武術《ぶじゅつ》と創造性《そうぞうせい》

私《わたし》は冒頭《ぼうとう》で、「この世界《せかい》は全《すべ》て初体験《はつたいけん》」だと書《か》きました。

あらゆる瞬間《しゅんかん》に、それまでと「全《まった》く同じもの」は一度《いちど》たりとも無いからです。

人は本来《ほんらい》、「その瞬間《しゅんかん》の対応《たいおう》」を常《つね》に生《う》み出《だ》さなければなりません。

「常《つね》に生《う》み出《だ》す」、つまり創造性《そうぞうせい》がいつでも試《ため》されています。

セオリーや知識《ちしき》からの「**引用脳**《いんようのう》」だと、自分《じぶん》の引《ひ》き出《だ》しの中からその状況《じょうきょう》に似《に》た物を取り出し、「当てはめる」対応《たいおう》になります。

しかし、「似《に》た物《もの》」はどこまで行っても「似《に》た物《もの》」です。

永遠《えいえん》に「一致《いっち》」する事《こと》は無いのです。

一致《いっち》させるためには、その場に合わせて「作《つく》り出《だ》す」「生《う》み出《だ》す」行為《こうい》が必要《ひつよう》となります。

それが**対応力**《たいおうりょく》であり、**適応力**《てきおうりょく》です。

そこに不可欠《ふかけつ》なのが「創造性《そうぞうせい》」なのです。

三十三、引用型《いんようがた》と創造型《そうぞうがた》

「引用型《いんようがた》」の対応《たいおう》には限界《げんかい》があります。

まず、「引《ひ》き出《だ》し」からどんなに「近《ちか》いもの」を選《えら》んだとしても、「近《ちか》いもの」である限《かぎ》り永遠《えいえん》に「ずれ」がある事。

そして、仮《かり》に一〇〇〇の対応例《たいおうれい》を覚《おぼ》えたとしても、一〇〇一個目《こめ》の例《れい》には対応《たいおう》できないという事。

つまり、「未知《みち》」には対応《たいおう》できないのです。

しかし、この世《よ》は本来全《ほんらいすべ》て「未知《みち》」のものであり、「似《に》た物」を「同じ物」のように扱《あつか》って誤魔化《ごまか》しているにすぎません。

「似《に》た物」を「同じ物」として扱《あつか》い、その「差分《さぶん》」を「切《き》り捨《す》てる」。「デジタル」なのです。

デジタルな引用型《いんようがた》を「量産品《りょうさんひん》」だとしたら、アナログな創造型《そうぞうがた》は「**オーダーメイド**」で「**カスタマイズ**」です。

市販《しはん》の物からどんなに合う服《ふく》を選《えら》んだとしても、オーダーメイドでその人に合う採寸《さいすん》で仕上《しあ》げた物には体《からだ》への「馴染《なじ》み」は敵《かな》いません。

「対応《たいおう》」とは本来《ほんらい》、「状況《じょうきょう》」という顧客《こきゃく》に対《たい》して、瞬時《しゅんじ》に「オーダーメイド」をし続《つづ》ける行為《こうい》なのです。

三十四、ゴルフクラブ

では、その「対応力《たいおうりょく》」はどうやって高めたら良《よ》いのでしょうか。

対応力《たいおうりょく》とは、**「人間《にんげん》の根本的能力《こんぽんてきのうりょく》」**です。

人間《にんげん》の「根本的能力《こんぽんてきのうりょく》」と「状況《じょうきょう》」を掛《か》け合《あ》わせた結果《けっか》が「対応《たいおう》」です。

そして、根本的能力《こんぽんてきのうりょく》が高いほど対応《たいおう》は「最適《さいてき》」に近付《ちかづ》いてゆきます。

つまり、行為《こうい》の精度《せいど》と質《しつ》が高まるのです。

という事は根本的能力《こんぽんてきのうりょく》が高まる必要《ひつよう》が出てくるわけですが、そもそも「根本的能力《こんぽんてきのうりょく》」とは何《なん》でしょうか。

多《おお》くの人が誤解《ごかい》しているのですが、「知識量《ちしきりょう》」はそれに当たりません。

どんなに多《おお》くのセオリーや実例《じつれい》を知っていたとしても、それは「根本的能力《こんぽんてきのうりょく》」がある先《せん》人達《じんたち》が生《う》み出《だ》した財産《ざいさん》を享受《きょうじゅ》しているに過《す》ぎません。

「生《う》み出《だ》す」側《がわ》が「能力《のうりょく》」なのです。

知識《ちしき》やセオリーは「能力《のうりょく》」を駆使《くし》するための「道具《どうぐ》」に過《す》ぎず、ゴルファーとクラブの関係《かんけい》に似《に》ています。

どんなに立派《りっぱ》なゴルフクラブを複数《ふくすう》持《も》っていても、ゴルファーが下手《へた》ならばスコアは出ません。

それは、単《たん》なるゴルフクラブの「コレクター」です。

現在《げんざい》の教育《きょういく》システムは、知識《ちしき》の「コレクター」を量産《りょうさん》しており、それが問題《もんだい》なのです。

では、「根本的能力《こんぽんてきのうりょく》」を高めるにはどうしたら良《よ》いのでしょうか。

まず、「脳《のう》の跳躍力《ちょうやくりょく》」を高める事がそれに当たります。

創造性《そうぞうせい》であり、「アナログを掌握《しょうあく》する力《ちから》」です。

そしてもう一つ、その助けとなるのが「**根本原理《こんぽんげんり》**」です。

三十五、根本原理《こんぽんげんり》

「根本原理《こんぽんげんり》」。冒頭《ぼうとう》「基本《きほん》に替《か》わるもの」として出てきた「原則《げんそく》」と「原理《げんり》」の後者《こうしゃ》です。

この「原理《げんり》」を組《く》み替《か》え、磨《みが》く事が人間《にんげん》の根本的能力《こんぽんてきのうりょく》・根本的知性《こんぽんてきちせい》を高める鍵《かぎ》になると私《わたし》は考《かんが》えています。

武術《ぶじゅつ》で言うならば、ある「技《わざ》」を繰《く》り出《だ》した時、その「動作《どうさ》」はどういった仕組《しく》みで出《で》来上《きあ》がっているのか。

その**「仕組《しく》み」の部分《ぶぶん》**です。

これまでの話《はなし》の中でも、その「原理《げんり》」は一つ出てきています。

「膝抜《ひざぬ》き」です。

この「膝抜《ひざぬ》き」の原理《げんり》を説明《せつめい》する際《さい》に出てきた技《わざ》が、「浪之下《なみのした》」でした。

もう一度《いちど》説明《せつめい》しておきましょう。

浪之下《なみのした》とは自分《じぶん》の片腕《かたうで》を持《も》った相手《あいて》を下方向《したほうこう》に崩《くず》す技《わざ》です。

その浪之下《なみのした》を行《おこな》う際《さい》に、膝《ひざ》の力《ちから》を抜《ぬ》いて落下《らっか》するエネルギーを伝《つた》える方法《ほうほう》を説明《せつめい》しました。

そして腕《うで》の力《ちから》を始《はじ》めとした「筋力《きんりょく》」を用《もち》いる方法《ほうほう》も、一般的《いっぱんてき》な例《れい》としてご紹介《しょうかい》しました。

これは、「筋力《きんりょく》」の原理《げんり》から、「膝抜《ひざぬ》き」の原理《げんり》への転換《てんかん》を示《しめ》しています。

また、甲野先生《こうのせんせい》の技《わざ》の歴史《れきし》の中で、こうした「原理《げんり》」はいくつもあります。

代表的《だいひょうてき》な「井桁崩《いげたくず》し」の原理《げんり》を始《はじ》め、「四方輪《しほうりん》」「体内波《たいないは》」「足裏《あしうら》の垂直離陸《すいちょくりりく》」「キャスター・風見鶏《かざみどり》の原理《げんり》」、初期《しょき》から現在《げんざい》に至《いた》るまで次々《つぎつぎ》と新しいものが生《う》まれ続《つづ》けています。

こうした「原理《げんり》」は、**技《わざ》を裏側《うらがわ》で運用《うんよう》するもの**です。

たとえば、同じ「浪之下《なみのした》」でも「体内波《たいないは》」の原理《げんり》で掛《か》ける事ができます。

「足裏《あしうら》の垂直離陸《すいちょくりりく》」で行《おこな》う事もできます。

見た目上《じょう》は同じ「浪之下《なみのした》」ですが、それを運用《うんよう》する体の中身《なかみ》、「使《つか》い方《かた》」が違《ちが》うのです。

そうすると、**「浪之下《なみのした》」という同じ名前で呼《よ》ばれている技《わざ》が、実質的《じっしつてき》には「全《まった》く違《ちが》うもの」として変貌《へんぼう》します**。

ここに、技《わざ》や動作《どうさ》の「本質《ほんしつ》」があると私《わたし》は考《かんが》えています。

三十六、根本原理《こんぽんげんり》の組《く》み替《か》え

例《たと》えば、最初《さいしょ》に「浪之下《なみのした》」に使用《しよう》する原理《げんり》として紹介《しょうかい》した「膝抜《ひざぬ》き」ですが、この原理《げんり》を用《もち》いて行《おこな》えばパンチの威力《いりょく》が増《ま》します。柔道《じゅうどう》・柔術《じゅうじゅつ》に用《もち》いれば人を効率《こうりつ》よく投《な》げる事《こと》もできます。

「原理《げんり》」とは「根本部分《こんぽんぶぶん》の運用《うんよう》システム」なので、**様々《さまざま》な動《うご》きに内包《ないほう》させる事ができるの**です。

と、考《かんが》えると**「技《わざ》」と呼《よ》ばれている物は「原理《げんり》」を収納《しゅうのう》する「器《うつわ》」**とも捉《とら》える事ができます。

言《い》い換《か》えれば、「原理《げんり》」とは料理《りょうり》で言う「素材《そざい》」のような物で、「技《わざ》」は「メニュー」です。

素材《そざい》が美味《おい》しければどんな料理《りょうり》も格段《かくだん》に美味《おい》しくなりますが、不味《まず》ければ一流《いちりゅう》の料理《りょうり》人《にん》でも「ごまかし」が必要《ひつよう》になります。

つまり、**料理《りょうり》で言う「素材《そざい》」＝「原理《げんり》」の質《しつ》を上げる事が、技全体《わざぜんたい》の精度《せいど》を向上《こうじょう》させる**事につながります。

ゆえに、私《わたし》は技《わざ》の本質《ほんしつ》を**「根本原理《こんぽんげんり》の組《く》み替《か》え」**だと考《かんが》えています。

三十七、通底《つうてい》するもの

「原理《げんり》」とは「技《わざ》」に留《とど》まらず、「動《うご》き」の本質部分《ほんしつぶぶん》なので分野《ぶんや》を問《と》いません。

サッカーのキックにも使えるし、テニスのスイングにも使えます。

武術《ぶじゅつ》とは「小さな体《からだ》でも大《おお》きな人を動かす・倒《たお》す」技術《ぎじゅつ》ですから、安全《あんぜん》に用《もち》いれば「介《かい》護《ご》」にも使《つか》えます。

実際《じっさい》、甲野先生《こうのせんせい》の技術《ぎじゅつ》から「古武術介護《こぶじゅつかいご》」という新しい分野《ぶんや》も生まれました。

その他《ほか》にもダンス・医療《いりょう》・漫画《まんが》・職人《しょくにん》の技《わざ》からロボット工学《こうがく》に至《いた》るまで様々《さまざま》な世界《せかい》に甲《こう》野《の》先生《せんせい》は影響《えいきょう》を及《およ》ぼしています。

それを可能《かのう》としているのは、**本質的《ほんしつてき》には「原理《げんり》」を伝《つた》えている**からです。

剣術《けんじゅつ》の刀の振《ふ》り方《かた》をそのまま野球《やきゅう》に用《もち》いても、役《やく》には立《た》ちません。

しかし、刀に重《おも》みを乗《の》せ威力《いりょく》を出す「原理《げんり》」の部分《ぶぶん》を抽出《ちゅうしゅつ》し、野球《やきゅう》のスイングに置《お》き換《か》えれば応用可能《おうようかのう》です。


つまり、人が「動いている」以上《いじょう》、分野《ぶんや》を問《と》わず通底《つうてい》した「共通項《きょうつうこう》」とも言える部分《ぶぶん》があるのです。

それが原理《げんり》と言われる部分《ぶぶん》であり、深《ふか》く掘《ほ》り下《さ》げるほど根本部分《こんぽんぶぶん》に近付《ちかづ》いてゆきます。

その質《しつ》を高めてしまえば、あらゆる分野《ぶんや》、あらゆる行為《こうい》の質《しつ》が向上《こうじょう》します。

なぜなら「本を読む」「パソコンを打つ」「食事《しょくじ》をする」など、おおよそ「運動《うんどう》」と認《にん》識《しき》されない行動《こうどう》でも、実質《じっしつ》「体《からだ》を動かさない」行為《こうい》は何《なに》一つ無《な》いからです。

じっと座《すわ》って瞑想《めいそう》している時でさえも「座《すわ》る」という姿勢《しせい》を保《たも》っており、その「座《すわ》り方《かた》」の質《しつ》が変《か》われば瞑想《めいそう》の質《しつ》も変わってゆきます。

三十八、三層分類《さんそうぶんるい》

ここで、「技《わざ》」や「動《うご》き」と呼《よ》ばれるものを分かりやすく捉《とら》えるために、三つの階層《かいそう》に分け考《かんが》えてみます。

■第三層《だいさんそう》「応用《おうよう》」

一番表面《いちばんひょうめん》にある層《そう》で、「実戦《じっせん》」や「組《く》み手《て》」、「乱取《らんど》り」と呼《よ》ばれる部分《ぶぶん》です。

甲野先生《こうのせんせい》の考案《こうあん》した「一畳相撲《いちじょうすもう》」という稽古《けいこ》や、「正面《しょうめん》の崩《くず》し」もこれに当たります。

■第二層《だいにそう》「技《わざ》」

「応用《おうよう》」と「原理《げんり》」の中間《ちゅうかん》にある層《そう》で、実戦《じっせん》や日常《にちじょう》で使用《しよう》される技術群《ぎじゅつぐん》です。

空手《からて》やボクシングで言ったら「パンチ」、柔道《じゅうどう》だと「背負《せお》い投《な》げ」等《など》がこれに当たる部《ぶ》分《ぶん》です。

甲野先生《こうのせんせい》の技術《ぎじゅつ》だと「斬《き》り落《お》とし」「直入身《じかいりみ》」「影抜《かげぬき》」「タックル潰《つぶ》し」「浮《う》き取《と》り」「添《そ》え立《だ》ち」等《など》があります。

分野《ぶんや》も多岐《たき》にわたり、次々《つぎつぎ》と新しい物が生まれているので、この層《そう》が最《もっと》も多《おお》くの名を連《つら》ねています。

■第一層《だいいっそう》「原理《げんり》」

一番奥深《いちばんおくぶか》くにある層《そう》で、技《わざ》や動《うご》きを運用《うんよう》する最重要部分《さいじゅうようぶぶん》です。

「井桁崩《いげたくず》し」「足裏《あしうら》の垂直離陸《すいちょくりりく》」「キャスター・風見鶏《かざみどり》の原理《げんり》」等《など》がこれに当たります。

つまり、実戦《じっせん》の中で見られている様々《さまざま》な動《うご》きを分解《ぶんかい》すると、ここでは「技《わざ》」と呼《よ》んでいる技術群《ぎじゅつぐん》の応用《おうよう》・集合《しゅうごう》という事になります。

さらにその「技《わざ》」たちは、それを司《つかさど》る「原理《げんり》」に基《もと》づいて形成《けいせい》され、運用《うんよう》されています。

これは、甲野先生《こうのせんせい》の技術《ぎじゅつ》だけにとどまらず、あらゆる分野《ぶんや》の動《うご》きや思考法《しこうほう》に至《いた》るまで、この構造《こうぞう》に当てはめ考《かんが》える事もできます。

また、この辺《あた》りが整理《せいり》されているのといないのとでは、「技《わざ》」に対《たい》する理解《りかい》が大《おお》きく変《か》わってきます。

三十九、松聲館《しょうせいかん》スタイル

甲野先生《こうのせんせい》の稽古《けいこ》スタイルは、「技《わざ》をどんどん掛《か》けながら説明《せつめい》する」というものです。通常《つうじょう》、「この練習《れんしゅう》をすればこの技《わざ》が身《み》につきますよ」という事を指導者《しどうしゃ》の号令《ごうれい》のもとに行《おこな》ったりする事はありません。

そこに戸惑《とまど》いを覚《おぼ》え、挫折《ざせつ》してしまう人も残念《ざんねん》ながら少なくない、というのが冒頭《ぼうとう》に述《の》べた問題《もんだい》です。

しかし、甲野先生《こうのせんせい》くらいに実績《じっせき》と実力《じつりょく》を兼《か》ね備《そな》えた人が、誰《だれ》でも参加《さんか》できるオープンな教室《きょうしつ》を数千円《すうせんえん》の参加費《さんかひ》で開催《かいさい》し、初参加《はつさんか》の人にも直接技《ちょくせつわざ》を披露《ひろう》しながら「全力《ぜんりょく》で技《わざ》を止《と》める受《う》け方《かた》を許《ゆる》す」というのは、極《きわ》めて珍《めずら》しい事《こと》なのです。

大抵《たいてい》の武術《ぶじゅつ》、特《とく》に伝統的《でんとうてき》な物ほどその団体《だんたい》のトップの先生《せんせい》の技《わざ》にはなかなか触《ふ》れさせてもらえません。

初心者《しょしんしゃ》には師範代《しはんだい》や指導員《しどういん》が教《おし》え、何年《なんねん》も熱心《ねっしん》に通《かよ》ってようやく「大先生《だいせんせい》」の技《わざ》が受けられる、といった流儀《りゅうぎ》も少なくありません。

苦労《くろう》の末《すえ》受けられても、「全力《ぜんりょく》で技《わざ》を封《ふう》じるように止《と》める」事など、まず許《ゆる》されないでしょう。


ゆえに甲野《こうの》先生《せんせい》の教室《きょうしつ》の大《おお》きな特徴《とくちょう》は、**「その団体《だんたい》**（実際《じっさい》に団体《だんたい》は作っていませんが）**のトップの人の最高《さいこう》の技術《ぎじゅつ》を、自分《じぶん》の好きな受《う》け取《と》り方《かた》で体験《たいけん》できる」**という豊《ゆた》かさなのです。

通常《つうじょう》は「秘伝《ひでん》」として何十年《なんじゅうねん》も通《かよ》わなければ見せてもらえないような技《わざ》も、一日目《いちにちめ》で見られます。

あとは「どう学《まな》ぶか」で、そのヒントをできるだけ分かりやすく提供《ていきょう》したい、というのがこの本の試《こころ》みです。


その一つが「現象《げんしょう》を現象《げんしょう》のまま受《う》け取《と》る」という思考法《しこうほう》でした。

「上質《じょうしつ》な吸収《きゅうしゅう》」とは「上質《じょうしつ》な素材《そざい》」と、受《う》け取《と》る側の「損失《そんしつ》なき吸収力《きゅうしゅうりょく》」の相互作用《そうごさよう》で起こります。

「アナログ」とは「損失《そんしつ》なき状態《じょうたい》」ですから、その重要性《じゅうようせい》について先《さき》ほどの項《こう》で説明《せつめい》してきました。

そういった意味《いみ》で、甲野先生《こうのせんせい》のスタイルというのは、またとない「上質《じょうしつ》な素材《そざい》」になるのです。

人が身体《しんたい》や技術《ぎじゅつ》、感覚《かんかく》を磨《みが》く素材《そざい》として甲野先生《こうのせんせい》の教室《きょうしつ》は、

• その集団《しゅうだん》の最高《さいこう》の技術《ぎじゅつ》を持った人の動《うご》きや技《わざ》に、直接触《ちょくせつふ》れられる・見られる
→**アナログ情報量《じょうほうりょう》の豊《ゆた》かさ**
• 誰《だれ》でも受けられる
→**機会平等《きかいびょうどう》の豊《ゆた》かさ**
• どのようにでも受けられる
→**機会多様《きかいたよう》の豊《ゆた》かさ**
• こちらの稽古法《けいこほう》に関知《かんち》しない
→**思考機会《しこうきかい》・自由意志《じゆういし》の豊《ゆた》かさ**

という条件《じょうけん》を兼《か》ね備《そな》えています。

一見《いっけん》「つかみ所《どころ》が無い」「不親切《ふしんせつ》」と捉《とら》えてしまう場《ば》も、見方《みかた》を変えれば宝《たから》の山が転《ころ》が

っているというわけです。

実際《じっさい》、私《わたし》が武術《ぶじゅつ》を学《まな》ぶ上《うえ》ではとても適《てき》した環境《かんきょう》でした。

それは誰《だれ》にでもそうだと思《おも》っていたのですが、必《かなら》ずしもそうでもなさそうだ、というのがこの本の生《う》まれた理由《りゆう》の一つなのかもしれません。

四十、稽古《けいこ》を読《よ》みとく

ここでもう一度《いちど》、先《さき》ほど説明《せつめい》した「浪之下《なみのした》」という技《わざ》に立《た》ち返《かえ》ってみましょう。

この技《わざ》を学《まな》ぶ人・練習《れんしゅう》する人を見ていると、いくつかの傾向《けいこう》がある事が分かります。

浪之下《なみのした》とは先述《せんじゅつ》の通《とお》り、「自分《じぶん》の片手《かたて》をつかんだ相手《あいて》を下方向《したほうこう》に崩《くず》す」技《わざ》です。

相手《あいて》はこちらの前腕《ぜんわん》を両腕《りょううで》でがっちり持《も》っているので、上手《うま》く掛《か》けるのが難《むずか》しいわけです。

この状態《じょうたい》から技《わざ》を始《はじ》めるにあたり、いくつかの選択肢《せんたくし》があります。

1、片腕《かたうで》をつかまれた状態《じょうたい》から始《はじ》まるあらゆる状況《じょうきょう》を想定《そうてい》し、脱出《だっしゅつ》または反撃《はんげき》をする。

2、「浪之下《なみのした》」が上手《じょうず》に掛《か》かる手首《てくび》の使《つか》い方《かた》や肘《ひじ》の角度《かくど》など、「テクニック」を研究《けんきゅう》する。

3、「浪之下《なみのした》」という「形《かたち》」を借《か》りて、「根本原理《こんぽんげんり》」を組《く》み替《か》えようとする。

1〜3は一見《いっけん》同じ稽古《けいこ》をやっているように見えても、実質的《じっしつてき》には**「全《まった》く違《ちが》う稽古《けいこ》」**をしています。

「1」は三層《さんそう》(実戦《じっせん》)的《てき》稽古《けいこ》です。
「2」は二層《にそう》(技《わざ》)の稽古《けいこ》です。
「3」は一層《いっそう》(原理《げんり》)の稽古《けいこ》です。

甲野先生《こうのせんせい》の講習会《こうしゅうかい》は前述《ぜんじゅつ》の通《とお》りの形式《けいしき》ですから、直接《ちょくせつ》ご自身《じしん》の技《わざ》について手とり足とり教える事はありません。

その代《か》わり、参加者同士《さんかしゃどうし》が周《まわ》りであれこれ検証《けんしょう》しながら自主稽古《じしゅけいこ》をする場面《ばめん》が見られます。

それは、甲野先生《こうのせんせい》が「松聲館《しょうせいかん》」道場《どうじょう》を立《た》ち上《あ》げ、「武術稽古研究会《ぶじゅつけいこけんきゅうかい》」を始《はじ》めた頃《ころ》からの伝統的風景《でんとうてきふうけい》です。

そういった甲野先生《こうのせんせい》の周《まわ》りで練習《れんしゅう》している人達《ひとたち》を観察《かんさつ》すると、1〜3の稽古《けいこ》を各々《おのおの》やっている事が分かります。

そこには「自由《じゆう》に課題《かだい》を持《も》ち、好《す》きな稽古《けいこ》をできる」という、何《なに》かを学《まな》ぶ上で本来不可欠《ほんらいふかけつ》な「豊《ゆた》かさ」があります。

しかし、それと同時《どうじ》にいくつかの問題《もんだい》が見《み》えてきます。

四十一、無自覚《むじかく》である事《こと》

まず、**自身《じしん》が何《なん》（何層《なんそう》）の稽古《けいこ》をしているか分からずに行《おこな》っている場合《ばあい》が多い**という事です。

実戦的稽古《じっせんてきけいこ》をしたいのか（三層《さんそう》）、「技《わざ》」を上手《じょうず》に掛《か》けたいのか（二層《にそう》）、技《わざ》の中に隠《かく》れている「原理《げんり》」を組《く》み替《か》え育《はぐく》みたいのか（一層《いっそう》）。

自分《じぶん》の中の課題《かだい》が整理《せいり》されないまま、「何《なん》となく」稽古《けいこ》を続《つづ》けてしまうのです。

そうすると、やみくもに「結果《けっか》」のみを求《もと》め、「とにかく技《わざ》を成功《せいこう》させたい」という事が目的化《もくてきか》し、その場《ば》しのぎのような「小手先《こてさき》」の技術《ぎじゅつ》に走ったり、相手《あいて》の心の隙《すき》を突《つ》いて「だまし討《う》ち」をするような技《わざ》のかけ方《かた》となってしまう事があります。

自分《じぶん》の中で本当《ほんとう》に「小手先《こてさき》」や「だまし討《う》ち」を練習《れんしゅう》したいという課題《かだい》があるのならば良《よ》いのですが、本質的《ほんしつてき》に「技《わざ》を上達《じょうたつ》させたい」という思《おも》いがありながら、無自覚《むじかく》にそことはかけ離《はな》れた事《こと》をやってしまうのならば、それは自分自身《じぶんじしん》も望《のぞ》む事ではないでしょう。

四十二、噛《か》み合《あ》わない

更《さら》に問題《もんだい》が複雑《ふくざつ》になるのは、「技《わざ》を掛《か》ける」練習《れんしゅう》である以上《いじょう》、基本《きほん》「対人《たいじん》」であるという事です。

すると、以下《いか》のような問題《もんだい》が現《あらわ》れてきます。

ある人が「浪之下《なみのした》」の練習《れんしゅう》をしようと誰《だれ》かと組《く》んだ時に、技《わざ》を掛《か》ける側《がわ》の人（取り）が相手《あいて》（受け）の持《も》ち方《かた》や構《かま》えを感《かん》じ取《と》りながら、「どういったバランスで重みを落《お》とそうか」と考《かんが》えているとします。

すると相手《あいて》（受け）が「そんな風に考《かんが》えていてはここから蹴《け》りが飛《と》んできますよ」と指《し》摘《てき》するような事があります。

この時点《じてん》で、二人《ふたり》には食《く》い違《ちが》いが起こっています。

取りは、「浪之下《なみのした》において、どういった体重《たいじゅう》の掛《か》け方《かた》が有効《ゆうこう》か」という「技術《ぎじゅつ》」（二層《にそう》）の稽古《けいこ》をしようとしています。

受けは、「浪之下《なみのした》」の形《かたち》を借《か》りた、「実戦《じっせん》」的《てき》な場面《ばめん》（三層《さんそう》）を想定《そうてい》しています。

すると、取りは「浪之下《なみのした》の練習《れんしゅう》で蹴《け》りを想定《そうてい》しても意味《いみ》が無い」と思《おも》い、受けは「蹴《け》りの対応《たいおう》にも備《そな》えていなければ武術《ぶじゅつ》ではない」といった思《おも》いを抱《いだ》く事になります。

つまり二人《ふたり》は、**一見《いっけん》同じ稽古《けいこ》をしているように見えながら実質的《じっしつてき》には「全《まった》く違《ちが》う稽古《けいこ》」をしている事**になります。

「噛《か》み合っていない」のです。

こういった場面《ばめん》は、甲野先生《こうのせんせい》の教室《きょうしつ》ではよく見られていました。

以前《いぜん》に比《くら》べ先生《せんせい》の周《まわ》りで自主的《じしゅてき》に稽古《けいこ》をする人は減《へ》っているので、自《おの》ずと人数《にんずう》は減《へ》っていますが、本質的《ほんしつてき》にこの問題《もんだい》はずっと続《つづ》いています。

そもそも実戦《じっせん》の最中《さいちゅう》に「片腕《かたうで》を持った相手《あいて》を下方向《したほうこう》に崩《くず》す」などという場面《ばめん》はほとんどありません。

そうすると、「何のためにそれをやっているのか」という事が問《と》われます。

一歩間違《いっぽまちが》えたら、技《わざ》が「かかった」「かからない」を競《きそ》う、ただの「浪之下《なみのした》ゲーム」に陥《おちい》ってしまうのです。

それを楽しみたいのなら良《よ》いのですが、無自覚《むじかく》なままだと本質的上達《ほんしつてきじょうたつ》の近道《ちかみち》にはなりません。

では、何のためにわざわざそんな事をしているのでしょうか。

四十三、稽古《けいこ》の病《やまい》

私《わたし》は、武術《ぶじゅつ》を学んでゆく上で「**稽古《けいこ》の病《やまい》**」と呼《よ》んでいる物がいくつかあります。陥《おち》りがちな問題《もんだい》をまとめてそう呼《よ》んでいるのです。

そのうちの一つが「**小手先《こてさき》の病《やまい》**」です。

何か一つの技《わざ》や技術《ぎじゅつ》を習得《しゅうとく》しようとする過程《かてい》で、対症療法的《たいしょうりょうほうてき》な方法《ほうほう》ばかりに目が行《い》ってしまう状態《じょうたい》の事を言います。

「浪之下《なみのした》」の例《れい》で言えば、相手《あいて》の持ちづらい手の角度《かくど》や、相手《あいて》の支《ささ》えづらい立ち位置《いち》ばかりに意識《いしき》が向いている状態《じょうたい》です。

先《さき》ほどの「浪之下《なみのした》ゲーム」もこれに当たります。

「技《わざ》を成功《せいこう》させたい」と思《おも》うあまり、「その場《ば》しのぎ」のようなテクニックや駆《か》け引きばかりを行《おこな》ってしまい、本質的《ほんしつてき》な部分《ぶぶん》を疎《おろそ》かにしてしまっている状態《じょうたい》。

これを「**小手先《こてさき》の病《やまい》**」と呼《よ》びます。

四十四、本格派《ほんかくは》ごっこの病《やまい》

我々《われわれ》は皆《みな》、道の半《なか》ばで未完成《みかんせい》です。

甲野先生《こうのせんせい》ご自身《じしん》も「古《いにしえ》の達人《たつじん》を体育館《たいいくかん》の天井《てんじょう》とするならば、自分《じぶん》はまだ点字《てんじ》ブロックの突起《とっき》ぐらいの位置《いち》だ」と言われています。

言ってみれば、誰《だれ》もが未完成《みかんせい》なのです。

甲野先生《こうのせんせい》の言われる「古《いにしえ》の達人《たつじん》」ですらも、自分自身《じぶんじしん》ではそう思《おも》っていたのかもしれません。


その中で我々《われわれ》にできるのは「いかに上達《じょうたつ》を早めるか」の工夫《くふう》をしてゆくしかありません。

そこで重要《じゅうよう》なのが「どこに視点《してん》を置《お》き育《はぐく》むか」という事です。

前項《ぜんこう》の「小手先《こてさき》の病《やまい》」とは、結果《けっか》を急《いそ》ぐあまり誤魔化《ごまか》しの対応《たいおう》に走《はし》ってしまう問題《もんだい》でした。

この、「結果《けっか》を急《いそ》ぐあまり」やってしまいがちなもう一つの病《やまい》があります。

それが**「本格派《ほんかくは》ごっこの病《やまい》」**です。

先《さき》ほど言った通《とお》り「まだまだ未熟《みじゅく》」な状態《じょうたい》でありながら、「自分《じぶん》は本格的な事《こと》をやっている」という妄想《もうそう》に囚《とら》われてしまっている状態《じょうたい》です。

先《さき》ほどの「浪之下《なみのした》」の稽古《けいこ》の例《れい》で、「蹴《け》りに備《そな》えなければ武術《ぶじゅつ》ではない」と考《かんが》えてしまうような思考《しこう》がありました。

「三層《さんそう》」（実戦《じっせん》）的《てき》な想定《そうてい》で受けを行《おこな》っていた人《ひと》です。

こういった人《ひと》も、「本格派《ほんかくは》ごっこの病《やまい》」の一種《いっしゅ》です。

四十五、未《み》完《かん》成《せい》な土《ど》台《だい》

「武術《ぶじゅつ》」と名乗《なの》る以上《いじょう》、必《かなら》ず実戦《じっせん》は想定《そうてい》しなければなりません。
しかし**「四六時中《しろくじちゅう》実戦《じっせん》を想定《そうてい》する事」が、必《かなら》ずしも「実戦能力《じっせんのうりょく》を高める」わけではない**のです。

そこで問《と》われるのが「今、何を育《はぐく》んでいるのか」です。

私《わたし》が色々《いろいろ》な所で教室《きょうしつ》をやっていて感《かん》じるのは、**「腕一本《うでいっぽん》まともに動かせている人はほとんどいない」**という事です。

それは武術《ぶじゅつ》の有段者《ゆうだんしゃ》でもプロスポーツ選手《せんしゅ》でも医療関係者《いりょうかんけいしゃ》でも、みな同じです。

しかし、そういった人達《ひとたち》でも、それぞれの世界《せかい》でそれぞれなりの実績《じっせき》を上《あ》げています。

では、「腕一本《うでいっぽん》まともに動かせていない」とはどういう事かというと、**「余分《よぶん》な入力《にゅうりょく》がほぼ例外《れいがい》なくある」**ということです。

そして「余分《よぶん》な入力《にゅうりょく》」とは、本人《ほんにん》も気付《きづ》かない力《りき》みや癖《くせ》です。

そういった力《りき》みや癖《くせ》が抜《ぬ》けないまま、自分《じぶん》の日常的《にちじょうてき》な動《うご》きや「専門技術《せんもんぎじゅつ》」を積《つ》み重《かさ》ねてしまっているのです。

そうすると、問題《もんだい》のある根本部分《こんぽんぶぶん》から派生《はせい》した技術体系《ぎじゅつたいけい》や実践動作《じっせんどうさ》となってしまっているので、全《すべ》てに「ずれ」が生《しょう》じている状態《じょうたい》になります。

言うなれば未完成《みかんせい》な土台《どだい》に豪華《ごうか》な建築物《けんちくぶつ》を建《た》てていっている状態《じょうたい》で、一見立派《いっけんりっぱ》に仕上《しあ》がっているように見えても、住《す》み始《はじ》めれば次々《つぎつぎ》と問題《もんだい》が起こります。

それが人の体《からだ》だと、各部《かくぶ》の「故障《こしょう》」や不具合《ふぐあい》となります。

また、稽古《けいこ》においてはいつまで経《た》っても上達《じょうたつ》が進《すす》まなかったり、ある程度《ていど》まで行《い》っても思《おも》わぬ所で限界《げんかい》を迎《むか》える、という形《かたち》となって表《あらわ》れます。

四十六、単純《たんじゅん》な動《うご》き

つまり「根本部分《こんぽんぶぶん》」とは、「動《うご》き」において建築物《けんちくぶつ》なら「土台《どだい》」、料理《りょうり》なら「素材《そざい》」のようなもので、全《すべ》ての質《しつ》を決めるのです。

それが**「原理《げんり》」**です。

「原理《げんり》を組《く》み替《か》える」ためには「土台《どだい》」「素材《そざい》」から作《つく》り直《なお》さねばならず、**大手術《だいしゅじゅつ》が必要《ひつよう》になります**。

当然困難《とうぜんこんなん》も生《しょう》じます。

一番《いちばん》「根本《こんぽん》」ゆえに、あらゆる動《うご》きに根付《ねづ》いた「習慣《しゅうかん》」と化《か》しているからです。

先《さき》ほど「腕一本《うでいっぽん》まともに動かせている人がいない」と言ったのは、「腕一本《うでいっぽん》動かす」事《こと》にまで、その人の癖《くせ》を含《ふく》めた「習慣《しゅうかん》」が根付《ねづ》いているせいです。

ということは、**「腕一本《うでいっぽん》動かす」時の「質《しつ》」そのものを変えれば、全《すべ》ての動作《どうさ》の質《しつ》が変《か》わるという事にもなります。**

「単純《たんじゅん》な動き《うご》」の中にこそ、「根本部分《こんぽんぶぶん》」が含《ふく》まれているからです。

そうなると、「根本部分《こんぽんぶぶん》」を変えるのに最《もっと》も適《てき》した動作《どうさ》が見えてきます。

「単純《たんじゅん》な動《うご》き」です。

四十七、癖《くせ》

これまで「癖《くせ》」という言葉《ことば》が出てきていますが、本当《ほんとう》の癖《くせ》というのは本人《ほんにん》だけではなかなか気付《きづ》けません。

自覚《じかく》があるのは大《たい》したものではなく、人から指摘《してき》されてようやく気付《きづ》ける、といった類《たぐい》のものです。

それは無意識《むいしき》レベルまで浸透《しんとう》している「習慣《しゅうかん》」とも言えるので、そもそも「癖《くせ》がある」事に気付《きづ》くだけでも一苦労《ひとくろう》なのです。

更《さら》にその「癖《くせ》」を抜《ぬ》かなくてはならない訳《わけ》ですから、慎重《しんちょう》かつ丁寧《ていねい》に取《と》り組《く》まなければ、なかなか実現《じつげん》しません。

その時に、試合《しあい》や乱取《らんど》り、日常的《にちじょうてき》な実践《じっせん》の中でそれをやれと言っても、まずできる人はいません。

「目的《もくてき》」のある動作《どうさ》は自分《じぶん》にとって最優先《さいゆうせん》の命令《めいれい》が「目的《もくてき》を達成する事」になってしまうからです。

それだけで手一杯《ていっぱい》で、「癖《くせ》を抜《ぬ》く事」など「二《に》の次《つぎ》」になってしまうのです。

四十八、手《て》慣《な》れた動《うご》き

人は「結果《けっか》」を求《もと》めた時に、「目的《もくてき》を達成《たっせい》する」事が最優先《さいゆうせん》の思考回路《しこうかいろ》・動作《どうさ》になります。

その時に最《もっと》も使《つか》い勝手《がって》が良《よ》いのは**「手慣《てな》れた動《うご》き」**です。
手慣《てな》れた動《うご》きというのは、「癖《くせ》」も含《ふく》めてその人の人生《じんせい》で積《つ》み重《かさ》ねられてきたものです。「目的《もくてき》」「目標《もくひょう》」のある動作《どうさ》というのは、「癖《くせ》」も含《ふく》めた「手慣《てな》れた動《うご》き」が出やすいのです。

これらの内容《ないよう》をまとめると、

- 人には動作《どうさ》の隅々《すみずみ》まで根付《ねづ》いた「癖《くせ》」がある。
- その「癖《くせ》」も含《ふく》めた「動作《どうさ》」や「技術《ぎじゅつ》」を積《つ》み重《かさ》ねている。
- その人がその時点《じてん》で最《もっと》も能力《のうりょく》を発揮《はっき》できるのは、「癖《くせ》」も含《ふく》めた「手慣《てな》れた動《うご》き」である。

この事実《じじつ》は、何を指《さ》し示《しめ》しているのでしょうか。

「人は癖《くせ》を抜《ぬ》くと、技術力《ぎじゅつりょく》が低下《ていか》する」

という事《こと》です。

ここに、「上達《じょうたつ》」に関《かか》わる最《もっと》も大《おお》きな問題《もんだい》の一つがあるのです。

四十九、依存《いぞん》

人は癖《くせ》を抜《ぬ》くと、「技術力《ぎじゅつりょく》が低下《ていか》」してしまいます。

当然《とうぜん》「結果《けっか》」を求《もと》められた状況《じょうきょう》・環境《かんきょう》では「技術力《ぎじゅつりょく》が低下《ていか》」するような選択《せんたく》を意識的《いしきてき》にも無意識的《むいしきてき》にもしません。

ゆえに、通常《つうじょう》の状況下《じょうきょうか》では「癖《くせ》のある動《うご》き」を選択《せんたく》し続《つづ》けます。

つまり、**「人は癖《くせ》にも依存《いぞん》する」**という事です。

これを私《わたし》は「DV依存《いぞん》」によくたとえます。

世《よ》には恋人《こいびと》や配偶者《はいぐうしゃ》の暴力《ぼうりょく》に苦《くる》しみ、ようやく逃《に》げ出《だ》した後も、同じような相手《あいて》を繰《く》り返《かえ》し選《えら》び続《つづ》けてしまう人がいます。

本当《ほんとう》は苦《くる》しい。しかし、なぜか同じような人にばかり引《ひ》き寄《よ》せられる。

これは、前述《ぜんじゅつ》の「癖《くせ》」と同様《どうよう》の構造《こうぞう》をしています。

DV依存《いぞん》の方《かた》は、幼少期《ようしょうき》に虐待《ぎゃくたい》を受けた経験《けいけん》がある場合《ばあい》が多いそうです。

そうすると、人間《にんげん》は良《よ》くも悪《わる》くも「適応力《てきおうりょく》」がありますので、「暴力《ぼうりょく》ありき」で自分《じぶん》の心の構造《こうぞう》を作り上げてゆきます。

それは、その環境《かんきょう》で生《い》き延《の》びねばならないのだから、仕方《しかた》がない事です。

しかし、その時に作られたシステムは「心の一部《いちぶ》」と化《か》しているので、「家庭《かてい》の外《そと》」でも続《つづ》いてゆきます。

なぜなら「暴力《ぼうりょく》ありき」で作った心は、暴力《ぼうりょく》が心の一部《いちぶ》となっているので、それが無くなると心の一部《いちぶ》にぽっかりと穴《あな》が空《あ》いた気になってしまうからです。

そうすると当然《とうぜん》、その穴《あな》を埋《う》めるべく「暴力《ぼうりょく》」の匂《にお》いがする相手《あいて》を探《さが》し歩《ある》く事《こと》になります。

「暴力《ぼうりょく》ありき」で構築《こうちく》された心のバランスは、暴力《ぼうりょく》抜《ぬ》きでは保《たも》てないのです。

そこで、例《たと》えば知人《ちじん》が「そんな人と別《わか》れた方《ほう》がいいよ」とアドバイスした場合《ばあい》、時《とき》に本《ほん》人《にん》は激《はげ》しい怒《いか》りと共《とも》に反発《はんぱつ》を覚《おぼ》えます。

それは、「心の一部《いちぶ》」を否定《ひてい》されたような根源的《こんげんてき》な怒《いか》りだからです。

辛《つら》い思《おも》いから早く解放《かいほう》されたいのに、「辛《つら》い環境《かんきょう》」から抜《ぬ》け出《だ》すのを強烈《きょうれつ》に拒絶《きょぜつ》する自《じ》分《ぶん》がいる。

つまり、**「人は欠点《けってん》にも依存《いぞん》する」**のです。

五十、呪《のろ》い

例《たと》えば、怒《おこ》りっぽい人を観察《かんさつ》していると、自《みずか》ら怒《いか》りの対象《たいしょう》を重箱《じゅうばこ》の隅《すみ》をつつくように探《さが》し続《つづ》けている事が分かります。

「怒《いか》り」とは本来自分《ほんらいじぶん》にとって不愉快《ふゆかい》な感情《かんじょう》のはずです。

しかしいつの間《ま》にかそういう人達《ひとたち》は、「怒《いか》り」そのものや、誰《だれ》かに怒《いか》りを爆発《ばくはつ》させた時の「快感《かいかん》」に依存《いぞん》してしまっているのです。

「不快《ふかい》」なはずの事を、本人《ほんにん》も気付《きづ》かぬうちに自《みずか》ら求《もと》めてしまっている。

やきもち焼《や》きの「嫉妬《しっと》」もそうです。

自《みずか》ら探偵《たんてい》のように嫉妬《しっと》の対象《たいしょう》を見つけては、怒《いか》りの炎《ほのお》を燃《も》やしています。

もう一つ例《れい》を挙《あ》げておきましょう。

ネット上などで、特定《とくてい》の人物《じんぶつ》に向けて執拗《しつよう》に悪口《わるぐち》を書《か》き続《つづ》けるような人がいます。

そんな人は自分《じぶん》の嫌悪《けんお》対象《たいしょう》の情報源《じょうほうげん》や発言《はつげん》を自《みずか》ら探《さぐ》りに行《い》き、不快《ふかい》を増幅《ぞうふく》させて文句《もんく》を言っています。

一番《いちばん》の解決法《かいけつほう》は**「見ない事」**なのですが、そんな簡単《かんたん》な事もできません。

なぜならその人の心は、「不快《ふかい》」と「悪口《わるぐち》」に依存《いぞん》してしまっているからです。

人を長年《ながねん》強《つよ》く恨《うら》み続《つづ》けているような人は、その恨《うら》みの対象《たいしょう》が死んでしまうと、後《あと》を追《お》うようにコロッと死んでしまったり、抜《ぬ》け殻《がら》のように腑《ふ》抜《ぬ》けてしまう事があります。

殺したいぐらい憎《にく》い存在《そんざい》が、いつの間《ま》にか自分《じぶん》の「生きがい」にまでなってしまうのです。

「負《ふ》」の感情《かんじょう》を自《みずか》らの「一部《いちぶ》」にしてしまうという選択《せんたく》は、自《みずか》らをどす黒《ぐろ》く染《そ》める行為《こうい》に他《ほか》なりません。

それは、自《みずか》らに掛《か》ける「**呪《のろ》い**」のようなものです。

「呪《のろ》い」は当然《とうぜん》解《と》いた方《ほう》が良《よ》く、先述《せんじゅつ》の「癖《くせ》」もまさに肉体《にくたい》に掛《か》かった「呪《のろ》い」の一種《いっしゅ》なのです。

五十一、手術《しゅじゅつ》とレース

「呪《のろ》い」を解《と》くためには、自《みず》らが「呪《のろ》いに掛《か》かっている」事《こと》に気付《きづ》かなくては始《はじ》まりません。

しかし、それがまず一苦労《ひとくろう》なのです。

先述《せんじゅつ》の例《れい》は、基本的《きほんてき》に全《すべ》て**「無自覚《むじかく》」**だからです。

さらに、「解消《かいしょう》する」段階《だんかい》になっても困難《こんなん》は続《つづ》きます。

「依存《いぞん》」しているからです。

DVの例《れい》でも述《の》べたように、「欠点《けってん》にも依存《いぞん》」してしまう人間《にんげん》という生《い》き物《もの》は、欠点《けってん》を取《と》り上《あ》げてしまうと自分《じぶん》にぽっかり穴《あな》が空《あ》いてしまったような不安感《ふあんかん》や喪失感《そうしつかん》、それに対《たい》する激《はげ》しい「拒絶反応《きょぜつはんのう》」を示《しめ》します。

その解消《かいしょう》には自分《じぶん》の心や体《からだ》の一部《いちぶ》を切除《せつじょ》するような「大手術《だいしゅじゅつ》」が必要《ひつよう》となります。

大手術《だいしゅじゅつ》を行《おこな》うためにはしっかりと麻酔《ますい》をかけ、皮《ひ》ふを切開《せっかい》し、数日《すうじつ》の入院《にゅういん》を要《よう》します。

とても生活《せいかつ》の「片手間《かたてま》」に出来《でき》るような事ではないのです。

これを稽古《けいこ》に置《お》き換《か》えると、**「癖《くせ》を抜《ぬ》き、体《からだ》の原理《げんり》を組《く》み替《か》える」**事になります。

一番根深《いちばんねぶか》い、「依存《いぞん》」すら生《しょう》じている「システム」ごと作《つく》り替《か》えるのですから、「片手間《かたてま》」では当然《とうぜん》できません。

つまり、「乱取《らんど》り」や「実践《じっせん》」の中では通常難《つうじょうむずか》しいのです。

ゆえに「根本原理《こんぽんげんり》の組《く》み替《か》え」に最《もっと》も適《てき》しているのは**「単純《たんじゅん》な環境《かんきょう》」**となります。

「腕一本《うでいっぽん》動かす」にも癖《くせ》が混入《こんにゅう》し、まともにできていない状態《じょうたい》から改善《かいぜん》するには、「腕一《うでいっ》本《ぽん》動かす」ような単純《たんじゅん》な環境《かんきょう》を設定《せってい》し、丁寧《ていねい》に「癖《くせ》に気付《きづ》く」所から始《はじ》めねばなりません。

この時、少しでも動作《どうさ》が複雑《ふくざつ》になったり、「人を倒《たお》す」「上手《じょうず》に技《わざ》を成功《せいこう》させる」などの「目標《もくひょう》」が混入《こんにゅう》すると、まず無理《むり》だという事《こと》です。

余裕《よゆう》があるからこそ、精神《せいしん》と肉体《にくたい》の奥深《おくふか》くまで染《し》み付《つ》いた「システム」にまで手を付《つ》け、踏《ふ》み込《こ》めるのです。

先《さき》ほどは手術《しゅじゅつ》にたとえましたが、私《わたし》は**「レースに出ながらマシンの改造《かいぞう》はできない」**という言い方もよく使《つか》います。

車のタイヤ交換《こうかん》や給油《きゅうゆ》くらいならばレース中のピットインで行《おこな》えますが、エンジンやシヤーシを丸《まる》ごと交換《こうかん》するのは整備工場《せいびこうじょう》で行《おこな》わなければなりません。

人の心や体《からだ》、動《うご》きも実践《じっせん》から離《はな》れた穏《おだ》やかな環境《かんきょう》だからこそできる事《こと》があるのです。

五十二、根本原理組《こんぽんげんりく》み替《か》えの三原則《さんげんそく》

私《わたし》はこれらの要素《ようそ》を、「根本原理組《こんぽんげんりく》み替《か》えの三原則《さんげんそく》」としてまとめています。

「低負荷《ていふか》・低速《ていそく》・単純《たんじゅん》」

- **低負荷《ていふか》**……負荷《ふか》の少ない環境《かんきょう》である事。筋肉《きんにく》が疲労《ひろう》するような重い道具《どうぐ》を扱《あつか》わず、対人《たいじん》の稽古《けいこ》ならば受け手側《がわ》が全力《ぜんりょく》で阻止《そし》するような負荷《ふか》を掛《か》けない。
- **低速《ていそく》**……「ゆっくり」行《おこな》う事《こと》。

速度《そくど》は「ごまかし」となり、自分《じぶん》の動《うご》きの「質《しつ》」を丁寧《ていねい》に観察《かんさつ》できない。

また、速度《そくど》を出す事自体《じたい》も「負荷《ふか》」なので、「原理《げんり》組み替《か》え」の支障《ししょう》となります。

・**単純《たんじゅん》**……「単純《たんじゅん》な道具《どうぐ》」「単純《たんじゅん》な動《うご》き」で行《おこな》う事。

道具《どうぐ》や動《うご》きが複雑《ふくざつ》になるほどそちらの扱《あつか》いに意識《いしき》や神経《しんけい》が偏《かたよ》り、「根本原理《こんぽんげんり》」や「癖《くせ》」にまで思《おも》いが届《とど》かなくなります。

五十三、道《どう》具《ぐ》癖《ぐせ》

大切《たいせつ》で根源的《こんげんてき》な部分《ぶぶん》であるほど、「単純《たんじゅん》」なものの中に隠《かく》れています。

甲野先生《こうのせんせい》は以前《いぜん》から「単純《たんじゅん》な動《うご》きの中で違《ちが》いが出なければならない」とよく言われています。

その人の動《うご》きの「質《しつ》」のレベルは、単純《たんじゅん》な動《うご》きの中にこそ出るのです。

初心者《しょしんしゃ》の頃《ころ》や武術《ぶじゅつ》を始《はじ》める前は華《はな》やかな動《うご》き、複雑《ふくざつ》で素早《すばや》い動《うご》きに目を惹《ひ》かれ憧《あこが》れるものです。

一番奥深《いちばんおくふか》くにある「原理《げんり》」にまで目が届《とど》かず、表面《ひょうめん》に見える分かりやすい「凄《すご》さ」に目が向くからです。

そんな「憧《あこが》れ」を引きずったまま稽古《けいこ》に取《と》り組《く》み始《はじ》め、「華麗《かれい》な動《うご》き」の習得《しゅうとく》ばかりに熱心《ねっしん》な人もいます。

動《うご》きの本質的《ほんしつてき》な部分《ぶぶん》における問題《もんだい》を改善《かいぜん》しないまま、「技術《ぎじゅつ》」をひたすら積《つ》み重《かさ》ねてしまうのです。

それはまさに、先述《せんじゅつ》した**「脆弱《ぜいじゃく》な土台《どだい》に建《た》てた豪華《ごうか》な建築物《けんちくぶつ》」**の状態《じょうたい》となります。

それに気付《きづ》かず稽古《けいこ》を続《つづ》ければ続《つづ》けるほど建物《たてもの》は巨大化《きょだいか》するので、「建《た》て直《なお》し」はより困難《こんなん》となってゆきます。

複雑《ふくざつ》な道具《どうぐ》や動《うご》きで植《う》え付《つ》けられた癖《くせ》は、「複雑《ふくざつ》な癖《くせ》」として体《からだ》に染《し》み付《つ》きますから「解体《かいたい》」作業《さぎょう》に余分《よぶん》な手間《てま》がかかるのです。

「古武術《こぶじゅつ》」と聞くと、華麗《かれい》に剣《けん》を抜《ぬ》き鞘《さや》に収《おさ》めたり、くるくると杖《じょう》を回しながら動いたり、ダイナミックに人を投《な》げ飛《と》ばしたくなる気持《きも》ちも分かります。

しかし、**「専門性《せんもんせい》」が高い動《うご》きを繰《く》り返《かえ》すほどに、応用性《おうようせい》の低い偏《かたよ》った身体《しんたい》となる**癖《くせ》が植《う》え付《つ》けられます。

これを私《わたし》は「**道具癖《どうぐぐせ》が付《つ》く**」と呼《よ》んでいます。

五十四、植《う》え付《つ》けと組《く》み替《か》え

「道具癖《どうぐぐせ》」と対極《たいきょく》にあるもの、それが「低負荷《ていふか》・低速《ていそく》・単純《たんじゅん》」です。「癖《くせ》を抜《ぬ》く」行為《こうい》をやりたいのですから、「新《あら》たな癖《くせ》が付《つ》く」環境《かんきょう》の中でやってしまっては元《もと》も子《こ》もありません。

ここで、冒頭《ぼうとう》で述《の》べた「癖《くせ》」に関する一文《いちぶん》の意味《いみ》が明確《めいかく》になります。

〝人間《にんげん》には、良くも悪くも「適応力《てきおうりょく》」というものがあります。

一つの動《うご》きを繰《く》り返《かえ》せば、その動《うご》きを支《ささ》える筋肉《きんにく》がついてゆきます。

当然《とうぜん》、「下手《へた》な動《うご》き」を繰《く》り返《かえ》せば「下手《へた》な動《うご》きを支《ささ》える筋肉《きんにく》」が増強《ぞうきょう》されます。

体内《たいない》に、「下手《へた》な動《うご》きを支《ささ》える道筋《みちすじ》」がどんどんできてしまうのです。

それが「癖《くせ》」です〟

これらを引《ひ》き起《お》こすのが「道具癖《どうぐぐせ》」をつける動《うご》き、すなわち「複雑《ふくざつ》な動《うご》き」「負荷《ふか》の強い動《うご》き」です。

初心《しょしん》の頃《ころ》ほど、これらを避《さ》けねば後々大《のちのちおお》きな「歪《ゆが》み」を引《ひ》き起《お》こします。

ゆえに「原理《げんり》」を育《はぐく》むのには、「**癖《くせ》のない動《うご》き**」「**癖《くせ》のない速度《そくど》**」「**癖《くせ》のない道具《どうぐ》**」が適《てき》しているのです。

ひたすらに一定《いってい》の動作《どうさ》を繰《く》り返《かえ》す方法《ほうほう》は言わば「植《う》え付《つ》け系《けい》」で、何かの習得《しゅうとく》と引《ひ》き換《か》えに強烈《きょうれつ》な「癖《くせ》」が体《からだ》に染《し》み付《つ》いてゆきます。

一方《いっぽう》「**組《く》み替《か》え系《けい》**」は体《からだ》の癖《くせ》を抜《ぬ》く事《こと》によって動《うご》き全体《ぜんたい》を向上《こうじょう》させます。

つまり、両者《りょうしゃ》は全《まった》く**正反対《せいはんたい》**の考《かん》えなのです。

五十五、整理《せいり》

ここで、「浪之下《なみのした》」という、相手《あいて》を下方向《したほうこう》に崩《くず》す技《わざ》の話《はなし》に戻《もど》ります。

同じ「浪之下《なみのした》」という「形《かたち》」を借《か》りた稽古《けいこ》だとしても、

1、片腕《かたうで》をつかまれた状況《じょうきょう》から始《はじ》まるあらゆる場面《ばめん》を想定《そうてい》し、脱出《だっしゅつ》または反撃《はんげき》するという三層《さんそう》（実戦《じっせん》）的稽古《けいこ》

2、「浪之下《なみのした》」が上手《じょうず》に掛《か》かる手首《てくび》の使《つか》い方《かた》や肘《ひじ》の角度《かくど》など、「テクニック」を研究《けんきゅう》する二《に》層《そう》（技《わざ》）の稽古《けいこ》

3、「浪之下《なみのした》」という「形《かたち》」を借《か》りて、「根本原理《こんぽんげんり》」を組《く》み替《か》えようとする一層《いっそう》（原理《げんり》）の稽古《けいこ》

という取《と》り組《く》みの違《ちが》いで全《まった》く「別もの」になるという話《はなし》を先《さき》ほどしました。

そして、「癖《くせ》」が抜《ぬ》けないまま「技術《ぎじゅつ》」の習得《しゅうとく》ばかりを目指《めざ》しても、「脆弱《ぜいじゃく》な土台《どだい》に建《た》てた豪華《ごうか》な建築物《けんちくぶつ》」となる問題《もんだい》も取《と》り上《あ》げました。

これが稽古《けいこ》の病《やまい》の一つ、「小手先《こてさき》の病《やまい》」です。

更《さら》に、癖《くせ》を抜《ぬ》き原理《げんり》ごと組《く》み替《か》えるためには「依存《いぞん》」も含《ふく》め丁寧《ていねい》に解消《かいしょう》せねばならず、「実戦《じっせん》」の中では極《きわ》めて困難《こんなん》であるという問題《もんだい》についても説明《せつめい》しました。

しかし「常《つね》に実戦《じっせん》を想定《そうてい》していなければ武術《ぶじゅつ》ではない」という認識《にんしき》のもと、結局《けっきょく》どの観《かん》点《てん》から見ても中途半端《ちゅうとはんぱ》な稽古《けいこ》となり、本質的《ほんしつてき》な向上《こうじょう》が見られない例《れい》が多《おお》く存在《そんざい》します。

これが「本格派《ほんかくは》ごっこの病《やまい》」です。

工場《こうじょう》に入《い》れなければチューンナップできないし、入院《にゅういん》しなければ手術《しゅじゅつ》もできないのに、レースに出続《でつづ》け、入院《にゅういん》を拒絶《きょぜつ》している状態《じょうたい》です。

これらはその人の稽古哲学《けいこてつがく》であり、それに殉《じゅん》じようと言うのならば、それも良《よ》いと思《おも》います。

しかし、無自覚《むじかく》に行《おこな》っている人が問題点《もんだいてん》を認識《にんしき》し、今自分《いまじぶん》が育《はぐく》みたい事《こと》を整理《せいり》した上で稽古《けいこ》に取《と》り組《く》む事ができれば、上達《じょうたつ》の助けとなるはずです。

五十六、偏見《へんけん》の形《かたち》

どのように稽古《けいこ》に取《と》り組《く》むか。

それは今述《いまの》べたように、その人の持つ「稽古哲学《けいこてつがく》」も含《ふく》めた問題《もんだい》です。

「稽古哲学《けいこてつがく》」には、その人の持つ「人生哲学《じんせいてつがく》」や「思考回路《しこうかいろ》」が反映《はんえい》されます。

何に惹《ひ》かれ、何を育《はぐく》み、どうなろうとするのかも、その人の価値観《かちかん》や思考《しこう》から来《く》る選択《せんたく》が反映《はんえい》され、それに基《もと》づいた動《うご》きや体《からだ》が作られてゆくのです。

つまり「その人の思考《しこう》がその人の動《うご》きを作る」とも言えます。

それは言《い》い換《か》えれば、**「人は偏見《へんけん》の形《かたち》に沿《そ》って動く」**という事《こと》を表《あらわ》しています。

実際《じっさい》に様々《さまざま》な人の体《からだ》を観察《かんさつ》していると、見事《みごと》なほどその人の「偏見《へんけん》」が動《うご》きに反映《はんえい》されています。

頑《かたく》なな人は、その人にとって目新《めあたら》しい動《うご》きがなかなか出来《でき》ません。体《からだ》も「頑《かたく》な」で、新しい動《うご》きを無意識《むいしき》に排除《はいじょ》してしまうからです。

真面目《まじめ》で働《はたら》き者《もの》の人は、体《からだ》を緩《ゆる》めるのが苦手《にがて》です。

体《からだ》も「勤勉《きんべん》」だからです。

見栄《みえ》っ張《ぱ》りは自分《じぶん》が失敗《しっぱい》するような動作《どうさ》から逃《に》げますし、負《ま》けず嫌《ぎら》いは他人《たにん》から後《おく》れを取るような練習《れんしゅう》を避《さ》けます。

しかしどんな分野《ぶんや》の人、どんな考《かんが》えの人にもほぼ共通《きょうつう》した「理想《りそう》」があります。

それは**「自在《じざい》になること」**です。

「自在《じざい》」とは、「あらゆる状況《じょうきょう》であらゆる対応《たいおう》ができる」事《こと》です。

つまり、**「全方位《ぜんほうい》」**対応《たいおう》です。


「偏見《へんけん》のある体《からだ》」とは「得意《とくい》」と「不得意《ふとくい》」に偏《かたよ》りがある体《からだ》です。

それは、**「指向性《しこうせい》のある体《からだ》」**となります。

「指向性《しこうせい》」は「全方位《ぜんほうい》」と逆行《ぎゃっこう》します。

つまり、「自在《じざい》」からは掛《か》け離《はな》れてゆくということです。

それは、あらゆる「運動《うんどう》」の理想《りそう》から遠《とお》ざかってしまう状態《じょうたい》です。

「偏見《へんけん》」の多《おお》い思考回路《しこうかいろ》は肉体《にくたい》にもその偏見《へんけん》が反映《はんえい》され、運動《うんどう》の理想《りそう》から遠《とお》ざかってゆくのです。


では、心と体《からだ》から「偏見《へんけん》」を取《と》り除《のぞ》いてゆくにはどうしたら良《よ》いのでしょうか。

五十七、許《ゆる》し

偏見《へんけん》の対極《たいきょく》にあるもの、それは「思考《しこう》の柔軟性《じゅうなんせい》」です。

という事《こと》は、これまでの内容《ないよう》を総合《そうごう》すると、見えて来るものがあります。

「思考《しこう》の柔軟性《じゅうなんせい》が、運動《うんどう》の自在性《じざいせい》につながる」という事です。

本質的《ほんしつてき》な運動能力《うんどうのうりょく》と思考《しこう》の柔軟性《じゅうなんせい》は、密接《みっせつ》に関連《かんれん》しているのです。

では、「思考《しこう》の柔軟性《じゅうなんせい》」とは何《なに》か。

それは、**「許《ゆる》し」**です。

「偏見《へんけん》」とは、言《い》い換《か》えれば「許《ゆる》せない事《こと》」だからです。

この世《よ》は、偏見《へんけん》で溢《あふ》れています。

「女性《じょせい》は男性《だんせい》より劣《おと》っている」という偏見《へんけん》の持《も》ち主《ぬし》は、優秀《ゆうしゅう》な女性《じょせい》が許《ゆる》せません。

「年長者《ねんちょうしゃ》が絶対偉《ぜったいえら》い」という偏見《へんけん》の持《も》ち主《ぬし》は、年下《としした》が自分《じぶん》に対《たい》して意見《いけん》をする事が許《ゆる》せません。

「食事《しょくじ》しながら話《はな》すのは下品《げひん》だ」という偏見《へんけん》の持《も》ち主《ぬし》は、食卓《しょくたく》での会話《かいわ》が許《ゆる》せません。

「許《ゆる》せない」事があるということは、「許《ゆる》せる」人が簡単《かんたん》に行《おこな》える事を、自分《じぶん》は「できない」ということです。

つまり「許《ゆる》せない」分《ぶん》だけ、自分《じぶん》の行動範囲《こうどうはんい》を狭《せば》めます。「行動範囲《こうどうはんい》」を狭《せば》めるという事は、自分《じぶん》の「生存範囲《せいぞんはんい》」を狭《せば》めるという事《こと》です。

「許《ゆる》せない」世界《せかい》では、人は生きてゆけないからです。

逆《ぎゃく》に言えば**「許《ゆる》し」とは、自分《じぶん》の「運動能力《うんどうのうりょく》」と同時《どうじ》に「生存範囲《せいぞんはんい》」を拡張《かくちょう》する行為《こうい》でもあるのです。**

「思考《しこう》の柔軟性《じゅうなんせい》」は、自分自身《じぶんじしん》を「救《すく》う」ということです。

五十八、許《ゆる》せない人《ひと》

「柔軟《じゅうなん》な思考《しこう》」とは、まるで特別《とくべつ》な能力《のうりょく》や発想力《はっそうりょく》のように思《おも》われがちですが、簡単《かんたん》に育《はぐく》む事ができます。

「許《ゆる》せばいい」からです。

しかし、これがなかなかできない。

「偏見《へんけん》」とは、「思考《しこう》の癖《くせ》」だからです。

人間《にんげん》は、癖《くせ》にも依存《いぞん》します。

「偏見《へんけん》」にも依存《いぞん》しているのです。


「許《ゆる》せない事」が多いのは苦《くる》しいものです。

「許《ゆる》せない人」が多ければ、そういった人に会う度《たび》に苦痛《くつう》を感《かん》じます。

「許《ゆる》せない思想《しそう》」があれば、そういった考《かんが》えに触《ふ》れる度《たび》に激《はげ》しい怒《いか》りを覚《おぼ》えます。

「許《ゆる》せない国」があれば、その国の情報《じょうほう》を見る度《たび》に不快《ふかい》を覚《おぼ》えます。

しかし人は、人々《ひとびと》や社会《しゃかい》、国家間《こっかかん》の中で生きています。

そんな中でいちいち腹《はら》を立てていては、行動《こうどう》の選択範囲《せんたくはんい》がどんどん狭《せば》まってゆきます。

人嫌《ひとぎら》いになり、自分《じぶん》に都合《つごう》の良《よ》い情報《じょうほう》しか見ず、嫌《きら》いな国の製品《せいひん》を買《か》わなくなります。

すると、「偏見《へんけん》」はますます深《ふか》まります。

行《い》き着《つ》く果《は》ては引《ひ》きこもりやネットストーカー、最悪《さいあく》世《よ》への絶望《ぜつぼう》極《きわ》まって自殺《じさつ》や犯罪《はんざい》に走《はし》ってしまう事もあるでしょう。

こういった人が下手《へた》に権力《けんりょく》を持ってしまうと、周《まわ》りに自分《じぶん》の「偏見《へんけん》」を押《お》し付《つ》ける事になります。

これが「老害《ろうがい》」です。

偏見《へんけん》を解消《かいしょう》せずに放置《ほうち》すると、「自己《じこ》」か「他者《たしゃ》」のどちらかを苦《くる》しめながら生きるしかなくなるのです。

五十九、怒《いか》り

心の癖《くせ》が「偏見《へんけん》」であり、肉体《にくたい》の偏見《へんけん》が「癖《くせ》」です。

両者《りょうしゃ》は対応関係《たいおうかんけい》にあり、両面《りょうめん》から解消《かいしょう》すると効果《こうか》は高まります。

一見無関係《いっけんむかんけい》に見える、自己《じこ》の「生存範囲《せいぞんはんい》を広げる行為《こうい》」と、「動《うご》きの自在性《じざいせい》を高める行《こう》為《い》」がつながって来《く》るのです。

思考《しこう》と肉体《にくたい》は一体《いったい》であり、思考《しこう》の範囲《はんい》が広がれば動《うご》きの範囲《はんい》も広がるからです。

その、重要《じゅうよう》な鍵《かぎ》が「許《ゆる》し」だという事です。

心の偏見《へんけん》は強烈《きょうれつ》な「依存《いぞん》」なので、拡張《かくちょう》しようとすると激《はげ》しい痛《いた》みを覚《おぼ》えます。

先《さき》ほど例《れい》に出した「DV依存《いぞん》」を、自分《じぶん》の心の中で行《おこな》っているようなものだからです。他《ほか》の人が当《あ》たり前《まえ》に「許《ゆる》せている」事を自分《じぶん》は許《ゆる》せないし、許《ゆる》したくもない。許《ゆる》している人間《にんげん》を「馬鹿《ばか》」にすら感《かん》じる。

それは、その人が二重三重《にじゅうさんじゅう》に掛《か》かった「呪縛《じゅばく》」です。

その人の「許《ゆる》せない対象《たいしょう》」が実際《じっさい》に社会的《しゃかいてき》にも個人的《こじんてき》にも害《がい》ある存在《そんざい》だとしても、いちいち自分《じぶん》の中で激《はげ》しい怒《いか》りを生《う》み出《だ》し、それと戦《たたか》っていては余分《よぶん》な一手間《ひとてま》が加わります。

「怒《いか》り」と戦《たたか》いながら、「相手《あいて》」とも戦《たたか》わなければならないからです。

それは、自《みずか》らを疲弊《ひへい》させ寿命《じゅみょう》を縮《ちぢ》めます。

また、「怒《いか》り」は冷静さを奪《うば》い、「適切《てきせつ》な判断《はんだん》」を歪《ゆが》めます。

「問題《もんだい》への対処《たいしょ》」の精度《せいど》が落《お》ちるのです。

これが武士《ぶし》の斬《き》り合《あ》いならば、死にます。

頭《あたま》に血《ち》が上《のぼ》ってなどいたら、刃筋《はすじ》が乱《みだ》れるからです。

つまり、「問題《もんだい》」に対《たい》して「適切《てきせつ》な対処《たいしょ》」を取るためにも「怒《いか》り」は邪魔《じゃま》なのです。

では、どうすれば良《よ》いか。

「許《ゆる》し」ながら「適切《てきせつ》な対処《たいしょ》」をすれば良《よ》いのです。

心は穏《おだ》やかに、成《な》す事《こと》は淡々《たんたん》と成《な》す。

怒《いか》りにまかせて斬《き》りかかってくる人間《にんげん》よりも、にこにこしながら心穏《こころおだ》やかに自分《じぶん》を殺《さっ》傷《しょう》しにくる相手《あいて》の方《ほう》が、武術家《ぶじゅつか》は「こわい」のです。

しかし、心が穏《おだ》やかならばそもそも「斬《き》ろう」と思《おも》わないかもしれない。「斬《き》る」必要《ひつよう》も無《な》いかもしれない。

「穏《おだ》やか」ならば、その判断《はんだん》も「的確《てきかく》」にできます。


不要《ふよう》な「斬《き》り合《あ》い」を避《さ》ける事ができれば、「生存範囲《せいぞんはんい》」はより広がります。

目先《めさき》の怒《いか》りに任《まか》せて、いちいち争《あらそ》いに飛《と》び込《こ》まないからです。

しかし、人はなかなかこれができない。

「許《ゆる》し」の訓練《くんれん》が未熟《みじゅく》だからです。


では、どうすれば良《よ》いか。

六十、許《ゆる》しの練《れん》習《しゅう》

「許《ゆる》し」とは「技術《ぎじゅつ》」です。

訓練《くんれん》によって育《はぐく》む事ができます。

なかなかそれが出来《でき》ないのは、**「訓練《くんれん》」という概念《がいねん》すら無い**からです。

ここで、大切《たいせつ》なのが**「難易度設定《なんいどせってい》」**です。

もしかすると人生《じんせい》の中で「寛容《かんよう》になろう」だとか「許《ゆる》せる人になろう」と思《おも》う瞬間《しゅんかん》があった人は、それなりにいるかもしれません。

しかし、上手《うま》く行《い》かなかった場合《ばあい》も多いと思《おも》います。

理由《りゆう》はいくつか考《かんが》えられますが、その大《おお》きな一つが「難易度設定《なんいどせってい》」です。

やってしまいがちなのが、**「今まで許《ゆる》せなかった事を許《ゆる》そうとする」試《こころ》み**です。

それは、まず無理《むり》です。

今までできなかった事を、いきなりやろうとしているからです。

できない事を何度《なんど》繰《く》り返《かえ》しても、ストレスが溜《た》まるばかりで出来《でき》るようにはなりません。

そこで重要《じゅうよう》になるのが、**「出来《でき》る事を重《かさ》ねる」**行為《こうい》です。

つまり、「難易度《なんいど》」を落《お》とすのです。

日常《にちじょう》における小さな「揺《ゆ》らぎ」「不快《ふかい》」が生《しょう》じるような場面《ばめん》で、心穏《こころおだ》やかに過《す》ごしてみる所から始《はじ》めます。

たとえば、テレビに自分《じぶん》のちょっと嫌《きら》いなタレントさんが現《あらわ》れた時。

食事中《しょくじちゅう》に、箸《はし》を手から滑《すべ》らせテーブルに落《お》とした時。

その程度《ていど》で良《よ》いのです。

今まで「少し心が揺《ゆ》らいだ場面《ばめん》」「少し波立《なみだ》つ場面《ばめん》」、こういった「揺《ゆ》らぎ」「波立《なみだ》ち」をまず「ゼロ」に持っていってみる。

そうすると、あなたにとっての「ゼロ」が底上《そこあ》げされます。

今まで「1」や「2」だった揺《ゆ》らぎがゼロになったという事は、以前《いぜん》は「3」や「4」だった揺《ゆ》らぎを「1や2」の難易度《なんいど》として練習《れんしゅう》に取《と》り組《く》めるのです。

こうして、段々《だんだん》とステップアップして行《ゆ》きます。

「ちょっと嫌《きら》いなタレントさん」を心穏《こころおだ》やかに眺《なが》めたり、心波立《こころなみだ》たず箸《はし》を拾《ひろ》えるようになったら、「ちょっと苦手《にがて》な同僚《どうりょう》」との飲《の》み会《かい》に同席《どうせき》してみたり、例《たと》えばトイレ掃除《そうじ》など、あまりやりたくない家事《かじ》があったら、それを心穏《こころおだ》やかに行《おこな》ってみます。

そうして進《すす》んで行《い》った果《は》てに、ようやく挑戦《ちょうせん》するのが「許《ゆる》せない事」です。

「大嫌《だいきら》いな上司《じょうし》の理不尽《りふじん》なお説教《せっきょう》を心穏《こころおだ》やかに聞く」事かもしれませんし、「電車内《でんしゃない》のマナー違反《いはん》を心穏《こころおだ》やかに注意《ちゅうい》する」事かもしれません。

何《なん》にせよ、許《ゆる》せなかった事をいきなり「許《ゆる》せ」と言ってもそれは無理《むり》な話《はなし》で、**「やろうとすれば絶対《ぜったい》にできる」事から徐々《じょじょ》にステップアップする**のが大切《たいせつ》なのです。

六十一、寛容《かんよう》と我慢《がまん》

ここで、大切《たいせつ》なポイントがあります。

「我慢《がまん》」は「許《ゆる》し」ではないという事です。

「我慢《がまん》」とは「**無理《むり》やり抑《おさ》え込《こ》んでいる状態《じょうたい》**」です。

そこには「**問題《もんだい》の解消《かいしょう》**」**がありません。**

心の中では許《ゆる》せていないのに、無理《むり》やり「**許《ゆる》しているふり**」**をしているだけ**だからです。

これは、心と体《からだ》を破壊《はかい》します。

「許《ゆる》し」とは、「怒《いか》り」の原因《げんいん》を**根本《こんぽん》から「分解《ぶんかい》」する**事です。

つまり、「怒《いか》り」そのものが起こらないように持っていくのです。

なので、ストレスも溜《た》まりません。

それは**心の「構造《こうぞう》」そのものを変える行為《こうい》**です。

「心の構造《こうぞう》を変える」、それは**「性根《しょうね》を変える」**という事です。

そしてその入り口が、「小さな許《ゆる》しを重《かさ》ねてみる」という事です。


昔《むかし》は「性根《しょうね》を叩《たた》き直《なお》す」という言葉《ことば》と共《とも》に、ひどい罰則《ばっそく》や暴力《ぼうりょく》でそれを行《おこな》っていた例《れい》が数多《かずおお》くあります。

しかし、そんな事で人の「性根《しょうね》」が直りはしません。

そこには**「許《ゆる》し」の構造《こうぞう》が全《まった》く存在《そんざい》しない**からです。

むしろ性根《しょうね》には「恨《うら》み」や「人への不信《ふしん》」が深《ふか》く刻《きざ》み込《こ》まれます。

また、「人の性根《しょうね》は変わらない」ともよく言われます。

それは、**心の「原理《げんり》」にまで視線《しせん》が届《とど》かず、手を付《つ》けていない**からです。

性根《しょうね》を変えるのは、「技術《ぎじゅつ》」なのです。

そして、重要《じゅうよう》なのが「難易度設定《なんいどせってい》」だという事です。

六十二、難易度設定《なんいどせってい》

今の話《はなし》には、あらゆる物事《ものごと》の上達《じょうたつ》に重要《じゅうよう》な要素《ようそ》が含《ふく》まれています。

スポーツでも学問《がくもん》でも、特定《とくてい》の分野《ぶんや》で「苦手《にがて》」だとか「上達《じょうたつ》しない」という問題《もんだい》はよく耳にします。

それ等《ら》はあたかも、その人に才能《さいのう》が無《な》いだとか、「努力《どりょく》」が足《た》りないという話《はなし》で処理《しょり》されがちです。

その人のせいにされてしまうのです。

しかし断言《だんげん》しますが、教《おし》え子《ご》が上達《じょうたつ》しないのは、**指導者《しどうしゃ》の責任《せきにん》**です。

「伝《つた》え方《かた》」に、何《なん》らかの問題《もんだい》があるのです。

それを教《おし》え子《ご》のせいにし、相手《あいて》を責《せ》めるのはもってのほかという事《こと》です。

では、伝《つた》える側《がわ》は何を間違《まちが》っているのでしょうか。
それが**「難易度設定《なんいどせってい》」**です。

六十三、その場《ば》しのぎ

たとえば市販《しはん》のゲームで、あまりにも難《むずか》しくて誰《だれ》もクリアーできない物《もの》だったら、製品《せいひん》として全《まった》く売《う》れません。

逆《ぎゃく》に簡単過《かんたんす》ぎて誰《だれ》でも攻略《こうりゃく》できるような物も、つまらなくてやる気が起きません。

つまり、市販《しはん》でヒットしているゲームのほとんどは「程《ほど》よく難《むずか》しく、簡単過《かんたんす》ぎない」という難易度《なんいど》が製作者《せいさくしゃ》によって設定《せってい》されているのです。

それが「面白《おもしろ》い」からです。

物事《ものごと》の習得《しゅうとく》も、これと同《おな》じです。


「ほどほどに難《むずか》しく、簡単過《かんたんす》ぎない」

ここが一番面白《いちばんおもしろ》く、「上達《じょうたつ》」もしやすいポイントだという事です。

しかし、大抵《たいてい》これを見誤《みあやま》ります。

難易度《なんいど》の高《たか》い課題《かだい》を与《あた》え、それを繰《く》り返《かえ》し練習《れんしゅう》させれば、いつか上達《じょうたつ》すると思《おも》い込《こ》んでしまうのです。

するとどうなるか。

「壊《こわ》れない壁《かべ》」にひたすら体当《たいあ》たりを続《つづ》けるような行為《こうい》となります。

結果《けっか》、**「やる気」か「体《からだ》」か「心《こころ》」のどれかが壊《こわ》れます。**


先《さき》ほどの「許《ゆる》す練習《れんしゅう》」で言えば、いきなり大嫌《だいきら》いな相手《あいて》と、「二人《ふたり》きりで毎日酒《まいにちさけ》を飲《の》んで来《こ》い」と言われるようなものです。

そんな事をさせられては、人を「許《ゆる》す」どころかストレスで潰《つぶ》されてしまいます。

また、過大《かだい》に難易度《なんいど》の高い設定《せってい》は「低負荷《ていふか》・低速《ていそく》・単純《たんじゅん》」という「原理組《げんりく》み替《か》えの三原《さんげん》則《そく》」からも大《おお》きく外れます。

本質的《ほんしつてき》な部分《ぶぶん》に全《まった》く手を付《つ》ける事ができず、「下手《へた》を植《う》え付《つ》ける」行為《こうい》になってしまうのです。

人は困難《こんなん》な状況《じょうきょう》に追《お》い込《こ》まれると、第一《だいいち》に**「その場《ば》をしのぐ」**事を肉体《にくたい》が優先《ゆうせん》します。

それはまさに言葉《ことば》の通《とお》り「**その場《ば》しのぎ**」を繰《く》り返《かえ》すだけになるのです。

そこには本質的《ほんしつてき》な「上達《じょうたつ》」への構造《こうぞう》はありません。

現在蔓延《げんざいまんえん》しているトレーニング論《ろん》、習得法《しゅうとくほう》は、ここに問題《もんだい》があります。

六十四、上達《じょうたつ》ポイント

「スポーツが嫌《きら》い」「運動《うんどう》が苦手《にがて》」だという人は、世《よ》の中《なか》に数多《かずおお》くいます。

数人集《すうにんあつ》まれば、半数《はんすう》ぐらいそんな場合《ばあい》もあるでしょう。

しかし、**生物《せいぶつ》の本質《ほんしつ》から考《かんが》えて、「動《うご》く」のが苦手《にがて》な人間《にんげん》など本来《ほんらい》はいません。**

人間《にんげん》も野生動物《やせいどうぶつ》として、動《うご》きながら進化《しんか》してきたからです。

それがこれだけ運動嫌《うんどうぎら》いを量産《りょうさん》しているのは、体育《たいいく》やクラブ活動《かつどう》、つまり「**教育《きょういく》**」**のせい**です。

また、友人《ゆうじん》との遊《あそ》びの中でそうなった人もいるでしょう。

これらは、どちらも「難易度設定《なんいどせってい》」に問題《もんだい》があるのです。

たとえば、「キャッチボールをやろう」とする。

この時点《じてん》で、「ああ苦手《にがて》だな」「できない」と思《おも》う人は数多《かずおお》くいるでしょう。

その理由《りゆう》は「ボールが硬《かた》くて恐《こわ》い」「うまく投《な》げられない」「取《と》れない」といったところでしょうか。

この時点《じてん》で、一般的《いっぱんてき》な「キャッチボール」というイメージの「難易度設定《なんいどせってい》」が合っていない事になります。

ここから、どんどん「設定《せってい》」を落《お》としてゆきます。


まず「硬《かた》くて恐《こわ》い」ボールを、一〇〇円ショップでも売《う》っているスポンジのような素材《そざい》のものにします。

これならばどこに当たっても痛《いた》くはありません。

仮《かり》に眼球《がんきゅう》に当たってもほぼ無傷《むきず》です。

更《さら》に、お互《たが》いが「絶対《ぜったい》に届《とど》く」距離《きょり》まで近付《ちかづ》きます。

まさに「歩《あゆ》み寄《よ》る」という事です。

そして、相手《あいて》が捕《と》れるように力加減《ちからかげん》をします。

「球速《きゅうそく》のコントロール」です。

なんなら、下手投《したてな》げでも良《よ》いのです。

こうして調整《ちょうせい》してゆけば、誰《だれ》もが成立《せいりつ》する難易度《なんいど》に辿《たど》り着《つ》きます。

その中で、「程々《ほどほど》に失敗《しっぱい》し、程々《ほどほど》にうまく行《い》く」ラインがあるはずです。

そこが、「上達《じょうたつ》ポイント」です。

六十五、武術的《ぶじゅってき》キャッチボール

ここで、私《わたし》が実際《じっさい》に稽古《けいこ》に取《と》り入《い》れている「武術的《ぶじゅってき》キャッチボール」というメニューをご紹介《しょうかい》いたしましょう。

実《じつ》はこの「キャッチボール」という動作《どうさ》はなかなか馬鹿《ばか》にできません。

武術《ぶじゅつ》に大切《たいせつ》な要素《ようそ》や、人の運動能力《うんどうのうりょく》に関《かん》する根本的要素《こんぽんてきようそ》がいくつも含《ふく》まれています。

例《たと》えば「物を取る」「投《な》げる」だけでも、

- **タイミングを合わせる**
- **位置《いち》を合わせる**

・力《ちから》を加減《かげん》する

・全《すべ》ての要素《ようそ》を統合《とうごう》し、イメージと体《からだ》や対象物《たいしょうぶつ》を一致《いっち》させる

こういった要素《ようそ》は、武術《ぶじゅつ》や他《た》の運動《うんどう》にも共通《きょうつう》する大切《たいせつ》なポイントです。そこで「武術的《ぶじゅつてき》キャッチボール」では、これらの要素《ようそ》を積極的《せっきょくてき》に育《はぐく》むよう一工夫《ひとくふう》します。

まず、グローブやミットを使《つか》わず、素手《すで》で行います。革《かわ》や樹脂《じゅし》を隔《へだ》てるより直接対象《ちょくせつたいしょう》に触《ふ》れる方《ほう》が、感覚《かんかく》を育《そだ》てるからです。この辺《あた》りは意外《いがい》と見落《みお》とされがちですが、あらゆる行為《こうい》において、「**直接触《ちょくせつふ》れる**」という要素《ようそ》はとても重要《じゅうよう》です。

六十六、触覚情報《しょっかくじょうほう》

例《たと》えばサッカーの教室《きょうしつ》で、私《わたし》は裸足《はだし》でボールを蹴《け》る練習《れんしゅう》を推奨《すいしょう》しています。

その理由《りゆう》を、**「手袋《てぶくろ》をして書道《しょどう》の練習《れんしゅう》をする人がいますか」**と説明《せつめい》しています。

手近《てぢか》なところで軍手《ぐんて》やゴム手袋《てぶくろ》をして、文字《もじ》を書《か》いてみればすぐに分かるでしょう。

文字《もじ》が非常《ひじょう》に「書《か》きづらい」のは明白《めいはく》です。

それは単純《たんじゅん》に慣《な》れだけの問題《もんだい》ではなく、布《ぬの》や薄《うす》いゴム一枚隔《いちまいへだ》てただけで、感覚《かんかく》は相当乱《そうとうみだ》され、「遠《とお》ざかる」のです。

コインを見ないで触覚《しょっかく》だけで一〇〇円玉を探《さぐ》り当ててみても良《よ》いでしょう。

素手《すで》かどうかで、やりやすさは段違《だんちが》いに変《か》わると思《おも》います。

つまり靴《くつ》やグローブ、手袋《てぶくろ》などで肉体《にくたい》を覆《おお》うという事《こと》は、「保護《ほご》」する代《か》わりに膨大《ぼうだい》な触覚情報《しょっかくじょうほう》を「切《き》り捨《す》て」ているのです。

物事《ものごと》の「こつ」とは「加減《かげん》」です。

加減《かげん》とは「**手触《てざわ》りとの会話《かいわ》**」であり、手触《てざわ》りとは「触覚《しょっかく》」です。

「触覚《しょっかく》の向上《こうじょう》」抜《ぬ》きに、物事《ものごと》の上達《じょうたつ》は本来《ほんらい》あり得《え》ないのです。

その「上達《じょうたつ》」を目指《めざ》している最中《さいちゅう》にグローブや靴《くつ》で「触覚情報《しょっかくじょうほう》」を覆《おお》うのは**膨大《ぼうだい》な損失《そんしつ》**だという事です。

六十七、能力《のうりょく》を育《はぐく》む

「素手《すで》」でボールを受《う》け止《と》めるために、軟《やわ》らかいボールは適《てき》しています。

先述《せんじゅつ》の通《とお》り、当たっても痛《いた》くないので安心《あんしん》してできます。

また、「素手《すで》」である事《こと》のメリットはもう一つあります。

それは「両手《りょうて》でできる」という点です。

状況《じょうきょう》に応《おう》じ、どちらの手で投《な》げる事《こと》もできるし、キャッチする事もできるのです。


グローブをはめた瞬間《しゅんかん》から、「投《な》げる」手と「受《う》ける」手の役割《やくわり》は明確《めいかく》に分担《ぶんたん》されます。

という事は、右手《みぎて》と左手《ひだりて》に「専門性《せんもんせい》」と同時《どうじ》に「偏《かたよ》り」が生まれてきます。

それは、「自在性《じざいせい》」から遠ざかる行為《こうい》です。

武術的《ぶじゅつてき》キャッチボールでは、**本当《ほんとう》の意味《いみ》での「身体能力《しんたいのうりょく》」**を高めたいので、「キャッチボール」や「野球《やきゅう》」の専門家《せんもんか》を育《そだ》てたい訳《わけ》ではないのです。

「素手《すで》」で「両手《りょうて》を均等《きんとう》に使《つか》う」事により、運動《うんどう》の「自在性《じざいせい》」を育《はぐく》む土壌《どじょう》を担保《たんぽ》しているという事《こと》です。

また、「両手《りょうて》を均等《きんとう》に使《つか》う」ためにルールを一つ設定《せってい》します。

体《からだ》を中心線《ちゅうしんせん》で左右《さゆう》に分け、右側《みぎがわ》に来たボールは右手《みぎて》で、左側《ひだりがわ》に来たボールは左手《ひだりて》で取るようにします。

慣《な》れた手ばかりでキャッチしないようにするためです。

更《さら》に、「取《と》った手でそのまま投《な》げる」というルールも加《くわ》えます。

わざわざ利《き》き手《て》に持ち替《か》えて投《な》げないようにするためです。

こうして、どんどん左右《さゆう》の役割《やくわり》を均質《きんしつ》に育《はぐく》んで行《ゆ》きます。

慣《な》れてくる毎《ごと》に、ルールを加《くわ》えます。

たとえば「キャッチした体勢《たいせい》から、そのまま投《な》げる」。

投《な》げやすい姿勢《しせい》に、わざわざ修正《しゅうせい》しないという事です。

つまり投《な》げるフォームが、毎回変《まいかいか》わります。

「**ランダム**」だという事です。

先述《せんじゅつ》した通《とお》り、人の根源的能力《こんげんてきのうりょく》にとって重要《じゅうよう》な要素《ようそ》です。

その場《ば》その場《ば》で状況《じょうきょう》に応《おう》じた投《な》げ方《かた》を**体《からだ》が考《かんが》えなければならない**ので、「対応力《たいおうりょく》」も磨《みが》かれます。

こうして身体《しんたい》の「根源的能力《こんげんてきのうりょく》」を磨《みが》くようにルールを加《くわ》えつつ、適切《てきせつ》な「上達《じょうたつ》ポイント」になるよう距離《きょり》や強弱《きょうじゃく》で「難易度《なんいど》」を調整《ちょうせい》します。

すると、「運動嫌《うんどうぎら》い」なはずの大人達《おとなたち》もいつの間《ま》にか夢中《むちゅう》になって、こちらが止《と》めるまで延々《えんえん》と続《つづ》けたりしています。

同様《どうよう》に、軟《やわ》らかいボールで輪《わ》になってキックのパス回《まわ》しをするなども、誰《だれ》でも時間《じかん》を忘《わす》れ、楽しく行《おこな》う事ができます。

六十八、スポーツの可能性《かのうせい》

私《わたし》はこうした教室《きょうしつ》を行《おこな》ってきた経験《けいけん》から、「スポーツ」という物が持つ新《あら》たな可能性《かのうせい》を感《かん》じています。

「得点《とくてん》」も「勝負《しょうぶ》」も無く、共通《きょうつう》の課題《かだい》だけを設定《せってい》し、協調《きょうちょう》して感覚《かんかく》を磨《みが》く「場《ば》」を設《もう》

ける。

そういう環境《かんきょう》だからこそ育《そだ》つ人や能力《のうりょく》があると思《おも》うのです。

それは、まさに**甲野先生《こうのせんせい》の稽古環境《けいこかんきょう》**です。

段位《だんい》も資格《しかく》も無く誰《だれ》でも参加《さんか》でき、様々《さまざま》な立場《たちば》の人が同じ場で楽しめます。

私自身《わたしじしん》、そういった環境《かんきょう》だったからこそ、悠々《ゆうゆう》と稽古《けいこ》に取《と》り組《く》み上達《じょうたつ》する事ができました。

学校体育《がっこうたいいく》の問題《もんだい》は、優劣《ゆうれつ》をつけ、「できない」人を虐《しいた》げ追《お》いやる事です。

それぞれ得意不得意《とくいふとくい》はあるし、「できる時期《じき》」「できない時期《じき》」もバラバラです。

ある子がその時「できない」としても、この先急激《さききゅうげき》に育《そだ》つかもしれない。

しかし、その時周《ときまわ》りより劣《おと》っているからといって叱《しか》ったりばかりにしたり赤点《あかてん》を付《つ》けては、その先のやる気を削《そ》がれます。

また、部活動《ぶかつどう》でも能力《のうりょく》の低い子に球拾《たまひろ》いをさせたり、試合《しあい》に出さず応援《おうえん》だけさせるのはおかしな話《はなし》です。

上達《じょうたつ》が遅《おく》れているからこそ試合経験《しあいけいけん》を積《つ》ませ、豊《ゆた》かな練習環境《れんしゅうかんきょう》を与《あた》えるべきでしょう。

もしも学校教育《がっこうきょういく》が「青少年《せいしょうねん》の心身《しんしん》における健全《けんぜん》な育成《いくせい》」を目指《めざ》しているのならば、

「下手《へた》な人間《にんげん》をより下手《へた》にする」教育《きょういく》は明らかに矛盾《むじゅん》しています。

六十九、優劣《ゆうれつ》

では、「優劣《ゆうれつ》」が付《つ》く事が全《すべ》ていけないかと言うと、そうではありません。人間《にんげん》、生きていれば必《かなら》ず優劣《ゆうれつ》の付《つ》く場面《ばめん》に出合《であ》いますし、目の前の現実《げんじつ》には向《む》き合《あ》わねばなりません。

ならば、「優劣《ゆうれつ》を付《つ》ける」ことの意味《いみ》と意義《いぎ》は何《なん》でしょうか。

「確認《かくにん》」のためです。

「確認《かくにん》」とは、**「現状《げんじょう》」と「現実《げんじつ》」を自《みず》らに教《おし》えてあげる行為《こうい》**です。

それは人が生きる上で不可欠《ふかけつ》なプロセスです。

では、先《さき》ほどの「優劣《ゆうれつ》を付《つ》ける」事に対《たい》する批判的《ひはんてき》な見解《けんかい》と何《なに》が違《ちが》うのでしょうか。

「育《はぐく》む」のと「確認《かくにん》」は別だということです。

大抵《たいてい》の上達《じょうたつ》・育成法《いくせいほう》は**ここを分けて考《かんが》えられていません。**

育成《いくせい》の段階《だんかい》でいちいち優劣《ゆうれつ》を強調《きょうちょう》し、劣《おと》った者を追《お》い込《こ》んでしまっては育《そだ》つものも育《そだ》たないのです。

しかし、要所要所《ようしょようしょ》で「自分《じぶん》は今どのぐらいの実力《じつりょく》なのか」を認識《にんしき》しておかねば、成長《せいちょう》に必要《ひつよう》な条件《じょうけん》を取《と》りこぼします。

「現状認識《げんじょうにんしき》」しているからこそ自分《じぶん》に「何《なに》があるか」「何《なに》が足《た》りないか」が分《わ》かり、「では、この先《さき》どうすれば良《よ》いか」が明確《めいかく》となるのです。

ここをやるべき時にはしっかりやっておかないと、ただの**現実逃避的《げんじつとうひてき》**な、ともすれば**妄《もう》想的《そうてき》に「自己《じこ》」と現実《げんじつ》を見誤《みあやま》った人材《じんざい》**に育《そだ》つ危険性《きけんせい》があります。

実《じつ》はこの「妄想的《もうそうてき》に自己《じこ》を見誤《みあやま》る」問題《もんだい》は、武術界全体《ぶじゅつかいぜんたい》にも存在《そんざい》します。

七十、試合《しあい》の有無《うむ》

日本《にほん》の武術《ぶじゅつ》・武道《ぶどう》には大《おお》きく分けて二種類《しゅるい》の傾向《けいこう》があります。

それは、

「試合《しあい》のある武道《ぶどう》」と**「試合《しあい》の無い武道《ぶどう》」**です。

これには当然《とうぜん》、その流儀《りゅうぎ》の創始者《そうししゃ》や後継者《こうけいしゃ》・団体《だんたい》の意思《いし》が大《おお》きく関《かか》わってそれぞれの形《かたち》となっています。

大まかにその理由《りゆう》を言うと、

・試合《しあい》のある武道《ぶどう》

実際《じっさい》に戦《たたか》わなければ「実戦《じっせん》で使《つか》える」ような能力《のうりょく》が身《み》につかない。

・試合《しあい》の無い武道《ぶどう》

「競技《きょうぎ》」として成立《せいりつ》させるためには一定《いってい》の安全《あんぜん》や公平性《こうへいせい》を保《たも》つためのルールが必要《ひつよう》となるが、本当《ほんとう》に「有効《ゆうこう》な技《わざ》」とは試合《しあい》で禁《きん》じられるような「危険《きけん》な技術《ぎじゅつ》」の中にある。

また、目先《めさき》の「勝《か》ち負《ま》け」ばかりにとらわれない平和《へいわ》な心を養《やしな》いたい。

私《わたし》の知《し》る限《かぎ》り、こういった部分《ぶぶん》が大《おお》きいと思《おも》います。

とするならば、どちらの理念《りねん》ももっともだと思《おも》います。

同時《どうじ》に、両者《りょうしゃ》の理念《りねん》が指摘《してき》するような問題《もんだい》も、互《たが》いに存在《そんざい》します。

どのような手段《しゅだん》を選択《せんたく》しているにせよ、「武術《ぶじゅつ》の理想形《りそうけい》」といったものは、その流儀《りゅうぎ》なりに存在《そんざい》するとは思《おも》います。

そして、その「理想《りそう》」に近付《ちかづ》くべく磨《みが》き続《つづ》けているはずなのに、それぞれやり方も大《おお》きく異《こと》なるし、問題《もんだい》も解消《かいしょう》し切《き》れない。

つまり、「武術《ぶじゅつ》の理想形《りそうけい》」といった物が存在《そんざい》し得《う》るとするならば、それに近付《ちかづ》くだけでも並大抵《なみたいてい》の難《むずか》しさではないという事《こと》です。

七十一、理想形《りそうけい》

「武術《ぶじゅつ》の理想形《りそうけい》」と言っても、今述《いまの》べた通《とお》りそれぞれなりの理想《りそう》がありますし、「これだ」とは一概《いちがい》に言えません。

しかし、上記《じょうき》二者《にしゃ》に共通《きょうつう》した要素《ようそ》はあります。

それは**「実戦的《じっせんてき》であること」**です。


武術《ぶじゅつ》を学《まな》ぶ人・習《なら》いに来《く》る人にとっては様々《さまざま》な目的《もくてき》があると思《おも》います。

それはダイエットでも、気晴《きば》らしでも何《なん》でも良《よ》いのです。

しかし、どのような流儀《りゅうぎ》や思想《しそう》にせよ、少なくともその技術体系《ぎじゅつたいけい》を極《きわ》め習得《しゅうとく》し、行《い》き着《つ》く先に「実戦的《じっせんてき》」となる事は、共通《きょうつう》して標榜《ひょうぼう》しているはずです。

なぜなら「武道《ぶどう》」「武術《ぶじゅつ》」を名乗《なの》り、その流儀《りゅうぎ》を習得《しゅうとく》した果《は》てに「実戦《じっせん》で使《つか》えない」となったならば、おかしな話《はなし》になってしまうからです。

少《すく》なくとも、「極《きわ》めても実戦《じっせん》で使《つか》えないよ」と公言《こうげん》する流儀《りゅうぎ》はほぼ無いでしょう。

ところが、**「極《きわ》めても実戦《じっせん》では使《つか》えない」流儀《りゅうぎ》・団体《だんたい》が実際《じっさい》には数多《かずおお》く存在《そんざい》します。**

そもそも「極《きわ》める」とは何《なん》ぞやという問題《もんだい》がありますが、たとえば現在《げんざい》その団体《だんたい》の代《だい》表《ひょう》や最高実力者《さいこうじつりょくしゃ》が街《まち》のチンピラと喧嘩《けんか》をしたとしても、歯《は》が立《た》たない場合《ばあい》は無数《むすう》にあります。

そして、そういったケースは「試合《しあい》の無《な》い武道《ぶどう》」が圧倒的《あっとうてき》に多いはずです。

なぜなら、**「確認《かくにん》」が無い**からです。

七十二、試《し》合《あい》の無《な》い武《ぶ》道《どう》

「試合《しあい》の無《な》い武道《ぶどう》」の流祖《りゅうそ》や創始者《そうししゃ》の多《おお》くは、実戦《じっせん》でも「使《つか》えた」人ばかりです。

つまり、街《まち》のチンピラが束《たば》になっても敵《かな》わないような実戦的強《じっせんてきつよ》さを有《ゆう》する人達《ひとたち》でした。

またその思想《しそう》も、無闇《むやみ》な争《あらそ》いを避《さ》け、人との和《わ》を尊《とうと》ぶような高尚《こうしょう》な領域《りょういき》に辿《たど》り着《つ》いています。

しかし、そういった流祖《りゅうそ》・創始者《そうししゃ》から代《だい》が替《か》わると、その初代《しょだい》とはかけ離《はな》れた組《そ》織《しき》や指《し》導者《どうしゃ》になっている例《れい》は珍《めずら》しくありません。

その理由《りゆう》はいくつかありますが、最《もっと》も大《おお》きな一つが「試合《しあい》が無い事」にあります。

なぜか。

元々高尚《もともとこうしょう》な思想《しそう》に基《もと》づき、技《わざ》を高い次元《じげん》へと進《すす》め、深《ふか》めるためだったはずのものが、「言《い》い訳《わけ》」と「逃《に》げ道《みち》」になってしまっているからです。

「試合《しあい》が無い事」は「試《ため》す事から逃《に》げる口実《こうじつ》」に、「平和的思想《へいわてきしそう》」は「実戦《じっせん》では通用《つうよう》しない事の言《い》い訳《わけ》」へと容易《ようい》に変貌《へんぼう》します。


そういった武道界《ぶどうかい》に対《たい》し、若《わか》き日の甲野先生《こうのせんせい》は苛烈《かれつ》な言葉《ことば》と共《とも》に問題提起《もんだいていき》し、現在《げんざい》の稽《けい》古《こ》スタイルを作りあげてゆきました。

その思《おも》いを一言でまとめたのが「**出来《でき》ねば無意味《むいみ》**」という言葉《ことば》です。

どんなに素晴《すば》らしい思想《しそう》を並《なら》べていても、本気《ほんき》で抵抗《ていこう》してくる相手《あいて》に利《き》かない技術《ぎじゅつ》は、武術《ぶじゅつ》として「無意味《むいみ》」だという事です。

これは、現在《げんざい》の甲野先生《こうのせんせい》の稽古法《けいこほう》につながる、「原点《げんてん》」とも言える思想《しそう》です。

七十三、武《ぶ》術《じゅつ》

現在《げんざい》、「〇〇道《どう》」といった形《かたち》で、名称《めいしょう》に「道《みち》」を付《つ》ける分野《ぶんや》が数多《かずおお》くあります。それは、「武道《ぶどう》」で言うならば単純《たんじゅん》に人を倒《たお》す技術《ぎじゅつ》に留《とど》まらず、人が生きる「道《みち》」も学《まな》ばねば意味《いみ》が無いという、先人《せんじん》の思《おも》いが込《こ》められているのだと思《おも》います。

しかし先述《せんじゅつ》の通《とお》り、その**「道《みち》」が「逃《に》げ道《みち》」にもなってしまっている**場合《ばあい》がある。そういった思《おも》いから甲野先生《こうのせんせい》はあえて自身《じしん》の流儀《りゅうぎ》から「道《どう》」という言葉《ことば》を外し、「武《ぶ》術《じゅつ》」と名乗《なの》る事としました。

それは、様々《さまざま》な伝書《でんしょ》を繙《ひもと》けば、現在《げんざい》では考《かんが》えられない動《うご》きをした古人《こじん》の記録《きろく》がいくつもあり、現代《げんだい》では失《うしな》われてしまった「術《じゅつ》」の世界《せかい》を、もう一度《いちど》見直《みなお》したいという思《おも》いからです。

では、「術《じゅつ》」とは何《なん》でしょうか。

七十四、術《じゅつ》

私《わたし》は「術《じゅつ》」というものを以下《いか》のように定義《ていぎ》しています。

「労力《ろうりょく》」と「結果《けっか》」が一《いち》：一《たいいち》の関係《かんけい》を超《こ》えた技《ぎ》術《じゅつ》

たとえば、一《いち》の力《ちから》で物を押《お》した時、当然対象物《とうぜんたいしょうぶつ》はその力《ちから》に見合った分《ぶん》だけ動《うご》きます。その関係《かんけい》を一：一《いちたいいち》とするならば、通常《つうじょう》に比《くら》べ効果《こうか》が数倍《すうばい》にも数十倍《すうじゅうばい》にもなり得《え》る技《ぎ》術《じゅつ》の事です。

一：二《いちたいに》や一：一〇《いちたいじゅう》といった形《かたち》で、払《はら》う「労力《ろうりょく》」に対《たい》して「結果《けっか》」が**非対称《ひたいしょう》**となるので、見る人によっては「手品《てじな》」や「魔法《まほう》」のように見える事《こと》もあります。

では武術《ぶじゅつ》において、「労力《ろうりょく》」と「結果《けっか》」とは何でしょうか。

- **「労力《ろうりょく》」……払《はら》う「エネルギー」と「運動《うんどう》」の量《りょう》**
- **「結果《けっか》」……対象《たいしょう》となる相手《あいて》が動く、崩《くず》れる、衝撃《しょうげき》を受《う》ける量《りょう》**

となります。

つまり、「術《じゅつ》」**としての技術《ぎじゅつ》が向上《こうじょう》し効果《こうか》が増《ま》すごとに、「小さく」「少ない」動《うご》きで相《あい》手《て》が大《おお》きく崩《くず》れたり飛《と》ばされる**という事です。

それは、**究極《きゅうきょく》の「効率化《こうりつか》」**とも言えるでしょう。

昔《むかし》の達人《たつじん》の映像《えいぞう》で、本人《ほんにん》は僅《わず》かしか動《うご》いていないのに、相手《あいて》は勢《いきお》いよく地面《じめん》に倒《たお》れたり、大《おお》きく吹《ふ》っ飛《と》んで行《い》くのはこうした「術《じゅつ》」が働《はたら》いていると考《かんが》えられます。

一般的《いっぱんてき》には「嘘《うそ》」だとか「八百長《やおちょう》」に見える事もあるかもしれません。

しかし、やっている身《み》からすると、そうした世界《せかい》は確《たし》かにあるのです。

では、全《すべ》てが「本物《ほんもの》」なのでしょうか。

ここで、先述《せんじゅつ》の「妄想的《もうそうてき》に自己《じこ》を見誤《みあやま》る」問題《もんだい》が出《で》てきます。

七十五、絶滅危惧種《ぜつめつきぐしゅ》

「術《じゅつ》」としての「効率化《こうりつか》」を果《は》たし、技術《ぎじゅつ》を極《きわ》め、信《しん》じられないような技《わざ》を使《つか》いこなした先人達《せんじんたち》は確《たし》かにいました。

それは、伝書《でんしょ》や文献《ぶんけん》でしか確認《かくにん》できない古《いにしえ》から、映像《えいぞう》がかろうじて残《のこ》る近代《きんだい》まで存在《そんざい》します。

時代《じだい》を追《お》うごとに数《かず》は減《へ》っていますが、現在《げんざい》でもそれに近《ちか》い事《こと》ができる人は僅《わず》かにいるでしょう。

ここであえて「僅《わず》かに」と書《か》いたのは、**近代文明《きんだいぶんめい》の進歩《しんぽ》と反比例《はんぴれい》して、本当《ほんとう》の意味《いみ》での「身体感覚《しんたいかんかく》」は退化《たいか》の一途《いっと》を辿《たど》っており、一定《いってい》レベル以上《いじょう》の「術《じゅつ》」を使《つか》いこなせる人は「絶滅危惧種《ぜつめつきぐしゅ》」と言っていい**からです。

しかし、動画《どうが》サイトでも見てみれば分かりますが、僅《わず》かな動《うご》きで弟子《でし》たちを吹《ふ》っ飛《と》ばしてみせるような最近《さいきん》の武術家《ぶじゅつか》の映像《えいぞう》は、溢《あふ》れるほど存在《そんざい》しています。

これは、どういう事でしょうか。

術《じゅつ》を極《きわ》めるとは、並大抵《なみたいてい》の難《むずか》しさではありません。

しかし、それと矛盾《むじゅん》するような大量《たいりょう》の「達人映像《たつじんえいぞう》」がある。

という事《こと》は、嘘《うそ》つきばかりの詐欺《さぎ》集団《しゅうだん》が増《ふ》えているのでしょうか。

そうとばかりは限《かぎ》らないのです。

七十六、達人映像《たつじんえいぞう》

武術《ぶじゅつ》、特《とく》に「試合《しあい》の無い武術《ぶじゅつ》」の世界《せかい》は色々《いろいろ》な思《おも》い、思惑《おもわく》、幻想《げんそう》、妄想《もうそう》が入《い》り乱《みだ》れてこんがらがっています。

例《たと》えば若《わか》い頃《ころ》は実力《じつりょく》を発揮《はっき》した武術家《ぶじゅつか》も、周《まわ》りから達人《たつじん》と持《も》ち上《あ》げられ、覿面《てきめん》に腕《うで》を鈍《にぶ》らせた例《れい》は数多《かずおお》くあります。

なぜそんな事が起こるのか。

実力《じつりょく》が高まり評判《ひょうばん》に尾《お》ひれが付《つ》いてくると、周《まわ》りや訪《おとず》れる人は尊敬《そんけい》を超《こ》え「幻想《げんそう》」を抱《いだ》く事となります。

幻想《げんそう》とは読《よ》んで字《じ》の如《ごと》く「幻《まぼろし》の想《おも》い」です。

「現実《げんじつ》」との遊離《ゆうり》があります。

遊離《ゆうり》とは「ギャップ」であり、平《ひら》たく言えば「嘘《うそ》」です。

しかし通常《つうじょう》の「嘘《うそ》」と違《ちが》うのは、**本人《ほんにん》も周《まわ》りもその自覚《じかく》すら無い**場合《ばあい》があるのです。

すると、ほぼ無意識《むいしき》にその集団《しゅうだん》は、**「幻想《げんそう》」を埋《う》めるべく行動《こうどう》をし始《はじ》めます。**

ある「達人《たつじん》」が技《わざ》をかけたら、その弟子《でし》たちは過剰《かじょう》に叫《さけ》び声《ごえ》を上《あ》げたり大《おお》げさに倒《たお》れたり、転《ころ》がったりするようになるのです。

「達人映像《たつじんえいぞう》」の出来上《できあ》がりです。

七十七、カルト化《か》

「達人《たつじん》」の方《ほう》にも問題《もんだい》があります。

自分《じぶん》の弟子《でし》たちが大《おお》げさに技《わざ》に掛《か》からなかったり、ましてや師《し》の技《わざ》を止《と》めてしまったら不機嫌《ふきげん》になったり、「受《う》け方《かた》が悪い」と相手《あいて》を責《せ》めてしまいます。

甲野先生《こうのせんせい》は、こういった関係性《かんけいせい》を数多《かずおお》く見聞《みき》きしてきたそうです。

よく考《かんが》えたらおかしな話《はなし》です。

師《し》の技《わざ》を止《と》める事《こと》ができたならば、それは弟子《でし》の技術《ぎじゅつ》の向上《こうじょう》であり褒《ほ》められるべき事です。

なにせ、「達人《たつじん》」の技《わざ》を封《ふう》じたのですから。

また、師《し》の方《ほう》も技《わざ》を止《と》められたのならば、次回《じかい》はそうならないように改善《かいぜん》せねばなりません。

にもかかわらず、止《と》めた弟子《でし》に対《たい》して褒《ほ》めるどころか責《せ》めてしまう。

ここには**「向上《こうじょう》」の構造《こうぞう》はありません。**

当然腕《とうぜんうで》も鈍《にぶ》ります。

すると、「幻想《げんそう》」と「現実《げんじつ》」のギャップはますます広がります。

その中で幻想《げんそう》を維持《いじ》するためには、ますます現実《げんじつ》を歪《ゆが》めねばなりません。

具体的《ぐたいてき》には、「幻想《げんそう》」に疑問《ぎもん》を抱《いだ》く人、抱《いだ》き始《はじ》めた人への「排除《はいじょ》」が加速《かそく》します。

そうすると、その集団《しゅうだん》における「幻想《げんそう》」はますます強固《きょうこ》になり、濃度《のうど》を高めてゆきます。

「カルト化《か》」です。

これは、カルト宗教《しゅうきょう》と全《まった》く同じ思考過程《しこうかてい》なのです。

そして、様々《さまざま》な分野《ぶんや》でこの構図《こうず》は見られます。

とりわけ「試合《しあい》の無い武術《ぶじゅつ》」は、これが起《お》こりやすいという事です。

七十八、幻想《げんそう》

言《い》い換《か》えると、**集団《しゅうだん》がひとつの大《おお》きな「暗示《あんじ》」に掛《か》かっている**とも言えます。

「達人《たつじん》の幻想《げんそう》」という巨大《きょだい》なる暗示《あんじ》です。


この危険性《きけんせい》は、甲野《こうの》先生《せんせい》の稽古会《けいこかい》でも常《つね》にあります。

先述《せんじゅつ》の項《こう》で、「『きっと』も『どうせ』も余計《よけい》なこと」と書《か》きました。

「きっと凄《すご》いに違《ちが》いない」と期待《きたい》に胸膨《むねふく》らませていくのはある意味美《いみうつく》しい事ですが、これもまた「幻想《げんそう》」の一種《いっしゅ》です。

実際《じっさい》、「きっと凄《すご》いはずだ」という自身《じしん》の幻想《げんそう》を叶《かな》えるべく、本来《ほんらい》より大《おお》げさに崩《くず》れたり転《ころ》がったりしてしまっている人は一定数居続《いっていすういつづ》けています。

初期《しょき》においては、意欲《いよく》を持って稽古《けいこ》に取《と》り組《く》むモチベーションにもなるので良《よ》いでしょう。

しかし甲野先生《こうのせんせい》も、**「稽古《けいこ》が進《すす》むほどに技《わざ》に掛《か》かりやすくなるのはおかしい」**と明確《めいかく》に言われています。

普通《ふつう》に考《かんが》えればごくごく当《あ》たり前《まえ》の事です。

しかし、そんな集団《しゅうだん》も実際《じっさい》に存在《そんざい》するのです。

七十九、口合気《くちあいき》

武道《ぶどう》の世界《せかい》には、「口合気《くちあいき》」という言葉《ことば》があるそうです。

この「合気《あいき》」は、「合気道《あいきどう》」と同じ合気《あいき》です。

言葉巧《ことばたく》みに相手《あいて》を誘導《ゆうどう》し、技《わざ》が掛《か》かりやすい心理《しんり》に持っていく手法《しゅほう》の事です。

ある意味《いみ》純粋《じゅんすい》な人ほど掛《か》かりやすいので、意識的《いしきてき》にも無意識《むいしき》にもこの類《たぐい》を使用《しよう》している人は多いと思《おも》います。

問題《もんだい》なのは、**「達人幻想《たつじんげんそう》」も「口合気《くちあいき》」も、実戦《じっせん》では全《まった》く使《つか》えない**という事です。

競技《きょうぎ》はもちろん、危急度《ききゅうど》が高い場面《ばめん》やルールの無い戦闘《せんとう》では相手《あいて》はこちらの言葉《ことば》になど耳《みみ》を貸《か》しませんし、「達人《たつじん》」かどうかなど知《し》った事《こと》ではありません。

実際《じっさい》、道場《どうじょう》では日常的《にちじょうてき》に弟子《でし》を派手《はで》に転《ころ》がし、周《まわ》りから「達人《たつじん》」と持《も》ち上《あ》げられ、その気《き》になった武術家《ぶじゅつか》が総合格闘家《そうごうかくとうか》と試合《しあい》をしてあっさり負《ま》けたエピソードもあります。

その人が作《つく》り出《だ》した「幻想《げんそう》」に、その人自身《じしん》が敗北《はいぼく》したのです。

八十、気《き》

「幻想《げんそう》」や「口合気《くちあいき》」は言わば重度《じゅうど》から軽度《けいど》の「暗示関係《あんじかんけい》」です。

そんなものは実戦《じっせん》の中ではほぼ役《やく》に立《た》たず、基本的《きほんてき》に閉《と》じた人間関係《にんげんかんけい》の中だけで成立《せいりつ》するものです。

だから、「カルト化《か》」します。

それが臨界点《りんかいてん》まで高まって来《く》ると自分自身《じぶんじしん》にまで暗示《あんじ》は掛《か》かり、自《みずか》らの首《くび》を絞《し》めてゆきます。

なので、こういった手法《しゅほう》は安易《あんい》に用《もち》いず、そうなりそうな兆《きざ》しが見えたら丁寧《ていねい》に修正《しゅうせい》する事《こと》が、その人自身《じしん》を救《すく》う事《こと》にもなるのです。

そういった意味《いみ》から、甲野先生《こうのせんせい》は「気《き》」という言葉《ことば》を自身《じしん》の武術《ぶじゅつ》や稽古《けいこ》で、意図的《いとてき》に使《つか》わないようにされています。

「気《き》」というものは実際《じっさい》に存在《そんざい》しますし、使《つか》い方《かた》によってはとても有効《ゆうこう》な世界《せかい》です。しかし、大《おお》きな問題《もんだい》が一つあります。

それは、

夢《ゆめ》がありすぎる

という事です。

存在《そんざい》がはっきり観測《かんそく》されていない世界《せかい》ゆえに、「正解《せいかい》」がありません。

正解《せいかい》が無《な》いので、それぞれの「思《おも》い」や「夢《ゆめ》」を自由《じゆう》に乗《の》せる事《こと》ができます。

当然《とうぜん》、**「妄想《もうそう》」も乗《の》ります。**

これまで説明《せつめい》してきた「思考《しこう》のカルト化《か》」に向かう、**格好《かっこう》の材料《ざいりょう》**になるのです。

神秘的《しんぴてき》な匂《にお》いに惹《ひ》かれやすく、武術《ぶじゅつ》にも興味《きょうみ》がある人は「気《き》」や「呼吸《こきゅう》」、「丹田《たんでん》」という言葉《ことば》に強い関心を抱《いだ》きやすい傾向《けいこう》にあります。

そういった傾向《けいこう》が強い人に、「これは気《き》です」といって技《わざ》をかければ、簡単《かんたん》にすっ飛《と》んでくれます。

しかし、そんなものは本当《ほんとう》の「技《わざ》」ではありません。

先《さき》ほど例《れい》に挙《あ》げた、試合《しあい》で惨敗《ざんぱい》してしまった達人《たつじん》も「気《き》」の技術《ぎじゅつ》を標榜《ひょうぼう》している方《かた》でした。

その人の「気《き》」が真《しん》に使《つか》える物《もの》ならば、相手《あいて》の格闘家《かくとうか》をいとも簡単《かんたん》に転《ころ》がせたはずです。

しかし、そうはならなかった。

手も触《ふ》れず、人をバタバタと倒《たお》したり集団《しゅうだん》を自由《じゆう》に誘導《ゆうどう》できるとすれば、それは人智《じんち》を超《こ》えた凄《すさ》まじい技術《ぎじゅつ》です。

本気《ほんき》でかかってくる空手《からて》有段者《ゆうだんしゃ》や格闘家《かくとうか》など、ものともしないはずです。ましてや、本気《ほんき》で抵抗《ていこう》してくる弟子《でし》など軽《かる》くあしらえるはずです。

そこで上手《うま》く技《わざ》が掛《か》からなかったり不機嫌《ふきげん》になるようならば、**その人はまだまだ未熟《みじゅく》であり、「本物《ほんもの》」ではない**という事です。

八十一、本当《ほんとう》の「技《わざ》」とは

私《わたし》は本物《ほんもの》の「技《わざ》」を、

「自分《じぶん》を尊敬《そんけい》しておらず、本気《ほんき》で抵抗《ていこう》してくる実力者《じつりょくしゃ》にも通用《つうよう》するもの」

と定義《ていぎ》しています。

この定義《ていぎ》において、「気《き》」だけで相手《あいて》を倒《たお》せる「達人《たつじん》」は恐《おそ》らく**〇・〇一％もいません。**

また、「気《き》」を標榜《ひょうぼう》していなくても、この条件《じょうけん》を満《み》たせる「達人《たつじん》」もごく稀《まれ》です。

「試合《しあい》の無《な》い武術《ぶじゅつ》」は、この辺《あたり》をどこか**曖昧《あいまい》にできてしまう**のです。

そしてその事《こと》にどこか気付《きづ》きながら「達人《たつじん》」をやっている人もいます。

明確《めいかく》に自覚《じかく》しながら、人をうまく騙《だま》して商売《しょうばい》をしている人もいるでしょう。

今まで例《れい》に挙《あ》げてきたように、「自分自身《じぶんじしん》」を騙《だま》している人もいます。
つまり、「試合《しあい》の無い武術《ぶじゅつ》」の中には、

- **「実力《じつりょく》」がある人**
- **「実力《じつりょく》がある」ように見せている人**

がおり、更《さら》に「実力《じつりょく》があるように見せている人」の中にも、

- **本気《ほんき》で自分《じぶん》に実力《じつりょく》があると思《おも》い込《こ》んでいる人**
- **どこか自分《じぶん》の嘘《うそ》に気付《きづ》きながら目をそらしている人**
- **明確《めいかく》に嘘《うそ》をついている人**

が入《い》り乱《みだ》れています。
武道界《ぶどうかい》とは、見方《みかた》によっては魑魅魍魎《ちみもうりょう》が跋扈《ばっこ》する混乱《こんらん》した世界《せかい》でもあるのです。

八十二、できない姿《すがた》

甲野先生《こうのせんせい》は、この辺《あた》りに慎重《しんちょう》な対策《たいさく》を取《と》られています。

一つは、「気《き》」という言葉《ことば》で自《みずか》らの技《わざ》を説明《せつめい》しない事。

もう一つが、「初心者《しょしんしゃ》にも全力《ぜんりょく》で止める受《う》け方《かた》を許《ゆる》す環境《かんきょう》」です。

これを前《まえ》の項《こう》で、「受《う》ける人にとって豊《ゆた》かな環境《かんきょう》」と表現《ひょうげん》しましたが、他《ほか》でもない甲野《こうの》先生自身《せんせいじしん》が妄想《もうそう》に耽溺《たんでき》し、腕《うで》が鈍《にぶ》る事を防《ふせ》いでいるのです。

私《わたし》は武術家《ぶじゅつか》としても弟子《でし》としても、甲野先生《こうのせんせい》を最《もっと》も尊敬《そんけい》している点《てん》があります。それは、

「できない姿《すがた》を晒《さら》している」

という事です。

例《れい》の通《とお》り甲野先生《こうのせんせい》の会は「誰《だれ》でも、どんな受《う》け方《かた》でも許《ゆる》す」というものなので、当然技《とうぜんわざ》が思《おも》うようにかからない場面《ばめん》もあります。

そんな時先生《ときせんせい》は相手《あいて》の受《う》け方《かた》を注意《ちゅうい》するような事はなく、「では、その状況《じょうきょう》でどうすれ

ば技《わざ》が掛《か》かるのか」を考《かんが》え始《はじ》めます。

その過程《かてい》と試行錯誤《しこうさくご》が、今日《こんにち》の甲野先生《こうのせんせい》の技《わざ》を作っているとも言えるでしょう。

そして我々学《われわれまな》ぶ者《もの》は、甲野先生《こうのせんせい》のそうした姿勢《しせい》を見ながら稽古《けいこ》してきました。

見る人によっては「難解《なんかい》」とも言われる甲野先生《こうのせんせい》の教室《きょうしつ》も、この「稽古姿勢《けいこしせい》」はとてもシンプルなのです。

- **「できる事」と「できない事」を確認《かくにん》する。**
- **「できる事」を伸《の》ばし、「できない事」を改善《かいぜん》する。**

ただ、これだけの事です。

これは今すぐ、誰《だれ》にでもできます。

レベルも、分野《ぶんや》すらも問《と》わない「**姿勢**《しせい》」だからです。


しかし、それがなかなかできていない。

「できる事」と「できない事」の「振《ふ》り分《わ》け」が、とっ散《ち》らかっているからです。

八十三、落《お》とし穴《あな》

これまで世《よ》の「達人《たつじん》」を例《れい》に出し、「武術《ぶじゅつ》と妄想《もうそう》」について語《かた》ってきましたが、一般《いっぱん》の「稽古生《けいこせい》」レベルでも「妄想問題《もうそうもんだい》」は頻繁《ひんぱん》に起きています。「試合《しあい》が無い」、すなわち「確認《かくにん》が無い」問題《もんだい》は、指導者《しどうしゃ》から初心者《しょしんしゃ》まで深《ふか》く根《ね》を張《は》っているのです。

甲野先生《こうのせんせい》の教室《きょうしつ》でもそれは例外《れいがい》ではなく、「自由度《じゆうど》が高い」ゆえに様々《さまざま》な人が様々《さまざま》な形《かたち》で思《おも》い思《おも》いの稽古《けいこ》をやっています。

それは前に述《の》べたように、とても「豊《ゆた》か」な状況《じょうきょう》でもあると同時《どうじ》に、大《おお》きな「落《お》とし穴《あな》」もあります。

そのありがちな例《れい》の一つが、「得意《とくい》な稽古《けいこ》を得意《とくい》な人としかやらない」事《こと》です。「得意《とくい》な部分《ぶぶん》を伸《の》ばす」のは上達《じょうたつ》する上で一番大切《いちばんたいせつ》な要素《ようそ》ですが、それしかやらないと、能力《のうりょく》は「**いびつ**」になります。

また、技《わざ》が掛《か》かりやすい人や初心者《しょしんしゃ》ばかりとやって、「**上級者**《じょうきゅうしゃ》」**気分**《きぶん》に浸《ひた》りたい誘惑《ゆうわく》は誰《だれ》にでもあります。

しかし、「達人《たつじん》」ですら腕《うで》が鈍《にぶ》るのに、修行《しゅぎょう》中の身《み》でそんな事《こと》をやっていては、辿《たど》り着《つ》ける場所《ばしょ》もたかが知《し》れてしまいます。

実際《じっさい》、そういった性質《せいしつ》の人に一定以上《いっていいじょう》の上達《じょうたつ》は見られません。

「自分《じぶん》の苦手《にがて》を確認《かくにん》する」というのは、本来避《ほんらいさ》けて通《とお》れない道《みち》なのです。

人生《じんせい》の中で「苦手《にがて》」はいくらでも訪《おとず》れますし、ましてや武術《ぶじゅつ》ならば当然自分《とうぜんじぶん》との相性《あいしょう》など考《かんが》えない相手《あいて》が襲《おそ》いかかって来る事を想定《そうてい》しています。

とはいえ「苦手《にがて》」ばかりとやれば良《よ》いわけではないというのは『上達《じょうたつ》ポイント』の項《こう》で説明《せつめい》した通《とお》りですが、「**苦手《にがて》を知《し》る**」のもまた、大切《たいせつ》な行為《こうい》なのです。

八十四、身《み》の程《ほど》

それは、「**自《みずか》らを知《し》る**」事につながるからです。

「自《みずか》らを知《し》る」とは、「**身《み》の程《ほど》をわきまえる**」という事です。

「身《み》の程《ほど》をわきまえる」というと、「身《み》の程《ほど》をわきまえろ」といった命令口調《めいれいくちょう》で差別的《さべつてき》に使《つか》われるイメージもあると思《おも》います。

しかし、それは全《まった》く的外《まとはず》れな使《つか》い方《かた》で、本来《ほんらい》は「自分《じぶん》を知《し》る」という事です。

「自分《じぶん》を知《し》る」とは自分《じぶん》の**「できる事」と「できない事」を確認《かくにん》する**作業《さぎょう》であり、自分《じぶん》のできる事とできない事を把握《はあく》しているからこそ、「自分《じぶん》は何《なに》をすべきか」が正確《せいかく》に分かるのです。

自分《じぶん》の「苦手《にがて》」を知らないと容易《ようい》に「妄想《もうそう》」が入《はい》り込《こ》みます。

「やっていないだけで、本気《ほんき》を出せば自分《じぶん》ならできるはず」という妄想《もうそう》です。

それは自分《じぶん》の成長《せいちょう》を阻《はば》むだけでなく、他者《たしゃ》にも迷惑《めいわく》をかけ続《つづ》ける最《もっと》も質《たち》の悪《わる》い思《おも》い込《こ》みの一つです。

なぜそうなるのか。

「妄想《もうそう》」は「怒《いか》り」や「嫉妬《しっと》」と直結《ちょっけつ》しやすいからです。

たとえば、ネット上《じょう》で有名人《ゆうめいじん》や娯楽作品等《ごらくさくひんなど》も含《ふく》め、自分《じぶん》の「気《き》に食《く》わない存在《そんざい》」に対《たい》して憎悪混《ぞうおま》じりの批判《ひはん》を繰《く》り返《かえ》してしまう人がいます。

そういう人達《ひとたち》にほぼ共通《きょうつう》して見られる傾向《けいこう》が**「上《うえ》から目線《めせん》」**です。

まるで自分《じぶん》が批判対象《ひはんたいしょう》よりも上等《じょうとう》な存在《そんざい》であるかのように、見下《みお》すような思考回路《しこうかいろ》や語《かた》り口《くち》となっているのです。

八十五、遊離《ゆうり》

そこには、深刻《しんこく》な「現実《げんじつ》」と「妄想《もうそう》」の遊離《ゆうり》が存在《そんざい》しています。

それは、まるで**自分《じぶん》が特別《とくべつ》な存在《そんざい》であるかのような妄想《もうそう》**です。

まだ**何《なに》もしておらず、何《なに》も成《な》し遂《と》げていない**のに、自分《じぶん》が優《すぐ》れた能力《のうりょく》や見識《けんしき》を持《も》っていると思《おも》い込《こ》んでしまっているのです。

他者《たしゃ》や表現《ひょうげん》、創作物《そうぞうぶつ》を批判《ひはん》するのは簡単《かんたん》です。**本来《ほんらい》「完璧《かんぺき》なもの」など、何一《なにひと》つ無《な》い**からです。

九〇点の存在《そんざい》があるならば、足《た》りない一〇点を貶《けな》せばよい。

そうすれば、「九〇点の存在《そんざい》より上《うえ》にいる」という**偽《いつわ》りの優越感《ゆうえつかん》**に浸《ひた》る事《こと》ができます。

それは毒《どく》を含《ふく》んだ魔性《ましょう》の快楽《かいらく》を伴《ともな》う行為《こうい》です。

現実離《げんじつばな》れした高《たか》い自己評価《じこひょうか》に、麻薬《まやく》のように溺《おぼ》れる事ができるからです。

しかし水面下《すいめんか》では、「妄想《もうそう》」とは正反対《せいはんたい》と言っていい「**現実《げんじつ》の自分自身《じぶんじしん》**」との開《ひら》きが広がり続《つづ》けます。

その先《さき》の代償《だいしょう》として、何《なん》らかの「破滅《はめつ》」が待《ま》っています。

「現実《げんじつ》」は自分《じぶん》の妄想《もうそう》に合わせてくれるほど、優《やさ》しくはないからです。

なぜ、そんな事が起《お》こるのか。

それは、自分自身《じぶんじしん》の持っている物を、世《よ》に対《たい》して「**試《ため》していない**」からです。

自分《じぶん》の中で何《なに》かを持《も》っている、何《なに》かができる「はずだ」と思《おも》っていても、いざそれを始《はじ》めた人は、驚《おどろ》くほど上手《うま》く行《い》かないと思《おも》います。

例《たと》えば絵を描《か》いて何《なに》かを表現《ひょうげん》しようとしてみれば、「画力《がりょく》が低い」と評価《ひょうか》されている漫《まん》画家《がか》さんの絵ですら、いかに上手《うま》いかが分かります。

プロスポーツを見て「下手《へた》くそ」などと野次《やじ》を飛《と》ばす人は、自分《じぶん》がそのスポーツをやってみると良《よ》いでしょう。

まず「何《なに》かを始《はじ》める」だけでも大《おお》きなエネルギーを要《よう》し、「上達《じょうたつ》する」だけでも壁《かべ》があり、「プロになる」など並外《なみはず》れた事なのです。

その片鱗《へんりん》は、「試《ため》して」みれば誰《だれ》でも分かるという事《こと》です。

にもかかわらず、世《よ》にこれだけ大なり小なり「**評論家思考**《ひょうろんかしこう》」の人が多いのは、それだけ人間《にんげん》は「**妄想**《もうそう》」**に支配**《しはい》**されやすい**生《い》き物《もの》だからです。

それを唯一防《ゆいいつふせ》ぐのが「現実《げんじつ》を知《し》る」事であり、「自分《じぶん》を知《し》る」事、すなわち「**身**《み》**の程**《ほど》**をわきまえる**」事です。

八十六、強《つよ》さ

どの分野《ぶんや》、どんな人でもこの遊離《ゆうり》は起《お》きやすいのですが、とりわけその危険性《きけんせい》が高いのが「**武術**《ぶじゅつ》」「**宗教**《しゅうきょう》」「**民間療法**《みんかんりょうほう》」です。

この三つは関《かか》わりが深《ふか》く、共通《きょうつう》するのが「夢《ゆめ》がありすぎる」点です。

先《さき》ほどもこの言葉《ことば》で例《れい》に挙《あ》げた「**気**《き》」「**丹田**《たんでん》」「**呼吸**《こきゅう》」も、三分野全《ぶんやすべ》てに使《つか》われています。

なぜ「夢《ゆめ》がありすぎる」と「妄想《もうそう》」が乗《の》りやすいのでしょうか。

ここには、人が持《も》つある性質《せいしつ》が関《かか》わっています。

それは、

「自分《じぶん》の欠点《けってん》から目を逸《そ》らしたまま、人生《じんせい》の大逆転《だいぎゃくてん》を狙《ねら》おうとする浅《あさ》ましさ」

です。

何《なに》かが思《おも》うようにいかなかったり、自分《じぶん》が「不幸《ふこう》だ」と感《かん》じている時に、人はその原因《げんいん》を自分《じぶん》の「**外側《そとがわ》**」に求《もと》めがちです。

つまり、**何《なに》かの「せい」にしたくなる**のです。

しかし、それまでの行為《こうい》を注意深《ちゅういぶか》く振《ふ》り返《かえ》り、そこに至《いた》った選択《せんたく》をよくよく遡《さかのぼ》ってみると、**最大《さいだい》の原因《げんいん》が「自分《じぶん》」の中にあった**、という場合《ばあい》は多《おお》くあります。

たとえば自身《じしん》の選択《せんたく》や人柄《ひとがら》が招《まね》いた失敗《しっぱい》などです。

ところが原因《げんいん》を「運」だとか「不幸《ふこう》」という言葉《ことば》で片付《かたづ》け、自分《じぶん》の「外側《そとがわ》」に持《も》ってきた時、あるいは「誰《だれ》かのせい」にした時、解決法《かいけつほう》も「自分《じぶん》」を置《お》き去《さ》りにした「外側《そとがわ》」に求《もと》め始《はじ》めます。

そこには、自己《じこ》に対《たい》する考察《こうさつ》も反省《はんせい》もありません。

先《さき》ほど例《れい》に挙《あ》げたような「夢《ゆめ》がありすぎる」分野《ぶんや》は、人の「**超常願望《ちょうじょうがんぼう》**」と直結《ちょっけつ》しています。

「気《き》」や「呼吸法《こきゅうほう》」「丹田《たんでん》」で飛《と》び抜《ぬ》けた力《ちから》さえ手に入れてしまえば、**他者《たしゃ》など思《おも》い通《どお》りにできる**。世《よ》を楽《らく》に渡《わた》れる。そう思《おも》わせてくれるのです。

武術《ぶじゅつ》における「戦闘能力《せんとうのうりょく》」もその一種《いっしゅ》です。

こういった手段《しゅだん》は、**その人の根本問題《こんぽんもんだい》の本質的解決《ほんしつてきかいけつ》には一切《いっさい》なっておらず、むしろそういった「問題《もんだい》」「欠点《けってん》」を他者《たしゃ》から覆《おお》い隠《かく》す格好《かっこう》の「メッキ」として機能《きのう》します。**

そして何より、**「自分自身《じぶんじしん》」から覆《おお》い隠《かく》す**メッキとなります。

つまり、自《みずか》らの欠点《けってん》を自分《じぶん》に対《たい》して、**「無《な》いこと」にしてしまうような思考回路《しこうかいろ》**が加速《かそく》するのです。

そんな中、なまじ戦闘能力《せんとうのうりょく》が高くなってしまうとメッキはますます分厚《ぶあつ》くなり、手付《てつ》かずの「欠点《けってん》」「問題点《もんだいてん》」の腐敗《ふはい》と膨張《ぼうちょう》は水面下《すいめんか》で着実に進行《しんこう》してゆきます。

武術家《ぶじゅつか》、格闘家《かくとうか》に多《おお》く見られるのが**「二重人格《にじゅうじんかく》」的傾向《てきけいこう》**です。

普段《ふだん》は鍛《きた》え上《あ》げた体《からだ》や戦闘能力《せんとうのうりょく》由来《ゆらい》の「余裕《よゆう》」から、にこにこと人格者然《じんかくしゃぜん》としていられますが、そういった人達《ひとたち》が「追《お》い込《こ》まれた」時の見苦《みぐる》しさは目も当てられないものがあります。

それはメッキが剝《は》がれ、普段《ふだん》は見えない「中身《なかみ》」が飛《と》び出《だ》した瞬間《しゅんかん》です。

武術家《ぶじゅつか》は「追《お》い込《こ》まれた時」「敗《やぶ》れた時」にこそ、その本性《ほんしょう》が現《あらわ》れます。

ほとんどの武術家《ぶじゅつか》は、熱心《ねっしん》な人であるほど、自己《じこ》の「欠点《けってん》」から目を逸《そ》らすための**「現実逃避《げんじつとうひ》」の手段《しゅだん》**として「武術《ぶじゅつ》」に取《と》り組《く》んでしまっているのです。

それは宗教《しゅうきょう》や民間療法《みんかんりょうほう》における「教義《きょうぎ》」「超常能力《ちょうじょうのうりょく》」に置《お》き換《か》えても同《おな》じです。

「権力《けんりょく》」「ステータス」を過剰《かじょう》に求《もと》める心もその一種《いっしゅ》でしょう。

それらを手に入《い》れるための血《ち》の滲《にじ》むような努力《どりょく》や修行《しゅぎょう》も、自己《じこ》の「本質的欠点《ほんしつてきけってん》」に目を向《む》けない限《かぎ》りは「現実逃避《げんじつとうひ》」に過《す》ぎません。

「頑張《がんば》り」や「努力《どりょく》」という美《うつく》しい輝《かがや》きでコーティングされた、**「熱心《ねっしん》」で「誠実《せいじつ》」な「現実逃避《げんじつとうひ》」**です。

一番《いちばん》見るべき部分《ぶぶん》を放棄《ほうき》し、巨大《きょだい》なる**「誤認識《ごにんしき》の自分《じぶん》」**を、丹念《たんねん》に構築《こうちく》しているとも言えます。

それが、「妄想《もうそう》」です。

人間《にんげん》の本当《ほんとう》の「強《つよ》さ」とは、

「自己《じこ》の欠点《けってん》に目を向《む》ける勇気《ゆうき》」

です。

大《おお》きな「力《ちから》」に強《つよ》い執着《しゅうちゃく》がある人ほど、**「弱虫《よわむし》」**が多いのです。

特《とく》に「武術家《ぶじゅつか》」は、**その代表《だいひょう》**ということです。

八十七、考察《こうさつ》

「妄想《もうそう》」に支配《しはい》され「現実逃避《げんじつとうひ》」に向かわないようにするためには、厳密《げんみつ》なる自己《じこ》への**「考察《こうさつ》」**は欠《か》かせません。

甲野先生《こうのせんせい》は若《わか》き日に**「運命《うんめい》は完璧《かんぺき》に決《き》まっていて、完璧《かんぺき》に自由《じゆう》だ」**という閃《ひらめ》きを得《え》られました。

しかしそこで、「だから何《なに》をしたって関係《かんけい》がないんだ」という思考放棄《しこうほうき》にはなりませんでした。

甲野先生《こうのせんせい》はそこから、現在《げんざい》にまで続《つづ》く長い長い「考察《こうさつ》」を始《はじ》めました。

それは、「身体《しんたい》」をも総動員《そうどういん》した「考察《こうさつ》」です。

世《よ》の哲学《てつがく》、思索《しさく》の多《おお》くは「身体《しんたい》」が伴《ともな》いません。

しかし「身体感《しんたいかん》」無《な》き哲学《てつがく》は、脳《のう》の表面《ひょうめん》を上滑《うわすべ》りします。

ただの**「思考《しこう》ゲーム」**になってしまうのです。


甲野先生《こうのせんせい》が「運命《うんめい》」の検証《けんしょう》に「武術《ぶじゅつ》」を選《えら》んだ理由《りゆう》は、武術《ぶじゅつ》が最《もっと》も「適《てき》している」からです。

自分《じぶん》がどんなに運命《うんめい》だの天命《てんめい》だのと思《おも》っていても、敵《てき》は容赦《ようしゃ》なく襲《おそ》いかかって来《き》ます。

自分《じぶん》の夢想《むそう》や幻想《げんそう》など蹴散《けち》らしながらやって来《く》るのです。

つまり、相手《あいて》の都合次第《つごうしだい》で自分《じぶん》の「天命《てんめい》」など、簡単《かんたん》に終《お》わらせてしまえる状況設定《じょうきょうせってい》で成《な》り立《た》っている分野《ぶんや》だという事です。

物事《ものごと》を明確《めいかく》に証明《しょうめい》するためには、それがどんなに批判的《ひはんてき》な視点《してん》に晒《さら》されても耐《た》え得《う》るものでなければなりません。

そのためには否定的《ひていてき》な見解《けんかい》からの厳《きび》しい検証《けんしょう》が必要不可欠《ひつようふかけつ》となります。

「運命《うんめい》」に関する閃《ひらめ》きを証明《しょうめい》するのならば、「運命《うんめい》」を最《もっと》も否定《ひてい》するような状況《じょうきょう》に耐《た》え得《う》るものでなければならない。

しかもそれは、「体感《たいかん》」を伴《ともな》っていなければ「思《おも》い込《こ》み」や「思考《しこう》ゲーム」になってしまうかもしれない。

そうした検証《けんしょう》を行う上で、「武術《ぶじゅつ》」が一番適《いちばんてき》していたのでしょう。

八十八、発想《はっそう》

甲野先生《こうのせんせい》の武術家《ぶじゅつか》としての特色《とくしょく》は、**「発想《はっそう》」を拠《よ》り所《どころ》にしている**点にあると思《おも》っています。

豊《ゆた》かな想像力《そうぞうりょく》が、新術理《しんじゅつり》やアイディアを次々《つぎつぎ》と生《う》み出《だ》すのです。

しかし、そういう性質《せいしつ》の人に多《おお》く見られる傾向《けいこう》が、「妄想的《もうそうてき》になりやすい」という欠点《けってん》です。

なぜなら「発想《はっそう》」も「妄想《もうそう》」も本質的《ほんしつてき》には同じ物だからです。

では、何が決定的《けっていてき》に違《ちが》うかと言うと、

・オリジナリティーがあるかどうか
・人の役《やく》に立《た》つかどうか

この二点です。

つまり、オリジナリティーがあり、人の役《やく》に立《た》つ妄想《もうそう》を「発想《はっそう》」と呼《よ》び、オリジナリティーが無く、人の役《やく》に立《た》たない発想《はっそう》を「妄想《もうそう》」と呼《よ》びます。

それは「発酵《はっこう》」と「腐敗《ふはい》」の関係《かんけい》にも似《に》ていて、微生物《びせいぶつ》の働《はたら》きで人の役《やく》に立《た》つものを「発酵《はっこう》」、役《やく》に立《た》たないものを「腐敗《ふはい》」と呼《よ》んでいるようなものです。

発酵《はっこう》しやすい環境《かんきょう》というのは、腐敗《ふはい》も起《お》こりやすいのです。

そうした関係《かんけい》から、「発想力《はっそうりょく》」が高いほど副産物《ふくさんぶつ》としての「妄想《もうそう》」は生まれやすくなります。

歴史上《れきしじょう》の名《な》だたる芸術家達《げいじゅつかたち》が、奇行《きこう》に走《はし》ったりおかしな発言《はつげん》をするのも当然《とうぜん》の事なのです。

しかし、「武術家《ぶじゅつか》」はそうはいきません。

敵《てき》に斬《き》り掛《か》かられた時、妄想交《もうそうま》じりの技《わざ》で対応《たいおう》していては死《し》にます。

ゆえに、「妄想《もうそう》」と「発想《はっそう》」のシビアな「**振《ふ》り分《わ》け**」が不可欠《ふかけつ》となります。

私《わたし》から見た甲野先生《こうのせんせい》の特異性《とくいせい》は、「巨大《きょだい》なる妄想《もうそう》」と「苛烈《かれつ》なほどの自己反省《じこはんせい》」が共存《きょうぞん》している点です。

それはほぼ類《るい》を見ないほどの、そして綱渡《つなわた》りのようなバランスで成り立っているように見えます。

その危《あや》うい、せめぎ合いの中で「発想《はっそう》」し、新《あら》たな術理《じゅつり》が次々《つぎつぎ》と生《う》まれているのです。

「不安定《ふあんてい》の使《つか》いこなし」です。

八十九、オープンソース

発想《はっそう》（妄想《もうそう》）が巨大《きょだい》であるほどに、そこから現実《げんじつ》に引《ひ》き戻《もど》す「冷《ひ》や水《みず》」も大量《たいりょう》にぶっかけなければなりません。

甲野先生《こうのせんせい》はともすれば、妄想《もうそう》の向《む》こう側《がわ》にすっ飛《と》んで行《い》ってしまうご自身《じしん》の危険性《きけんせい》を、本能的《ほんのうてき》に察知《さっち》されているのでしょう。

そうならないための「安全装置《あんぜんそうち》」を、自《みず》らに対《たい》し二重《にじゅう》三重《さんじゅう》に設《もう》けられています。

大抵《たいてい》は、これができない。

「安定的《あんていてき》」であるが発想《はっそう》の閃《ひらめ》きが無いか、「妄想《もうそう》」の向《む》こう側《がわ》に行ってしまうかの、どちらかになってしまうからです。

それどころか「武術《ぶじゅつ》・武道界《ぶどうかい》」の人達《ひとたち》の中《なか》には、発想《はっそう》の閃《ひらめ》きが無い上に「妄想《もうそう》」の向《む》こう側《がわ》に行ってしまう場合《ばあい》さえあるのです。

それは、甲野先生《こうのせんせい》の会《かい》の常連《じょうれん》さんも例外《れいがい》ではなく、自《みずか》らで妄想《もうそう》に対《たい》する「防壁《ぼうへき》」を設《もう》けねばなりません。

甲野先生《こうのせんせい》が松聲館《しょうせいかん》を立《た》ち上《あ》げられてから特《とく》に初期《しょき》の頃《ころ》、自《みずか》らに課した安全装置《あんぜんそうち》が**『できない』を自分《じぶん》に思《おも》い知《し》らせる**」という方針《ほうしん》でした。

技《わざ》を掛《か》けようとして上手《うま》く行《い》かなかった時、あえて何度《なんど》も何度《なんど》もそれを同じ相手《あいて》に繰《く》り返《かえ》し、「できない」事《こと》を自《みずか》らに知《し》らしめたのです。

それを当時、「傷口《きずぐち》に塩《しお》を擦《す》り込《こ》むように」とすら表現《ひょうげん》されています。

これは、自《みずか》らに対《たい》する強烈《きょうれつ》な「冷《ひ》や水《みず》」の一種《いっしゅ》と言えるでしょう。

また、自身《じしん》の新発見《しんはっけん》を惜《お》しげも無く周囲《しゅうい》に公開《こうかい》し、「自《みずか》らの技《わざ》を止《と》めるような人材《じんざい》」を大切《たいせつ》にしてきました。

そのお陰《かげ》で、甲野先生《こうのせんせい》の周《まわ》りでは多彩《たさい》な人達《ひとたち》が花開《はなひら》いています。

それが今では、教《おし》え子《ご》の発見《はっけん》を甲野先生《こうのせんせい》がヒントにし、新術理《しんじゅつり》を生《う》み出《だ》すという「循環《じゅんかん》」も起《お》きています。

それは、コンピューター業界《ぎょうかい》における**「オープンソース」**という考《かんが》えに良《よ》く似《に》ています。

ソフトウェアの根幹部《こんかんぶ》（ソースコード）にあるプログラムは通常非公開《つうじょうひこうかい》ですが、そこを全面公開《こうかい》し、世界中《せかいじゅう》のプログラマーと共同《きょうどう》で改善《かいぜん》してゆこうという考《かんが》え方《かた》です。

結果《けっか》、それまでは「企業秘密《きぎょうひみつ》」として決《けっ》して表《おもて》に出される事《こと》の無かった根幹部《こんかんぶ》が多《おお》くの人に共有《きょうゆう》され、急激《きゅうげき》に進歩《しんぽ》したソフトウェアが生《う》まれています。

現在《げんざい》では「オープンソース」という考《かんが》え方《かた》はコンピューター業界《ぎょうかい》に不可欠《ふかけつ》な要素《ようそ》となっています。

甲野先生《こうのせんせい》は「インターネット」という言葉《ことば》が世《よ》に出る遥《はる》か以前《いぜん》からこの方針《ほうしん》で稽古《けいこ》をされており、武術界《ぶじゅつかい》の**「元祖《がんそ》オープンソース」**と言っても良《よ》いのかもしれません。

九十、問題《もんだい》のまとめ

しかし、それだけでも足《た》りない。

「試合《しあい》の無《な》い武術《ぶじゅつ》」に付《つ》きまとう「妄想《もうそう》」の誘惑《ゆうわく》は、それほど根深《ねぶか》く強固《きょうこ》なのです。

では、「試合《しあい》」をすれば良《よ》いのか？

これまで挙《あ》げてきた例《れい》を含《ふく》め、問題《もんだい》をまとめてみましょう。

・なぜ「試合《しあい》の無《な》い武術《ぶじゅつ》」があるのか

試合《しあい》があると、「試合《しあい》に勝《か》つ」事が目的《もくてき》となり、そのため、誰《だれ》にもわかりやすい、とりあえず有効《ゆうこう》な技術《ぎじゅつ》が優先《ゆうせん》される事になります。また、「結果《けっか》」をできるだけ早く求《もと》めるようにもなります。

すると、「早急《そうきゅう》に結果《けっか》が出《で》る」トレーニングが優先《ゆうせん》されてゆきます。「根本原理《こんぽんげんり》」の改善《かいぜん》もなく、「現在《げんざい》の体《からだ》の使《つか》い方《かた》」のままで特定《とくてい》の技術《ぎじゅつ》を繰《く》り返《かえ》し植《う》え付《つ》けるようなやり方《かた》が中心《ちゅうしん》となるのです。

そうすると体《からだ》には「指向性《しこうせい》」が生《う》まれ、「自在《じざい》」からは遠《とお》のきます。

間《ま》に合《あ》わせのテクニックに走《はし》る「小手先《こてさき》の病《やまい》」も生《しょう》じます。

結局《けつきょく》、「物量作戦《ぶつりょうさくせん》」の世界《せかい》から逃《のが》れる事《こと》ができず、「大《おお》きいもの」「強《つよ》いもの」「多《おお》いもの」が勝利《しょうり》する競争《きょうそう》となります。

そこには「術《じゅつ》」が無《な》いので、故障者《こしょうしゃ》が多《おお》く、ある年齢《ねんれい》をピークに実力《じつりょく》が急激《きゅうげき》に低下《ていか》する肉体《にくたい》となります。

結果《けっか》、武術《ぶじゅつ》が「生《い》き方《かた》」とはなかなか結《むす》び付《つ》かず、「引退《いんたい》」のある世界《せかい》となってしまいます。

主《おも》にこれらの問題《もんだい》を解消《かいしょう》しようというのが、「試合《しあい》の無《な》い武術《ぶじゅつ》」という事《こと》です。

・「試合《しあい》の無《な》い武術《ぶじゅつ》」の欠点《けってん》は

標榜《ひょうぼう》している理念《りねん》や「試合《しあい》の無《な》い」事《こと》が逃《に》げ道《みち》となり、「実力《じつりょく》の無《な》い達人《たつじん》」や「妄想的《もうそうてき》な稽古人《けいこにん》」を量産《りょうさん》してしまう。

九十一、綱渡《つなわた》り

つまり**「本質的上達《ほんしつてきじょうたつ》」**を目指《めざ》すのならば、「武術《ぶじゅつ》」という分野《ぶんや》はどちらに行《い》っても落《お》とし穴《あな》だらけの危険性《きけんせい》を孕《はら》んでいるという事《こと》です。

それは、**「八方塞《はっぽうふさ》がり」**と表現《ひょうげん》してよいほどの状況《じょうきょう》と言えます。

その中で「妄想《もうそう》」にも支配《しはい》されず、「結果《けっか》」ばかりに囚《とら》われた、術《じゅつ》なき「物量作戦《ぶつりょうさくせん》」にも陥《おちい》らないためには、まさに「綱渡《つなわた》り」と言っていい「バランス感覚《かんかく》」が必要《ひつよう》となります。


そして、その綱渡《つなわた》りは一生続《いっしょうつづ》きます。

本当《ほんとう》に「使《つか》えた」実力者《じつりょくしゃ》も、ある時期《じき》から妄想《もうそう》の落《お》とし穴《あな》にはまり、本人《ほんにん》も気付《きづ》かぬうちに腕《うで》を鈍《にぶ》らせてしまった、という例《れい》は枚挙《まいきょ》にいとまがないからです。

そうならないために不可欠《ふかけつ》なのが「身《み》の程《ほど》をわきまえる」＝「自分《じぶん》を知《し》る」という事《こと》です。

その中で有効《ゆうこう》なコンセプトを、一つご紹介《しょうかい》いたしましょう。

九十二、勝《か》ち負《ま》け

「勝《か》ち負《ま》けがはっきりする稽古《けいこ》を、勝《か》ち負《ま》けにとらわれずにやる」


これは私自身《わたしじしん》がやってきて、相当有効《そうとうゆうこう》だった稽古法《けいこほう》の一つです。

これまで述《の》べてきたように、「試合《しあい》のある武術《ぶじゅつ》」は「結果《けっか》」ばかりを求《もと》めてしまい、動《うご》きの「**本質《ほんしつ》**」まではなかなか踏《ふ》み込《こ》めません。

つまり、どうしても「勝《か》ち負《ま》け」に囚《とら》われてしまいます。

一方《いっぽう》「試合《しあい》の無《な》い武術《ぶじゅつ》」は「勝《か》ち負《ま》け」が無《な》いので明確《めいかく》に自分《じぶん》の正確《せいかく》な実力《じつりょく》を知《し》る機会《きかい》に乏《とぼ》しく、「身《み》のほどをわきまえない妄想《もうそう》」に囚《とら》われやすくなります。

大抵《たいてい》、この「どちらか」になってしまうのです。

そこで、稽古《けいこ》として「結果《けっか》」が明確《めいかく》に出る形《かたち》を取《と》りながら、「勝《か》ち負《ま》けに囚《とら》われない心《こころ》を養《やしな》う」という課題《かだい》を設《もう》けます。

それは、**「柔《やわ》らかく結果《けっか》を受《う》け入《い》れる心《こころ》」**を作《つく》ってゆく作業《さぎょう》でもあります。

通常《つうじょう》のように勝《か》ち負《ま》けを競《きそ》う稽古《けいこ》を始《はじ》めると、相手《あいて》に対《たい》する対抗心《たいこうしん》が生《しょう》じ、とにかく「勝《か》つ」事《こと》ばかりが目的化《もくてきか》していってしまいます。

頭《あたま》に血《ち》が上《のぼ》り、勢《いきお》いや力技《ちからわざ》だけで相手《あいて》をねじ伏《ふ》せようとしたり、前提条件《ぜんていじょうけん》を自分《じぶん》の有《ゆう》利《り》な状態《じょうたい》に持《も》っていこうとし、その場《ば》の「体面《たいめん》」だけを保《たも》とうとむきになる人もいます。

私《わたし》は初心者《しょしんしゃ》の頃《ころ》から現在《げんざい》に至《いた》るまで、そういう場面《ばめん》を数《かぞ》え切《き》れないほど見《み》てきました。

中《なか》には周《まわ》りから評価《ひょうか》されている指導者《しどうしゃ》やプロの格闘家《かくとうか》の方《かた》もいました。

そして、**こうした「心《こころ》」こそが武術家《ぶじゅつか》の持《も》つ最大《さいだい》の「見苦《みぐる》しさ」であり、「弱《よわ》さ」であ
る**と思《おも》い至《いた》りました。

みんな、「恐《こわ》い」のです。

失敗《しっぱい》してしまう事《こと》が、負《ま》けてしまう事《こと》が、人から下に見られる事が。

そしてその**「弱《よわ》さ」は自分《じぶん》の中にもある**と気付《きづ》きました。

それからその「弱《よわ》さ」の克服《こくふく》こそが、「武術《ぶじゅつ》」本来《ほんらい》の目的《もくてき》であると思《おも》うようになりました。

『強《つよ》さ』の項《こう》でも触《ふ》れたように、**「強《つよ》さを求《もと》める人ほど弱《よわ》い」**のです。

その自分《じぶん》の心の弱《よわ》さを、「戦闘能力《せんとうのうりょく》」で覆《おお》い隠《かく》そうとしているのがほとんどの「武術《ぶじゅつ》家《か》」だという事です。

また、そうした「目先《めさき》の強《つよ》さ」を求《もと》める人達《ひとたち》が重要視《じゅうようし》している「戦闘能力《せんとうのうりょく》」を向上《こうじょう》させる上でも、「勝《か》ち負《ま》けに囚《とら》われる心」は支障《ししょう》を来《きた》すという事《こと》です。「結果《けっか》」ばかりに目がゆき、「術《じゅつ》」にまで届《とど》かないからです。

「勝《か》ち負《ま》けがはっきりする稽古《けいこ》を、勝《か》ち負《ま》けにとらわれずにやる」というのは、「技術《ぎじゅつ》」というよりもまず「心《こころ》」の問題《もんだい》が先《さき》に来《き》ます。

そしてその先《さき》にあるのが「柔《やわ》らかく結果《けっか》を受《う》け入《い》れる心」なのです。

九十三、現実《げんじつ》

人は大抵《たいてい》、目の前の「現実《げんじつ》」を正確《せいかく》に受《う》け入《い》れる事《こと》ができません。

自分《じぶん》に都合《つごう》の悪《わる》い事実《じじつ》から目をそらしたり、心地《ここち》好《よ》い情報《じょうほう》や自分《じぶん》の「思《おも》い込《こ》み」に適合《てきごう》した内容《ないよう》ばかりに目を向けたくなる性質《せいしつ》があります。

簡単《かんたん》に言えば、都合《つごう》の悪《わる》い事は「無《な》かった事《こと》」にしてしまうのです。

それは、世の中に「言った」「言わない」の論争《ろんそう》があったり、同じ体験《たいけん》をしたはずの人《ひと》達《たち》がそれぞれ全《まつた》く違《ちが》う記憶《きおく》をしているような例《れい》が溢《あふ》れている事《こと》にも表《あらわ》れています。

「見たくない現実《げんじつ》」に対《たい》しては、自分《じぶん》の記憶《きおく》を改変《かいへん》してしまうほどの強烈《きようれつ》な「指向性《しこうせい》」が働《はたら》きます。

そんな中、自分《じぶん》の「都合《つごう》の良《よ》い現実《げんじつ》」だけを見て一生《いつしよう》を過《す》ごせるならば、それはそれで幸《しあわ》せでしょう。

しかし、「現実《げんじつ》」は自分《じぶん》に合わせてくれるほど優《やさ》しくはありません。

「自分《じぶん》の見ている世界《せかい》」と「実際《じつさい》の世界《せかい》」の誤差《ごさ》が広がるほどに、自《みずか》らを攻撃《こうげき》する「刃《やいば》」となって突《つ》き刺《さ》さってきます。

「都合《つごう》の良《よ》い世界《せかい》」だけを見ている間に、着々《ちやくちやく》と「破滅《はめつ》」への負債《ふさい》を自《みずか》ら溜《た》め込《こ》んでいるのです。

武術《ぶじゆつ》は、そうした「負債《ふさい》」が生《しよう》じるのを防《ふせ》ぎ、「現実《げんじつ》に目を向ける」「事実《じじつ》を受《う》け入《い》れる」のに適《てき》した分野《ぶんや》であるはずでした。

「技《わざ》が掛《か》かるか掛《か》からないか」「やるかやられるか」が明確《めいかく》に表《あらわ》れるからです。

しかし、現在《げんざい》「最《もつと》も妄想《もうそう》的になりやすい」分野《ぶんや》の一つにすらなっています。

我々《われわれ》「試合《しあい》の無《な》い武術《ぶじゆつ》」をやっている者たちは、「試合《しあい》のある武術《ぶじゆつ》」をやっている人達《ひとたち》の明確《めいかく》さ・潔《いさぎよ》さを見習《みなら》うべきでしょう。

その上《うえ》で、「試合《しあい》のある武術《ぶじゅつ》」では失《うしな》われてしまって久《ひさ》しい「術《じゅつ》」の世界《せかい》に取《と》り組《く》むのです。

九十四、変《か》わりかけの信号《しんごう》

「現実《げんじつ》を現実《げんじつ》のまま受《う》け入《い》れる」というのは、本来技《ほんらいわざ》の「利《き》き」にも直結《ちょっけつ》した思考法《しこうほう》です。

人間《にんげん》、何《なに》かを為《な》す時に必《かなら》ず「願望《がんぼう》」や「期待《きたい》」が生《しょう》じます。

「うまくやりたい」「こういう結果《けっか》にしたい」という「欲望《よくぼう》」です。

これらは全《すべ》て、技《わざ》の「利《き》き」を鈍《にぶ》らせる「ノイズ」です。

それはなぜか。

こうした思考《しこう》は、技《わざ》を成功《せいこう》させる上では**全《まった》く関係《かんけい》ない**部分《ぶぶん》だからです。

何《なに》かを成《な》したい場合《ばあい》、自分《じぶん》の思考《しこう》や身体感覚《しんたいかんかく》、つまり「能力《のうりょく》」の全《すべ》てを注《そそ》ぐ事《こと》ができるほどに、当然《とうぜん》「成功《せいこう》」の可能性《かのうせい》が高まります。

しかし「うまくやりたい」「成功《せいこう》させたい」という思《おも》いが生《しょう》じた時、その「思《おも》い」に自《じ》分《ぶん》の能力《のうりょく》の一部《いちぶ》が注《そそ》がれます。

つまり、**「成功《せいこう》させる」ために必要《ひつよう》なエネルギーの一部《いちぶ》が、「成功《せいこう》させたい」という「思《おも》い」に流出《りゅうしゅつ》してしまっている**のです。

当然《とうぜん》、「成功《せいこう》」の可能性《かのうせい》はその分低下《ていか》します。

この事《こと》を、私《わたし》は「変《か》わりかけの信号《しんごう》」によくたとえます。

急《いそ》ぎの用事《ようじ》の時に、目に入った信号《しんごう》が変わりかけていた。

その時、「間《ま》に合《あ》うだろうか」と信号《しんごう》をチラチラ見ながら向かうのと、「間《ま》に合《あ》わせる」事に専念《せんねん》して信号《しんごう》の向《む》こう側《がわ》を目指《めざ》すのでは、「間《ま》に合《あ》う」可能性《かのうせい》は大《おお》きく変わってきます。

「間《ま》に合《あ》わせる」ためには、「間《ま》に合《あ》うだろうか」という思考《しこう》は「**邪魔《じゃま》**」なのです。

世《よ》のほとんどは、「間《ま》に合《あ》うだろうかと考《かんが》えながら渡《わた》ろうとする思考《しこう》」です。

それは、「一流《いちりゅう》」と言われるプロスポーツ選手《せんしゅ》の世界《せかい》でも例外《れいがい》ではありません。

「勝《か》ちにこだわれ」「執着《しゅうちゃく》しろ」と教育《きょういく》されているからです。

当然《とうぜん》、「勝《か》ちたい」「勝たねば」と強《つよ》い執着《しゅうちゃく》を抱《いだ》きながら試合《しあい》に臨《のぞ》む事になります。

信号《しんごう》を「チラチラ」どころか、**「凝視《ぎょうし》」しながら渡《わた》ろうとする**思考《しこう》です。

つまり「勝《か》つための行為《こうい》」の最中《さいちゅう》、「勝《か》ちたい」という思《おも》いに心《こころ》が「**よそ見《み》**」をしてしまっている。更《さら》に、その「思《おも》い」で、エネルギーを浪費《ろうひ》しています。

この事を私《わたし》は、**「金《きん》メダルが懸《か》かった試合《しあい》ほど、金メダルを忘《わす》れる方《ほう》が金メダルは近《ちか》づく」**と言っています。

金《きん》メダルを取《と》るためには、「金《きん》メダルを取《と》りたい」という「思《おも》い」は無駄《むだ》なのです。

それは多《おお》くのスポーツ選手《せんしゅ》の例《れい》で証明《しょうめい》されています。

オリンピック以外《いがい》の大会では無類《むるい》の強《つよ》さを誇《ほこ》った選手達《せんしゅたち》が大敗《たいはい》したり、優位《ゆうい》に試合《しあい》を運《はこ》んでいたはずのチームが追《お》いつかれた途端《とたん》に大崩《おおくず》れしたり。

それらは、**「執着《しゅうちゃく》」に負《ま》けている**のです。

九十五、宝探《たからさが》し

武術《ぶじゅつ》の技《わざ》もそうだという事《こと》です。

「上手《うま》くやろう」「結果《けっか》を出《だ》したい」という思《おも》いが生《しょう》じた瞬間《しゅんかん》から、覿面《てきめん》に技《わざ》の質《しつ》は鈍《にぶ》ります。

『手慣《てな》れた動《うご》き』という項目《こうもく》でも書《か》きましたが、動《うご》きの「原理《げんり》」から丁寧《ていねい》に改善《かいぜん》しようという時に「結果《けっか》」に目《め》が向《む》くと、「それまでの体《からだ》の使《つか》い方《かた》」が簡単《かんたん》に顔を出します。

「手慣《てな》れた使《つか》い方《かた》」の方《ほう》が、「結果《けっか》」は出《だ》しやすいからです。

それは、「筋力《きんりょく》トレーニング」と「術《じゅつ》の世界《せかい》」、「試合《しあい》のある武術《ぶじゅつ》」と「試合《しあい》の無《な》い武《ぶ》術《じゅつ》」の対比《たいひ》で説明《せつめい》してきた内容《ないよう》と同じ構造《こうぞう》をしています。

人間《にんげん》は、まず「手《て》っ取《と》り早《ばや》く結果《けっか》が出る」方法《ほうほう》に飛《と》びつくのです。

しかし「目先《めさき》の結果《けっか》」の向《む》こう側《がわ》に視線《しせん》を向けた時、それまでは全《まった》く見えずにいた仕組《しく》みが分かり始《はじ》めます。

それは「この世《よ》の摂理《せつり》」が、「宝探《たからさが》し」をさせたがっているようにも見えます。

「宝探《たからさが》し」だけあって、多《おお》くの脱落者《だつらくしゃ》を出すための「罠《わな》」も随所《ずいしょ》に散《ち》りばめられています。

「目先《めさき》の結果《けっか》」も、その一つだということです。

多《おお》くの人が群《むら》がるように仕掛《しか》けられた、分かりやすい「罠《わな》」と言えるでしょう。

推理小説《すいりしょうせつ》の「**ミスリード**」のようなものです。

こうした構造《こうぞう》や「謎解《なぞと》き」も、ごく身近《みぢか》にある自分《じぶん》の「身体《しんたい》」「心《こころ》」が教えてくれるのです。

九十六、正面押《しょうめんお》し

私《わたし》は自分《じぶん》の教室《きょうしつ》などで、両手《りょうて》を摑《つか》んだ相手《あいて》をただまっすぐ押《お》すだけの「正面押《しょうめんお》し」という稽古《けいこ》を昔《むかし》から好《この》んで行《おこな》っています。

動《うご》きが「原理《げんり》の組《く》み替《か》え」に適《てき》した「低負荷《ていふか》・低速《ていそく》・単純《たんじゅん》」の法則《ほうそく》にも則《のっと》っているからです。

その時に「無駄《むだ》な力《ちから》を抜《ぬ》く」だとか「軸《じく》を立てる」等《など》の「組《く》み替《か》え課題《かだい》」を一つだけ設《もう》けて行《おこな》うようにしています。

ここで、**「技《わざ》が上手《うま》く掛《か》かるかどうか」を念頭《ねんとう》から外《はず》して**もらっています。

相手《あいて》が全《まった》く動《うご》かなかったり、自分《じぶん》の方《ほう》が跳《は》ね返《かえ》されてひっくり返《かえ》っても良《よ》い。

その稽古《けいこ》で「成功《せいこう》」があるとすれば、その時育《はぐく》むべき課題《かだい》を**「全《まっと》うできたか」**どうかです。

逆《ぎゃく》に、力技《ちからわざ》でねじ伏《ふ》せるようにして相手《あいて》が倒《たお》れたとしても、この稽古《けいこ》においては「失《しっ》敗《ぱい》」となります。

「結果《けっか》」から解放《かいほう》され、のびのびと課題《かだい》に専念《せんねん》できた時、そこから**「根本原理《こんぽんげんり》の組《く》み替《か》え」**が始《はじ》まります。

そうして新《あら》たな「原理《げんり》」が身《み》に付《つ》いてきたころ、それまでの「力技《ちからわざ》」ではできなかった「技《わざ》」を、相手《あいて》に対《たい》して行《おこな》えるようになり始《はじ》めます。

その中に含《ふく》まれるのが「術《じゅつ》」としての「質《しつ》」と「威力《いりょく》」なのです。

九十七、笑《わら》い飛《と》ばす

そうした経験《けいけん》などから、私《わたし》の中で最《もっと》も効率的《こうりつてき》に多《おお》くの人が上達《じょうたつ》できる「条件《じょうけん》」というものがはっきりしてきました。それは、

「失敗《しっぱい》は笑《わら》い者《もの》にせず、笑《わら》い飛《と》ばす」

環境《かんきょう》です。

「失敗《しっぱい》」を厳《きび》しく叱《しか》ったり、周《まわ》りが馬鹿《ばか》にする環境《かんきょう》では、人は当然失敗《とうぜんしっぱい》を恐《おそ》れるようになります。

すると、動《うご》きや選択肢《せんたくし》は「**失敗《しっぱい》しない事**」だけを求《もと》め続《つづ》けます。

強烈《きょうれつ》な「結果《けっか》を求《もと》める心《こころ》」です。

「根本原理《こんぽんげんり》の組《く》み替《か》え」という観点《かんてん》から見たら、「**最悪《さいあく》の環境《かんきょう》**」という訳《わけ》です。

もう一つ、大切《たいせつ》な要素《ようそ》を一つ潰《つぶ》す事《こと》になります。

それは、「**実験《じっけん》ができない**」という事《こと》です。

この「**実験《じっけん》**」という要素《ようそ》は、「根本原理《こんぽんげんり》の組《く》み替《か》え」や「上達《じょうたつ》」にとって、最重要《さいじゅうよう》とも言える条件《じょうけん》の一つです。

なぜなら「稽古《けいこ》」とは、

「**全《すべ》ての行為《こうい》をいかに実験《じっけん》にできるか**」

が鍵《かぎ》だからです。

九十八、実験《じっけん》

先《さき》ほど、「学習《がくしゅう》」において重要《じゅうよう》な要素《ようそ》を、「同《おな》じ経験《けいけん》の中からどれだけ豊《ゆた》かな情報《じょうほう》を引《ひ》き出《だ》せるか」と説明《せつめい》しました。

当然、武術《ぶじゅつ》においても同じ事が言えます。

これまで本書《ほんしょ》では、単純《たんじゅん》な「繰《く》り返《かえ》し」や「植《う》え付《つ》ける」ような練習法《れんしゅうほう》の非効率《ひこうりつ》さと問題《もんだい》について語《かた》ってきました。

それは上記《じょうき》の観点《かんてん》で言うと、単《たん》なる「繰《く》り返《かえ》し」の最中《さいちゅう》は、その行為《こうい》から「引《ひ》き出《だ》せる情報《じょうほう》」は、ずっと「同《おな》じ物《もの》」だからです。

情報《じょうほう》が**「死《し》んでいる」**のです。

それと対極《たいきょく》にあるのが「実験《じっけん》」です。

「実験《じっけん》」とは、毎回《まいかい》**「新《あたら》しい事《こと》」を試《ため》す行為《こうい》**です。

つまり、常《つね》に「新《あたら》しい情報《じょうほう》」が流入《りゅうにゅう》してきます。

漫然《まんぜん》とした「繰《く》り返《かえ》し」と比《くら》べ、得《え》られる「情報《じょうほう》」の量《りょう》が桁違《けたちが》いなのです。

なので、**「上達上手《じょうたつじょうず》」は「実験上手《じっけんじょうず》」**です。

周《まわ》りの人が「真面目《まじめ》に」指導者《しどうしゃ》のメニューを繰《く》り返《かえ》している間《あいだ》、上手《じょうず》な人は新《あたら》しい事《こと》をあれこれ試《ため》しています。

それは、見た目からして明《あき》らかに「違《ちが》う」事をしている場合《ばあい》もあれば、一見《いっけん》「全《まった》く同《おな》じ」事をしながらも、実《じっ》は「全《まった》く違《ちが》う」事をやっている場合《ばあい》があります。

「見た目が同じ」場合《ばあい》、何《なに》が違《ちが》うのでしょうか。

「**内部的**《ないぶてき》」に起《お》こっている事が違《ちが》うのです。

九十九、取《と》り組《く》み方《かた》

周《まわ》りの人が「言われた事」を言われるままに続《つづ》けている間《あいだ》、「上達《じょうたつ》する人」は自分《じぶん》の体《からだ》と「**対話**《たいわ》」しながら、次々《つぎつぎ》と「内部的実験《ないぶてきじっけん》・検証《けんしょう》」を行《おこな》っています。

それは「才能《さいのう》」だとか「持《も》って生《う》まれた物」の違《ちが》いではなく、明確《めいかく》なる「**取**《と》**り組**《く》**み方**《かた》」の差《さ》です。

甲野先生《こうのせんせい》は自身《じしん》の稽古《けいこ》で、一見《いっけん》「同じ事」をひたすら繰《く》り返《かえ》しているように見える場面《ばめん》がよくあります。

私《わたし》も先生《せんせい》から同じ突《つ》き（パンチ）を三十分ぐらい延々《えんえん》と受《う》け続《つづ》けたような経験《けいけん》が何度《なんど》もあります。

はたから見て「何をやっているのか分からない」と言われる事もあります。

しかし**甲野《こうの》先生《せんせい》の「内部《ないぶ》」では、目まぐるしく「実験《じっけん》」が続《つづ》いている**のです。

そしてその実験《じっけん》の中で次々《つぎつぎ》と「**情報収集**《じょうほうしゅうしゅう》」が行《おこな》われています。

例《たと》えば「何が有効《ゆうこう》」で「何が有効《ゆうこう》でない」か。

「こんな事を試《ため》してみよう」「ならばこんなやり方ならどうか」

そんな「問いかけ」が、先生《せんせい》の中では続《つづ》いているはずです。

そうしてその時の動《うご》きを「**実験場**《じっけんじょう》」としながら、新しい物へと「動作原理《どうさげんり》」を組《く》み替《か》えられているのです。

甲野《こうの》先生《せんせい》の「発想《はっそう》」を支《ささ》えている重要《じゅうよう》な要素《ようそ》の一つが、この「**実験精神**《じっけんせいしん》」に他《ほか》なりません。

そしてこれは、そんなに難《むずか》しい事《こと》ではないのです。

誰《だれ》もが「甲野《こうの》先生《せんせい》と同じ」という訳《わけ》には当然《とうぜん》ゆきませんが、その人なりの「実験精神《じっけんせいしん》」を持って稽古《けいこ》に取《と》り組《く》む事は、その日からでもできます。

「取《と》り組《く》み方《かた》」次第《しだい》なのです。

百、向上心《こうじょうしん》

こうした「実験《じっけん》」に付《つ》き物《もの》なのが「**失敗《しっぱい》**」です。

もしも失敗《しっぱい》が無《な》ければ、それはただの「**既知《きち》の確認《かくにん》**」です。

「認識済《にんしきず》みの事実《じじつ》」ばかりをひたすらなぞっていても、新しい世界《せかい》など到底拓《とうていひら》けません。

そもそも「実験《じっけん》」という言葉《ことば》の中には、「失敗《しっぱい》」が不可欠《ふかけつ》な要素《ようそ》として含《ふく》まれています。

失敗《しっぱい》した選択肢《せんたくし》を次々《つぎつぎ》と潰《つぶ》してゆくから、「成功《せいこう》」への道筋《みちすじ》が絞《しぼ》られてゆくのです。

私《わたし》が甲野先生《こうのせんせい》の最《もっと》も尊敬《そんけい》する点として、「できない姿《すがた》を晒《さら》している」事を挙《あ》げました。

「できない姿《すがた》」とは、まさに「失敗《しっぱい》」です。

それは甲野先生《こうのせんせい》の**実験精神《じっけんせいしん》の表《あらわ》れ**なのです。

「実験精神《じっけんせいしん》」とは「**向上心《こうじょうしん》**」に他《ほか》なりません。

武術界《ぶじゅつかい》において「できる姿《すがた》」だけ見せていれば充分安定的立場《じゅうぶんあんていてきたちば》を保持《ほじ》できる人ではあ

りますが、甲野先生《こうのせんせい》は今もなお「上達《じょうたつ》」を目指《めざ》し続《つづ》けられているのです。

それは**「できる姿《すがた》を見せたいか」**と、**「できるようになりたいか」**の違《ちが》いと言えます。

百一、転《ころ》ぶ

甲野先生《こうのせんせい》ですらずっと試行錯誤《しこうさくご》なのですから、我々《われわれ》が失敗《しっぱい》など恐《おそ》れていては話《はなし》になりません。

そして、いくらでも**失敗《しっぱい》し放題《ほうだい》**である「稽古《けいこ》の場《ば》」というのは、それに**「うってつけの環境《かんきょう》」**であると言えます。

そこで指導者《しどうしゃ》が失敗《しっぱい》を厳《きび》しく叱《しか》ったり、周《まわ》りが馬鹿《ばか》にしたりしては、育《そだ》つものも全《まった》く育たないという事《こと》です。

ゆえに、「失敗《しっぱい》は笑《わら》い者《もの》にせず、笑《わら》い飛《と》ばす」環境作《かんきょうづく》りが大切《たいせつ》なのです。

実際《じっさい》、甲野先生《こうのせんせい》が介護《かいご》の技術《ぎじゅつ》をレクチャーする時などに、参加者《さんかしゃ》の失敗《しっぱい》を厳《きび》しく咎《とが》める事《こと》などまずありません。

スポーツの指導者《しどうしゃ》が、少年選手《しょうねんせんしゅ》を怒鳴《どな》りつけている場面《ばめん》などにも心《こころ》を痛《いた》められています。

スポーツに限《かぎ》らず、**幼児期《ようじき》や少年期《しょうねんき》にのびのびと失敗《しっぱい》できない環境《かんきょう》は、後々《のちのち》まで深刻《しんこく》な影響《えいきょう》を及《およ》ぼします。**

一例《いちれい》として、最近《さいきん》**「転《ころ》ぶのが下手《へた》」**な子供《こども》が増《ふ》えているという問題《もんだい》があります。

大事《だいじ》な幼児期《ようじき》に、転《ころ》げ回《まわ》る体験《たいけん》が不十分《ふじゅうぶん》なため、まともな「転《ころ》び方《かた》」が分からなくなっているのです。

私《わたし》も少年《しょうねん》サッカーのチームから、「転《ころ》び方《かた》を教《おし》えてあげて下さい」と依頼《いらい》を受《う》けた事《こと》があります。

ひと昔前《むかしまえ》では考《かんが》えられなかった事《こと》です。

現在《げんざい》、それくらい深刻《しんこく》な状況《じょうきょう》なのです。

百二、放《ほう》り込《こ》む

体《からだ》も軟《やわ》らかく、体重《たいじゅう》の軽《かる》い幼児期《ようじき》に転《ころ》べるだけ転《ころ》んでおいたからこそ、後《のち》の転倒《てんとう》も大怪《おおけ》我《が》にならずに済《す》みます。

子供《こども》は、放《ほう》っておいても突発的《とっぱつてき》に暴《あば》れたがります。

それは、根拠《こんきょ》の無《な》い迷惑行為《めいわくこうい》などでは決《けっ》してありません。

肉食獣《にくしょくじゅう》がじゃれ合いながら狩《か》りの練習《れんしゅう》をしているように、本能的《ほんのうてき》に「運動能力《うんどうのうりょく》」を作り上げているのです。

「本能《ほんのう》」が「先生《せんせい》」ですから、最高《さいこう》のエクササイズになります。

また、「衝動的《しょうどうてき》」と言って良《よ》いほど自分《じぶん》がやりたくてやっている訳《わけ》ですから、これほど効果的《こうかてき》に「身《み》につく」ものはありません。

嫌々《いやいや》食《た》べた食材《しょくざい》よりも、美味《おい》しく食《た》べた栄養素《えいようそ》のほうが効果的《こうかてき》に吸収《きゅうしゅう》されるのと同じ事《こと》です。

嫌《いや》がる子供《こども》を無理矢理《むりやり》引《ひ》きずり出《だ》して何《なん》らかの習《なら》い事《こと》に向かわせるぐらいならば、暴《あば》れたい時《とき》に暴《あば》れさせてあげる方《ほう》がよほど効果的《こうかてき》な「レッスン」だという事です。

それが森《もり》や原《はら》っぱならばなお良《よ》く、豊《ゆた》かな「アナログ情報《じょうほう》」も吸収《きゅうしゅう》できます。

もしもそういった環境《かんきょう》が確保《かくほ》できるのならば、武術《ぶじゅつ》もスポーツも体育《たいいく》すらも不要《ふよう》です。

どんどん「転《ころ》ばせて」あげて下《くだ》さい。

百三、失敗《しっぱい》

その時、親《おや》や指導者《しどうしゃ》に必要《ひつよう》な役割《やくわり》は「**補助器具**《ほじょきぐ》」**になるのではなく**「**命綱**《いのちづな》」**になる**事《こと》です。

「致命傷《ちめいしょう》」になる事《こと》からだけは注意深《ちゅういぶか》く守《まも》ってあげれば良《よ》いのです。

その範囲《はんい》ならば、できるだけ大怪我《おおけが》も体験《たいけん》しておいた方《ほう》が良《よ》いということです。

それは、「身体能力《しんたいのうりょく》」だけに限《かぎ》った事《こと》ではなく、あらゆる要素《ようそ》に言えます。

「できるだけ早い時期《じき》**に、できるだけ大きな失敗**《しっぱい》**を、できるだけ多く経験**《けいけん》**できた人ほど、後**《のち》**に大物**《おおもの》**に育**《そだ》**つ」**のです。

ここを通《とお》っておかないと、大人《おとな》になってからの失敗《しっぱい》で「致命傷《ちめいしょう》」を負《お》う事《こと》になります。

失敗《しっぱい》に対《たい》する「対応力《たいおうりょく》」が養《やしな》われていないからです。

しかし早《はや》いうちから何度《なんど》も転《ころ》んでいた人は、通常《つうじょう》ならば「致命傷《ちめいしょう》」となる出来事《できごと》も自分《じぶん》の「糧《かて》」に変《か》えて前に進《すす》む事ができます。

だからといって、大人《おとな》になってからでも遅《おそ》くはありません。

「日常《にちじょう》」や「稽古《けいこ》」という「実験場《じっけんじょう》」で、どんどん「失敗《しっぱい》」の練習《れんしゅう》をしましょう。

百四、甲羅《こうら》

「失敗《しっぱい》は笑《わら》い者《もの》にせず、笑《わら》い飛《と》ばす」

大人《おとな》は子供《こども》の「命綱《いのちづな》」になる。

これらに共通《きょうつう》した要素《ようそ》は「余裕《よゆう》」です。

人は余裕《よゆう》が無《な》ければ、安心《あんしん》して「失敗《しっぱい》」も「実験《じっけん》」もできません。

なぜなら「死《し》ぬ」からです。

生物《せいぶつ》は生命《せいめい》の危機《きき》がある環境《かんきょう》では、当然《とうぜん》「生命《せいめい》の保持《ほじ》」を第一優先《だいいちゆうせん》とします。

それは本能《ほんのう》に刻《きざ》まれた強烈《きょうれつ》な命令《めいれい》です。

死《し》とまでは行《い》かなくとも、「余裕《よゆう》の無《な》い環境《かんきょう》」というのは基本的《きほんてき》に人を「身《み》を守《まも》る」事を優先《ゆうせん》する体勢《たいせい》に入らせます。

それは甲羅《こうら》に引《ひ》っ込《こ》んだ亀《かめ》のようなもので、「安全《あんぜん》」の確保《かくほ》と引《ひ》き換《か》えに「動《うご》き」は無《な》くなります。

「動《うご》きが無《な》い」というのは「可能性《かのうせい》を閉《と》じている」状態《じょうたい》です。

「失敗《しっぱい》を恐《おそ》れながら何《なに》かをする」というのは**「亀《かめ》の甲羅《こうら》に引《ひ》っ込《こ》みながら動こうとする」**状態《じょうたい》なのです。

それでは物事《ものごと》の上達《じょうたつ》どころか、人生《じんせい》も前《まえ》に進《すす》みません。

百五、天才《てんさい》

世《よ》には「天才《てんさい》」と呼《よ》ばれている人達《ひとたち》がいますが、彼《かれ》らの多《おお》くは「余裕《よゆう》」がある中であれこれ試《ため》しています。

ただし「スタートライン」が周《まわ》りと違《ちが》うので、周囲《しゅうい》からは「困難《こんなん》な課題《かだい》に挑戦《ちょうせん》している」ように見えます。

彼《かれ》らは、一般的《いっぱんてき》には**「困難《こんなん》な課題《かだい》」を「簡単《かんたん》にこなしてしまう」ぐらいが「スタート」**なのです。

ここに、落《お》とし穴《あな》があります。

そういう人達《ひとたち》は「結果《けっか》」を出《だ》しますから、それを見た人達《ひとたち》は「ああいう練習《れんしゅう》をすれば上《じょう》達《たつ》するんだ」と思《おも》う場合《ばあい》があります。

すると、「天才《てんさい》」は余裕《よゆう》がある中でのびのびと「実験《じっけん》」しているのに対《たい》し、それを参考《さんこう》にした人達《ひとたち》は困難《こんなん》な課題《かだい》に「誠実《せいじつ》に」ぶつかり続《つづ》ける事《こと》になります。

つまり、一見《いっけん》「同じ」事《こと》をしているように見えて、実《じつ》は**正反対《せいはんたい》**の事をやっているのです。

忘《わす》れてはいけないのは、「**天才《てんさい》は余裕《よゆう》がある**」という事です。

だからこそ「試合《しあい》」の中ですら「実験場《じっけんじょう》」となり、独創的《どくそうてき》な動《うご》きが出てきます。

そこを取《と》り違《ちが》えては、先述《せんじゅつ》した「難易度設定《なんいどせってい》」を大幅《おおはば》に狂《くる》わせる事《こと》になります。

その人にはその人なりの最適《さいてき》な「上達《じょうたつ》ポイント」があります。

それを認識《にんしき》した上でのびのびと練習《れんしゅう》していれば、自分《じぶん》の中の能力《のうりょく》が適切《てきせつ》に目覚《めざ》め、「天《てん》才《さい》」と呼《よ》ばれる人達《ひとたち》を超《こ》える日《ひ》が来《く》るかもしれません。


「**天才《てんさい》にだまされるな**」という事です。

百六、期待《きたい》

「のびのびと失敗《しっぱい》する」のには、「失敗《しっぱい》を受《う》け入《い》れる心《こころ》」が不可欠《ふかけつ》です。

なので私《わたし》は教室《きょうしつ》でも「失敗《しっぱい》は笑《わら》い者《もの》にせず笑《わら》い飛《と》ばす」環境作《かんきょうづく》りを、あの手《て》この手《て》で行《おこな》っているわけです。

そして「失敗《しっぱい》を受《う》け入《い》れる心《こころ》」とは、「事実《じじつ》を事実《じじつ》のままに受《う》け入《い》れる心《こころ》」に他《ほか》なりません。

しかし、これがなかなかできていない。

それを「実力《じつりょく》の無《な》い達人《たつじん》」や「妄想《もうそう》」に絡《から》めて説明《せつめい》してきました。

「事実《じじつ》」は「事実《じじつ》」なのだから、そのまま見ればいいのに、人間《にんげん》は色々《いろいろ》な「フィルター」を挟《はさ》んでしまう。

「きっと」や「どうせ」もその一つだという事《こと》を、『余計《よけい》なこと』という項《こう》では説明《せつめい》しました。

「きっと」と「どうせ」は「期待《きたい》」です。

「期待《きたい》」もまた、事実《じじつ》を歪《ゆが》める「フィルター」なのです。

「心配《しんぱい》」もフィルターの一つです。

そして「心配《しんぱい》」と「期待《きたい》」は本質的《ほんしつてき》に同じものです。

何かに「期待《きたい》」をしているから、それが叶《かな》うかどうかの「心配《しんぱい》」が生まれ、叶《かな》った時には大《おお》きな「喜び」が生《しょう》じますが、叶《かな》わなかった時にはひどく「落胆《らくたん》」します。

「一喜一憂《いっきいちゆう》」というやつです。

では、「期待《きたい》」の本質《ほんしつ》とは何《なに》か。


「確定《かくてい》していない未来《みらい》に依存《いぞん》する行為《こうい》」


です。

まだ何《なに》かを手に入れた訳《わけ》ではないし、何かを為《な》した訳《わけ》でもない。

にもかかわらず、「手に入れる」前提《ぜんてい》で心理《しんり》を構築《こうちく》し、「手に入《はい》るかどうか」に思《おも》いわずらい、手に入らなければ怒《おこ》ったり落胆《らくたん》する。

簡単《かんたん》に言うと「一人相撲《ひとりずもう》」なのです。

自分《じぶん》で勝手《かって》に「手に入《い》れたい未来《みらい》」という幻《まぼろし》を作《つく》り出《だ》し、その幻《まぼろし》を相手《あいて》に相撲《すもう》をとっている。

人はできる事《こと》しかできないのに、「結果《けっか》」に向《む》かう道《みち》のりで、わざわざ「一人相撲《ひとりずもう》」という道草《みちくさ》を食《く》っています。

それは、「遠回り《とおまわ》」だという事《こと》です。

「結果《けっか》」に向《む》かって為《な》す事《こと》を為《な》し、もしも上手《うま》く行《い》ったのならば、その時初《はじ》めて喜《よろこ》んでも遅《おそ》くはありません。

「事実《じじつ》」として「確定《かくてい》」するのはその時だからです。

その過程《かてい》であれこれ思《おも》いわずらうのは、まさに「変《か》わりかけの信号機《しんごうき》」をチラチラ見ている状態《じょうたい》なのです。

百七、心《こころ》

それは、「無駄《むだ》に思《おも》いわずらわされる事《こと》なく為《な》すことだけを為《な》せば、結果《けっか》は自《おの》ずと訪《おとず》れる」ということです。

それを、「金《きん》メダルが懸《か》かった試合《しあい》で金《きん》メダルを忘《わす》れるほど、金《きん》メダルが近《ちか》づく」という言葉《ことば》でも説明《せつめい》しました。

「目的《もくてき》」を成《な》すためには「最善《さいぜん》」を尽《つ》くすしかなく、最善《さいぜん》を尽《つ》くしたら後《あと》は「結果《けっか》に任《まか》せる」しかないのです。

そこでじたばた足掻《あが》いたり、あれこれ思《おも》いわずらうのは「最善《さいぜん》」を尽《つ》くし切《き》れていない証拠《しょうこ》です。

本当《ほんとう》に「その時にできること」をできる限《かぎ》りやったのなら、「それ以上《いじょう》の結果《けっか》」はもうありません。

その上で「失敗《しっぱい》」したとしても、「これで駄目《だめ》なのならば仕方《しかた》がない」と納得《なっとく》する事《こと》ができます。

それが「結果《けっか》を結果《けっか》のまま受《う》け入《い》れる心《こころ》」です。

これらは、武術《ぶじゅつ》の「技《わざ》」に端的《たんてき》に表《あらわ》れます。

技《わざ》を掛《か》けている最中《さいちゅう》や、相手《あいて》に斬《き》り込《こ》んでいる最中《さいちゅう》に、「この技《わざ》は利《き》くだろうか」「相手《あいて》を斬《き》れるだろうか」と考《かんが》えていたら、利《き》きは鈍《にぶ》るし刃筋《はすじ》は乱《みだ》れます。

「迷《まよ》い」の乗《の》った剣《けん》では相手《あいて》は斬《き》れないのです。

「迷《まよ》い」の元《もと》は「不安《ふあん》」や「恐怖《きょうふ》」であり、それらの元《もと》が「期待《きたい》」です。

「上手《うま》く技《わざ》をかけたい」という思《おも》いが強《つよ》いほど、技《わざ》が乱《みだ》れ利《き》きが落《お》ちます。

特《とく》に、「原理《げんり》」や「感覚《かんかく》」に着目《ちゃくもく》して観察《かんさつ》した時、その「乱《みだ》れ」は手《て》に取《と》るように分かります。

「上手《うま》くやりたい」「上手《うま》くできるだろうか」と思《おも》った瞬間《しゅんかん》から気持《きも》ちはのめり、軸《じく》は傾《かたむ》き、体《たい》は力《りき》んで形《かたち》は歪《ゆが》みます。

そんな状態《じょうたい》では、掛《か》かる技《わざ》もかかりません。

つまり、技《わざ》の「利《き》き」とは本質的《ほんしつてき》に「心」の問題《もんだい》なのです。

稽古《けいこ》とは、「心」を養《やしな》っているのです。

その「心」とは、「結果《けっか》を結果《けっか》のまま受《う》け入《い》れる心《こころ》」です。

百八、今《いま》を生《い》きる

その「心」は、決してモラル論《ろん》や道徳《どうとく》といった「綺麗事《きれいごと》」ではなく、純然《じゅんぜん》たる「実用技《じつようぎ》術《じゅつ》」なのです。

この本では「技《わざ》」というものを「原理《げんり》」「技《わざ》」「応用《おうよう》」という三層《さんそう》に分けて説明《せつめい》しましたが、実《じつ》は「原理《げんり》」の更《さら》に奥《おく》には「心」が隠《かく》れています。

その「心」が、「最善《さいぜん》を尽《つ》くしたら、後《あと》は結果《けっか》に任《まか》せる」「結果《けっか》を結果《けっか》のまま受《う》け入《い》れる」心という事です。

技《わざ》も人生《じんせい》も、その時その時の「最善《さいぜん》」を尽《つ》くすしかなく、技《わざ》が掛《か》かるかどうか、上手《うま》くいくかどうかは「結果《けっか》」に過《す》ぎません。

本当《ほんとう》にやれる事をやり尽《つ》くしたならば、「結果《けっか》」はコントロールできないものなのです。

にもかかわらず、あれこれ思《おも》い悩《なや》んだり一喜《いっき》一憂《いちゆう》しているのは、その時その時の「最《さい》善《ぜん》」を尽《つ》くせていないからです。

甲野先生《こうのせんせい》が「今の今を生きる」と言われているのは、きっとそういう事なのだろうと私《わたし》は思《おも》っています。

百九、一致《いっち》

人が何《なに》か「事《こと》」を成《な》す際《さい》に、様々《さまざま》な「ノイズ」が混入《こんにゅう》してきます。それが「期待《きたい》」「不安《ふあん》」「恐怖《きょうふ》」「迷《まよ》い」だと説明《せつめい》してきました。その大本《おおもと》には「欲望《よくぼう》」があります。

何かを成《な》したいという欲望《よくぼう》があるから期待《きたい》をし、それが手に入るかどうか不安《ふあん》になり、恐怖《きょうふ》を覚《おぼ》え、迷《まよ》いが生《しょう》じます。

「欲望《よくぼう》」は個人《こじん》や人類《じんるい》そのものを前に進《すす》める重要《じゅうよう》なエネルギーで、私《わたし》はそれを否定《ひてい》はしません。

しかし、思索《しさく》や「実用《じつよう》」を突《つ》き詰《つ》めた結果《けっか》、どうしても「邪魔《じゃま》」になる瞬間《しゅんかん》が訪《おとず》れます。

なので仏教《ぶっきょう》を始《はじ》め、様々《さまざま》な宗教《しゅうきょう》はそれぞれの方法《ほうほう》で純化《じゅんか》し、それに向き合って来《き》たのでしょう。

多《おお》くの武術《ぶじゅつ》が宗教《しゅうきょう》と密接《みっせつ》なのも必然《ひつぜん》と言えます。

しかし、宗教《しゅうきょう》は恐《おそ》るべき「毒《どく》」も含《ふく》んでおり、それを本書《ほんしょ》では人間《にんげん》の持《も》つ根源的《こんげんてき》「弱《よわ》さ」や「浅《あさ》ましさ」に絡《から》めて説明《せつめい》もしてきました。

甲野先生《こうのせんせい》は若《わか》き日の悩《なや》みや閃《ひらめ》きに答《こた》えを出すべく、様々《さまざま》な宗教《しゅうきょう》の場《ば》で論戦《ろんせん》をしたそうです。

しかし、どの宗教《しゅうきょう》からも「答《こた》え」は得《え》られず、「武術《ぶじゅつ》」へ足を踏《ふ》み出《だ》す事《こと》になったそうです。

「思想《しそう》」と「実用《じつよう》」に乖離《かいり》があっては、そこに「嘘《うそ》」が存在《そんざい》しています。

道場《どうじょう》に大きく「和《わ》を尊《とうと》ぶ心《こころ》」と金言《きんげん》を掲《かか》げていても、実際《じっさい》の戦闘《せんとう》では「殺意《さつい》みなぎる心《こころ》」を動力《どうりょく》としていたら、それは「嘘《うそ》」なのです。

どんなに美《うつく》しい平和的理念《へいわてきりねん》を標榜《ひょうぼう》していても、街《まち》のチンピラに簡単《かんたん》に殴《なぐ》り倒《たお》されるようでは「武術《ぶじゅつ》」ではありません。

しかし、それらが一点《いってん》の「ずれ」もなく「一致《いっち》」する領域《りょういき》がどこかにあるのではないか。

私《わたし》は「身体《しんたい》」を通《つう》じ、それを感《かん》じ始《はじ》めています。

若《わか》き日の甲野先生《こうのせんせい》の「答《こた》え」が見つかるのも、その「一致《いっち》」が成《な》された時なのでしょう。

百十、武装解除《ぶそうかいじょ》

私《わたし》は武術《ぶじゅつ》や身体《しんたい》を通《とお》し、次々《つぎつぎ》と身《み》の内《うち》にある「余計《よけい》なこと」が見えて来ました。「期待《きたい》」「不安《ふあん》」「恐怖《きょうふ》」「迷《まよ》い」

そして、「殺意《さつい》」や「闘争心《とうそうしん》」もそうです。

武術《ぶじゅつ》には「気配《けはい》」というものがあり、それは相手《あいて》に自分《じぶん》の初動《しょどう》を察知《さっち》させてしまう事前《じぜん》情報《じょうほう》のようなものです。

殺意《さつい》や闘争心《とうそうしん》が湧《わ》き上《あ》がると、「事前情報《じぜんじょうほう》」が如実《にょじつ》に伝《つた》わります。

お互《たが》い雑《ざつ》な戦《たたか》い方《かた》をしていれば、その「ぶつかり合い」で何《なん》とかなりますが、「見える」人には「見えて」しまうのです。

そういう戦《たたか》いの中で、「殺意《さつい》」が漏《も》れ出《だ》していては、相手《あいて》にこちらの攻撃《こうげき》は当たりません。

また、「最善《さいぜん》」を成《な》す上《うえ》で、殺意《さつい》も闘争心《とうそうしん》も「妨《さまた》げ」となります。

「相手《あいて》を殺したい」「倒《たお》したい」、それらも「期待《きたい》」の一種《いっしゅ》であり、まさに「変《か》わりかけの信号機《しんごうき》」だからです。

「怒《いか》り」もそうです。

「頭《あたま》に血《ち》が上《のぼ》っている」状態《じょうたい》では刃筋《はすじ》が乱《みだ》れ、「最善《さいぜん》」から必《かなら》ず外《はず》れます。

それは、武術《ぶじゅつ》においては「死《し》」を意味《いみ》します。

「プライド」「誇《ほこ》り」もそうです。

「プライド」とは自己《じこ》に対《たい》する強烈《きょうれつ》な「固定観念《こていかんねん》」で、自身《じしん》を「上等《じょうとう》な存在《そんざい》」という認《にん》識《しき》に縫《ぬ》いつけようとします。

しかし本質的《ほんしつてき》に「上等《じょうとう》な存在《そんざい》」などこの世《よ》にはなく、誰《だれ》しも必《かなら》ず「欠点《けってん》」があります。

しかしプライドは、そうした「欠点《けってん》」に目を向ける事を拒絶《きょぜつ》させる力《ちから》が働《はたら》きます。

それは先述《せんじゅつ》したように、人間《にんげん》の持《も》つ最大《さいだい》の「弱《よわ》さ」の一つです。

「プライド」「誇《ほこ》り」も、ちっぽけな自分《じぶん》を保《たも》つための「メッキ」の一つであり、「本性《ほんしょう》」

はその奥《おく》で怯《おび》えながら縮《ちぢ》こまっています。

ある時期《じき》までは自分《じぶん》を護《まも》ってくれる防壁《ぼうへき》として機能《きのう》しますが、その「殻《から》」を破《やぶ》らない事《こと》には先へと進《すす》めません。


今挙《あ》げてきた「期待《きたい》」「殺意《さつい》」「闘争心《とうそうしん》」「怒《いか》り」なども含《ふく》め、これらは自分《じぶん》を護《まも》ってくれていた「鎧《よろい》」であるとも言えます。

ただし、自《みずか》らの動《うご》きや思考《しこう》をも制限《せいげん》する、鈍重《どんじゅう》な鎧《よろい》です。

心体《しんたい》における本当《ほんとう》の「自由《じゆう》」とは、鎧《よろい》すらも脱《ぬ》ぎ捨《す》てた「**武装解除**《ぶそうかいじょ》」の果《は》てにあるのです。

百十一、暴力《ぼうりょく》

私《わたし》は自《みずか》らの「余計《よけい》なこと」を観察《かんさつ》してゆく過程《かてい》の中で、本質《ほんしつ》は「心」にあると思《おも》い至《いた》りました。

そして、実戦《じっせん》としての「戦闘能力《せんとうのうりょく》」を引《ひ》き上《あ》げる上でも、闘争心《とうそうしん》はどうしても邪魔《じゃま》になってきました。

そうすると、戦闘能力《せんとうのうりょく》を引《ひ》き上《あ》げようとするほどに、闘争心《とうそうしん》は反比例《はんぴれい》するように消《き》え、心は静《しず》かになってゆきました。

そこから、「強《つよ》さ」を極《きわ》めようとするほどに「戦《たたか》う気持《きも》ちが無《な》くなる」という逆転現象《ぎゃくてんげんしょう》が起《お》き始《はじ》めました。

それは「価値観《かちかん》の反転《はんてん》」と言えるものであり、この「価値《かち》の反転《はんてん》」こそが私《わたし》にとって武《ぶ》術《じゅつ》における最大《さいだい》の目的《もくてき》の一つとなりました。

武術《ぶじゅつ》とは、「人を殺してまで支配《しはい》してやろう」という人間最大《にんげんさいだい》の「浅《あさ》ましさ」に由来《ゆらい》しています。

「暴力《ぼうりょく》」と「支配欲《しはいよく》」という、人の「醜《みにく》さ」を常《つね》に突《つ》き付《つ》けられる分野《ぶんや》なのです。

それは、人類《じんるい》や種族《しゅぞく》を前進《ぜんしん》させてきた、根源的性質《こんげんてきせいしつ》にも直結《ちょっけつ》する部分《ぶぶん》です。

人類《じんるい》が勝《か》ち抜《ぬ》く上で最《もっと》も身近《みぢか》にある「原初的《げんしょてき》システム」であるとも言えます。

それに対《たい》し「どう向《む》き合《あ》うか」で、その人にとっての「武術《ぶじゅつ》」の意味《いみ》は正反対《せいはんたい》にまで変《か》わります。

身体《しんたい》における「根本原理《こんぽんげんり》の組《く》み替《か》え」によって個人《こじん》の進歩《しんぽ》が可能《かのう》ならば、人類《じんるい》の「根源《こんげん》的資質《てきししつ》」にもそれは当《あ》てはまるのではないか。

暴力《ぼうりょく》という人間最大《にんげんさいだい》の「見苦《みぐる》しさ」の最前線《さいぜんせん》に立《た》ちながら、その先に「静《しず》かな心《こころ》」が待《ま》っているとするならば、人と人が「争《あらそ》う意味《いみ》」すら消失《しょうしつ》するのではないか。

今はそんな風に思っています。

しかし、それが「綺麗事《きれいごと》」や「理念《りねん》」では何《なん》の説得力《せっとくりょく》も持《も》ちません。「実用《じつよう》」としての「戦闘能力《せんとうのうりょく》」と一致《いっち》してこそ、人へと届《とど》く説得力《せっとくりょく》を持《も》ち得《え》るのだと思《おも》っています。

百十二、理《り》

身体《しんたい》における「余計《よけい》なこと」に気付《きづ》き、心においてもそれは起《お》こっているのだと知《し》ってから、私《わたし》は「運命《うんめい》」に対《たい》してもそれがあるのだと思うようになりました。

「身体《しんたい》」における「余計《よけい》なこと」は癖《くせ》や力《りき》みであり、「心」における「余計《よけい》なこと」は闘《とう》争心《そうしん》や期待《きたい》、プライド。

そして「運命《うんめい》」に対《たい》する「余計《よけい》なこと」は「夢《ゆめ》」や「希望《きぼう》」です。

「夢《ゆめ》」や「希望《きぼう》」「目標《もくひょう》」「目的《もくてき》」は一般的《いっぱんてき》には「素晴《すば》らしいもの」「美《うつく》しいもの」として疑《うたが》う余地《よち》なく認識《にんしき》されています。

しかしそれらは、「その時の自分《じぶん》」というちっぽけな存在《そんざい》が作《つく》り出《だ》した「設定《せってい》」であるとも言えます。

その時の知性《ちせい》や知識《ちしき》、能力《のうりょく》の中で生《う》み出《だ》された願望《がんぼう》を、強烈《きょうれつ》に「固着《こちゃく》」させたものなのです。

それは、ある時期《じき》人を強烈《きょうれつ》に突《つ》き動《うご》かすエネルギーであると同時《どうじ》に、自身《じしん》に掛《か》けた巨大《きょだい》なる「呪《のろ》い」でもあります。

「夢《ゆめ》」は身体《しんたい》における「筋力《きんりょく》」のようなもので、厳《きび》しい筋力《きんりょく》トレーニングで金《きん》メダリストになる人もいるし、「夢《ゆめ》の力《ちから》」で億万長者《おくまんちょうじゃ》になった人も数《かぞ》え切《き》れないほどいます。

しかし、「筋力《きんりょく》」に代《か》わる「別《べつ》の力《ちから》」があるように、「夢《ゆめ》の向《む》こう側《がわ》」にも「別《べつ》の力《ちから》」が控《ひか》えています。

無駄《むだ》を省《はぶ》き、「動《うご》き」が理《り》に適《かな》ってくれば、筋力《きんりょく》に頼《たよ》らずとも「大《おお》きな力《ちから》」が自《おの》ずと働《はたら》きます。

それは「運命《うんめい》」も同じ事《こと》で、余計《よけい》なことをしなければ、必然《ひつぜん》へと向かう「大《おお》きな流《なが》れ」が見《み》えてきます。

川《かわ》のように自然《しぜん》に任《まか》せれば、地形《ちけい》に沿《そ》って効率良《こうりつよ》く下流《かりゅう》へ進《すす》んでゆくのです。

そこで損得勘定《そんとくかんじょう》など目先《めさき》にばかり囚《とら》われた視点《してん》で判断《はんだん》し、コンクリートで固《かた》めるように「流《なが》れ」をいじくろうとすると、自然《しぜん》な軌道《きどう》を歪《ゆが》める事《こと》になります。

結果《けっか》川は氾濫《はんらん》し、全体《ぜんたい》のバランスは崩《くず》れます。

それが身体《しんたい》における「癖《くせ》」「力《りき》み」であり、運命《うんめい》における「夢《ゆめ》」や「希望《きぼう》」です。

「使命感《しめいかん》」や「天命《てんめい》」もそうです。

「個人《こじん》」が恍惚《こうこつ》と共《とも》に感《かん》じる使命感《しめいかん》や天命《てんめい》など「その程度《ていど》のもの」であり、「流《なが》れ」の道筋《みちすじ》さえ邪魔《じゃま》をしなければ、もっと「大《おお》きなもの」が予想外《よそうがい》の所から流入《りゅうにゅう》してきます。

その時に「夢《ゆめ》」や「希望《きぼう》」「使命感《しめいかん》」や「天命《てんめい》」に囚《とら》われていると、大《おお》きな流《なが》れを見失《みうしな》います。

「運命《うんめい》の気配《けはい》」を正確《せいかく》に察知《さっち》する上では、これらも「変《か》わりかけの信号機《しんごうき》」だからです。

その中でできるのは、運命《うんめい》における余計《よけい》な「癖《くせ》」を抜《ぬ》くことだけです。

なので、私《わたし》はある時期《じき》から「夢《ゆめ》」も「希望《きぼう》」も無《な》くなりました。

だからといって、全《まった》く「絶望《ぜつぼう》」もありません。

初詣《はつもうで》に行っても、神《かみ》にも祈《いの》らなくなりました。

そうした頃《ころ》から、身《み》にどんどん不思議《ふしぎ》な事《こと》が起《お》こり始《はじ》めました。

必要《ひつよう》な出会《であ》いや必要《ひつよう》な出来事《できこと》が、まるで自分《じぶん》を助《たす》けてくれるかのように、向《む》こう側《がわ》からやって来《く》るようになったのです。


そうして分かったのが、「願掛《がんか》け」「引《ひ》き寄《よ》せ」「おまじない」の類《たぐい》は、「運命《うんめい》をいじくる行為《こうい》」だという事《こと》です。

「運命《うんめい》」というのは言わば「弾力《だんりょく》」を持《も》っており、強《つよ》い「念《ねん》」や「儀式《ぎしき》」のようなもので仮《かり》に願《ねが》いが叶《かな》ったとしても、必《かなら》ず「代償《だいしょう》」とも言うべき「揺《ゆ》り戻《もど》し」「反発《はんぱつ》」が起《お》こります。

「願《ねが》い」など、なまじっか叶《かな》わない方《ほう》が良《よ》いのです。

人にせいぜいできる事《こと》は、「必然《ひつぜん》」がやってくる「通路《つうろ》」を邪魔《じゃま》しない事《こと》だけで、それができていれば、個人《こじん》の「夢《ゆめ》」や「使命感《しめいかん》」などを超《こ》えた事態《じたい》が起《お》きてくるものです。

「必然《ひつぜん》」に沿《そ》っている限《かぎ》り、「代償《だいしょう》」も「副作用《ふくさよう》」もありません。
筋力《きんりょく》トレーニングで一時《いちじ》飛《と》び抜《ぬ》けた力《ちから》を手《て》に入《い》れたとしても、余程《よほど》やり方《かた》を考《かんが》えなければ、後々《のちのち》故障《こしょう》や急激《きゅうげき》な衰《おとろ》えで苦《くる》しむ事になりますが、「理《り》に適《かな》う」動《うご》きを目指《めざ》していけば、故障《こしょう》も起《お》こらず衰《おとろ》えも緩《ゆる》やかです。

それが進《すす》むと、人の体《からだ》というのは「理《り》」を収納《しゅうのう》するだけの「器《うつわ》」、あるいは「通《とお》り道《みち》」のような存在《そんざい》となり、「自己《じこ》」や「自我《じが》」は薄《うす》まってゆきます。

そうなると、おそらく「肉体《にくたい》」を有《ゆう》する意味《いみ》も無《な》くなります。
そうして「全《すべ》てが不要《ふよう》」となった時《とき》と「死《し》」が一致《いっち》した瞬間《しゅんかん》、人はある種《しゅ》の「完成《かんせい》」を迎《むか》えるのかもしれません。

きっとそれが成《な》された時《とき》、人は「理《り》に還《かえ》る」のでしょう。

おわりに

本書《ほんしょ》は、甲野先生《こうのせんせい》から「どう学《まな》ぶか」について解説《かいせつ》をしてゆく、という形《かたち》で始《はじ》まりました。

しかし考察《こうさつ》を進《すす》めながら、自分《じぶん》はいつの間《ま》にか、普遍的《ふへんてき》な「上達論《じょうたつろん》」を語《かた》っていたのだという事《こと》に気《き》がつきました。

先生《せんせい》から学《まな》んできた過程《かてい》の中《なか》に、武術《ぶじゅつ》に留《とど》まらず、様々《さまざま》な分野《ぶんや》につながる「上達《じょうたつ》の原《げん》理《り》」が含《ふく》まれていたのです。

本書《ほんしょ》の中《なか》では「技《わざ》」を「原理《げんり》を収納《しゅうのう》する器《うつわ》」と表現《ひょうげん》しましたが、武術《ぶじゅつ》について語《かた》る事《こと》が、普遍的《ふへんてき》な「上達論《じょうたつろん》」を語《かた》る「器《うつわ》」としても機能《きのう》していたのかも知《し》れません。

私《わたし》は武術《ぶじゅつ》の稽古《けいこ》を進《すす》めてゆく中で、ある時期《じき》から「思考《しこう》の介入《かいにゅう》」も「余計《よけい》なこと」だと気《き》付《づ》き始《はじ》めました。

それまでは相手《あいて》の攻撃《こうげき》に対処《たいしょ》する際《さい》に反射神経《はんしゃしんけい》を高め、「予測《よそく》」なども使用《しよう》していましたが、それすらも「邪魔《じゃま》」になってゆきました。

「予測《よそく》」もしないし「警戒《けいかい》」もしない。

そんな状態《じょうたい》を作《つく》れた時《とき》の方《ほう》が、どんなに「反射神経《はんしゃしんけい》」を磨《みが》いていた時《とき》よりも「早く」「的確《てきかく》な」反応《はんのう》が現《あらわ》れる日が訪《おとず》れたのです。

なので今は、そういったものの「介入《かいにゅう》」をいかに無《な》くすかという事《こと》ばかりをやっています。


本書《ほんしょ》を書《か》くという過程《かてい》が、それとよく似《に》ていました。

余分《よぶん》な思考《しこう》をやめ、ただ指先《ゆびさき》に任《まか》せておくと、書《か》けば書《か》くだけ筆《ふで》が進《すす》みました。

結局最後《けっきょくさいご》まで思《おも》い悩《なや》んだり、内容《ないよう》について考《かんが》える事《こと》はありませんでした。

当初思《とうしょおも》っていた物《もの》とはずいぶんと違《ちが》った内容《ないよう》になりましたが、この内容《ないよう》が「流《なが》れ」に任《まか》せた必然《ひつぜん》だと思《おも》っています。

もしもしっかりと計画《けいかく》を立て、構成《こうせい》や全体《ぜんたい》のバランスなどを考えながら書《か》いていたら、内容《ないよう》はきっと本書《ほんしょ》を下回《したまわ》るものになっていたことでしょう。

この「内容《ないよう》」が、どれだけの人にどう響《ひび》くかは私《わたし》には分かりません。

しかしこの内容《ないよう》が今の私にできる「最善《さいぜん》」だったとは思《おも》っています。
「最善《さいぜん》」を尽《つ》くしたならば、後《あと》は「結果《けっか》」なのです。

対談

「武装解除」論

方条遼雨 × 甲野善紀

体《からだ》に任《まか》せる

甲野　今回《こんかい》は色々《いろいろ》と私《わたし》の武術《ぶじゅつ》の技《わざ》と術理《じゅつり》について、方条《ほうじょう》さんなりの考察《こうさつ》を加《くわ》えながら書《か》いていただき、私《わたし》にとっても新鮮《しんせん》な体験《たいけん》でした。

ここでは方条《ほうじょう》さんが書《か》いてくださった私《わたし》の術理《じゅつり》を下敷《したじ》きにし、ごく最近展開《さいきんてんかい》してきた私《わたし》の技《わざ》についても、方条《ほうじょう》さんの感想《かんそう》を聞《き》きながら話《はな》してゆきたいと思《おも》いますので、よろしくお願《ねが》いします。

方条　よろしくお願《ねが》い致《いた》します。先生《せんせい》は最近《さいきん》、身体《しんたい》に関《かん》するちょっと奇跡的《きせきてき》な体験《たいけん》をされたそうですね。

甲野　そうなんです。七十歳《さい》を過《す》ぎたこの歳《とし》にして、人生《じんせい》で初《はじ》めてと言《い》っていい「**奇跡**《きせき》」を体験《たいけん》しました。それは、九月《がつ》の台風《たいふう》一五号《ごう》で折《お》れた松《まつ》の枯木《かれき》が屋根《やね》の近《ちか》くの木《き》に引《ひ》っかかっていたのを落《お》とそうとしていた時《とき》の事《こと》です。

方条　その屋根《やね》から落下《らっか》しそうになったそうですね。

甲野　ええ、落下《らっか》しそうというより落下《らっか》したんです。その時《とき》の状況《じょうきょう》は、折《お》れて木《き》の股《また》にしっかりと嵌《はま》っていた枯《か》れた松《まつ》の木《き》に片足《かたあし》をかけ、もう片足《かたあし》は屋根《やね》にかけて、チェーンソーで、その松《まつ》の枯木《かれき》の枝《えだ》を切《き》っている最中《さいちゅう》に、枝《えだ》を落《お》としたことで重心《じゅうしん》が変《か》わったのか、足《あし》元《もと》がグラッと動《うご》いて、「うわ！」っと仰向《あおむ》けに背中《せなか》から落《お》ちたのです。そこまでは覚《おぼ》えているんですけど、とにかく落《お》ち始《はじ》めた直後《ちょくご》、目《め》の前《まえ》は何《なに》も見《み》えず、気《き》づいたら左手《ひだりて》に持《も》っていたはずのチェーンソーのフロントハンドルを右手《みぎて》に持《も》ちかえて、左手《ひだりて》は足《あし》をかけていた松《まつ》の木《き》のすぐ近《ちか》くまで伸《の》びていた、この松《まつ》の枯木《かれき》の一本《いっぽん》の枝《えだ》をつかんでぶら下《さ》がっていたのです。

方条　それは凄《すご》いですね。

甲野　その驚《おどろ》くような動作《どうさ》をしている間《あいだ》、全《まつた》く意識《いしき》が無《な》かったんです。ただ記憶《きおく》に残《のこ》っているのはザーッという昔《むかし》のテレビで放送終了《ほうそうしゅうりょう》時《じ》や電波障害《でんぱしょうがい》があった時《とき》に画面《がめん》に現《あらわ》れるいわゆる「砂嵐《すなあらし》」のような視界《しかい》でした。

方条　よく交通事故《こうつうじこ》なんかで、ぶつかる瞬間《しゅんかん》「全《すべ》てがスローに見《み》えた」なんて話《はなし》を聞《き》きますけど、ほとんどのケースはそのままどうしようもなく轢《ひ》かれたり衝突《しょうとつ》していますよね。

甲野　それはよく聞《き》きますよね。ところが私《わたし》の場合《ばあい》はそんなふうには見《み》えなかったです。グラッとして「うわ、これは大怪我《おおけが》だ！」と思《おも》った瞬間《しゅんかん》、ザーッと視界《しかい》は砂嵐状態《すなあらしじょうたい》になって、はっと気《き》づいたら枝《えだ》にぶら下《さ》がっていたのですから。結果《けっか》、脛《すね》をちょっとこすった以外全《いがいまつた》く無事《ぶじ》という「奇跡《きせき》」を体験出来《たいけんでき》たのです。

まぁ、意識《いしき》が飛《と》んだことで「これ以上《いじょう》はない！」という動《うご》きを自動的《じどうてき》に体《からだ》がしたのでしょう。何《なに》しろ左手《ひだりて》で持《も》っていたチェーンソーのフロントハンドルを、ただ手放《てばな》しただけではリアハンドルを持《も》っていた右手《みぎて》に、いきなりドッと重《おも》さがかかってしまいます。
その辺《あた》りのことも「表《おもて》の意識《いしき》」が飛《と》んだ後《あと》の「裏《うら》の意識《いしき》」というか、**「我《われ》ならざる我《われ》」**が一瞬《いっしゅん》で判断《はんだん》したのでしょう。あらためて、この「もう一人《ひとり》の自分《じぶん》」というか「我《われ》ならざる我《われ》」の働《はたら》きの見事《みごと》さに唸《うな》ってしまいました。

方条　私《わたし》は**「脳《のう》はでしゃばり」**って言《い》っているんですけど。脳《のう》っていうのは、結局人間《けっきょくにんげん》の本当《ほんとう》の反応《はんのう》なり能力《のうりょく》なりを出《だ》す時《とき》に、一つ余分《よぶん》な経由駅《けいゆえき》になっちゃってるんですよね。だから、むしろ「砂嵐《すなあらし》」になった方《ほう》がいい。それは甲野先生《こうのせんせい》が真剣《しんけん》を使《つか》った「影抜《かげぬき》」で、例《たと》えば立《た》てた剣《けん》だとか棒《ぼう》などをスッと抜《ぬ》くときに、**「意識《いしき》を失《うしな》わなければ、とてもじゃない出来《でき》ない」**と言《い》われていたことにもつながってくると思《おも》うんですけど、本当《ほんとう》の体《からだ》が持《も》っているポテンシャルを引《ひ》き出《だ》すためには、「現場《げんば》」に主導権《しゅどうけん》を渡《わた》さなくてはいけない。

甲野　脳《のう》は恐怖《きょうふ》したり「出来《でき》るかどうかな」と、つい予測《よそく》を立《た》てて先《さき》を占《うらな》い迷《まよ》ったりして身体《しんたい》の有能《ゆうのう》な働《はたら》きの足《あし》を引《ひ》っ張《ぱ》ってしまいますから。

方条　そうそう。

甲野　まさに「心配《しんぱい》しいの母親《ははおや》」みたいなもので……（笑）。

方条　ですね（笑）。これはちょうど「手《て》はでしゃばり」に対応《たいおう》する逆《ぎゃく》の例《たと》えになると思《おも》うんですけど、現場《げんば》に凄《すご》く有能《ゆうのう》な部下《ぶか》がいて、本社《ほんしゃ》にバカ上司《じょうし》がいた時《とき》に、局面《きょくめん》は刻一刻《こくいっこく》と変化《へんか》しているから、有能《ゆうのう》な部下《ぶか》の現場判断《げんばはんだん》に任《まか》せておけばいいのに、いちいち「会議《かいぎ》に掛《か》けるから」とか。

甲野　でしゃばってくる。

方条　そうそう。「まだ判子《はんこ》を押《お》していない」とか言《い》っていると遅《おく》れちゃうんですよ。だから本当《ほんとう》に適切《てきせつ》な判断《はんだん》を出《だ》すためには、現場《げんば》に任《まか》せて現場《げんば》にやらせるのが一番早《いちばんはや》い。

甲野　全《まった》くその通《とお》り。

方条　いざとなったら、「上司《じょうし》なんて知《し》らない」とサッと体《からだ》が動《うご》ける事《こと》が必要《ひつよう》。そういう時《とき》は、思考《しこう》はもちろん感情《かんじょう》の類《たぐい》も邪魔《じゃま》になってきますね。「術《じゅつ》」としての動《うご》きを身《み》に着《つ》けるためには、筋力《きんりょく》に頼《たよ》らずに無駄《むだ》な力《ちから》を抜《ぬ》いて行《い》かねばなりませんが、いくら体《からだ》の力《ちから》を抜《ぬ》いても気合《きあい》とか感情《かんじょう》って私《わたし》の中《なか》では「**心《こころ》の筋肉《きんにく》**」だと思《おも》っているので。

甲野　それは上手《うま》い表現《ひょうげん》ですね（笑）。これからお話《はな》しする「**完全武装解除《かんぜんぶそうかいじょ》の原理《げんり》**」に、最近私《さいきんわたし》が気付《きづ》いた時《とき》、「これを本当《ほんとう》に一番理解《いちばんりかい》するというか、共感《きょうかん》してもらえるのは方条《ほうじょう》さんだな」と思《おも》ったんです。

方条　ありがとうございます。ここでぜひ、その詳《くわ》しい術理《じゅつり》や生《う》まれた経緯《けいい》を教《おし》えていただけますか？

「完全武装解除《かんぜんぶそうかいじょ》の原理《げんり》」に気《き》づく

甲野　あれは私《わたし》が今《いま》まであちこちで講習会《こうしゅうかい》をやってきて、一番《いちばん》やりにくく、崩《くず》すことが難《むずか》しかった、体重《たいじゅう》一〇〇kgで、身長《しんちょう》が一八五cm以上《いじょう》ありながら、もの凄《すご》く柔《やわ》らかいし、僅《わず》かな気配《けはい》にも反応《はんのう》するAさんという熊本《くまもと》のお寺《てら》の副住職《ふくじゅうしょく》と稽古《けいこ》した時《とき》ですね。Aさんが京大法学部《きょうだいほうがくぶ》出身《しゅっしん》で韓氏意拳《かんしいけん》なんかもやったりしていたんですけど、年《ねん》に一回《かい》かつて所《しょ》属《ぞく》していた合気道部《あいきどうぶ》の合宿《がっしゅく》が信州《しんしゅう》である時《とき》に、その行《い》きか帰《かえ》りに私《わたし》の道場《どうじょう》に寄《よ》るのが恒例《こうれい》になっているんですよ。

例《たと》えば、もう何年《なんねん》も前《まえ》ですけど「綴《つづ》れ足《あし》」などという体《からだ》の使《つか》い方《かた》も、このAさんとやっている時《とき》に気付《きづ》いたんです。普段《ふだん》はお経《きょう》しかあげていないのに本当《ほんとう》によく感覚《かんかく》を磨《みが》いていて、大変《たいへん》やりにくい相手《あいて》です。

そのAさんと九月《がつ》のはじめに久《ひさ》しぶりに二時間程度稽古《じかんていどけいこ》したんですけど、始《はじ》めてから一時間半《じかんはん》くらいずっと、相変《あいか》わらず技《わざ》がほとんど掛《か》からずに時間《じかん》が経《た》ちました。影観法《えいかんほう》の突《つ》きとかは通《とお》ったんですけど、持《も》たれ技《わざ》のやりにくさは半端《はんぱ》じゃなかったです。
ちょうどこのAさんが訪《たず》ねてきた四日前《よっかまえ》に大相撲《おおずもう》の幕下力士《まくしたりきし》何人《なんにん》かと手《て》を合《あ》わせたんですけど、その時《とき》よりも遥《はる》かにやりづらかったですね。それでさんざん苦戦《くせん》していた時《とき》にふと、力《ちから》を抜《ぬ》く——当然力《とうぜんりき》んでいてはダメだし、そうずっと私《わたし》も言《い》ってきたわけですけど、この時《とき》「力《ちから》を抜《ぬ》いて何《なに》かをしようとしている」という事《こと》、ここに根本的《こんぽんてき》な問題《もんだい》があるなと思《おも》ったんです。

つまり**「しようとする」こと自体《じたい》に問題《もんだい》があった**のだと気付《きづ》いたのです。そこで「完全《かんぜん》武装解除《ぶそうかいじょ》」という言葉《ことば》が自然《しぜん》と私《わたし》の口《くち》から出《で》て、「人《ひと》に立《た》ち向《む》かう」という気持《きも》ちそのものをやめようと思《おも》ったのです。ちょうど日本国憲法《にほんこくけんぽう》の九条《じょう》を定《さだ》めた時《とき》の最初《さいしょ》の精神《せいしん》みたいなものですね。現在《げんざい》九条《じょう》の解釈《かいしゃく》は専守防衛《せんしゅぼうえい》は認《みと》めるという方向《ほうこう》ですが、最初《さいしょ》は自衛権《じえいけん》も何《なに》もかもおよそ軍備《ぐんび》という軍備《ぐんび》を全《すべ》て放棄《ほうき》していたわけですよ、日本《にほん》は。後《のち》に九条《じょう》のもとでも自衛権《じえいけん》はあるという解釈《かいしゃく》に変《か》わりますけど、元々《もともと》は攻《せ》められようが何《なに》されようがそれに対抗《たいこう》する「一切《いっさい》の軍備《ぐんび》を放棄《ほうき》する」というつもりだったようです。

そのことは、当時《とうじ》の吉田茂首相《よしだしげるしゅしょう》が国会《こっかい》で共産党《きょうさんとう》の野坂参三議員《のさかさんぞうぎいん》の質問《しつもん》に答《こた》えたという文章《ぶんしょう》が吉田茂《よしだしげる》の回顧録《かいころく》『回想十年《かいそうじゅうねん》』にありますので、ここに紹介《しょうかい》しておきます。

その後野坂参三君《ごのさかさんぞうくん》が、さらにこの条文《じょうぶん》について、「侵略《しんりゃく》戦争《せんそう》は不正《ふせい》の戦争《せんそう》だが、自国《じこく》を守《まも》るための戦争《せんそう》は正《ただ》しいものといってよいと思《おも》う。憲法草案《けんぽうそうあん》においても、戦争《せんそう》を全面《ぜんめん》的《てき》に放棄《ほうき》する必要《ひつよう》はない。侵略《しんりゃく》戦争《せんそう》の放棄《ほうき》に止《とど》むべきではないか」と質問《しつもん》したので、私《わたし》は、「国家《こっか》正当《せいとう》防衛権《ぼうえいけん》による戦争《せんそう》は正当《せいとう》なりとせらるるようであるが、私《わたし》はかくの如《ごと》きを認《みと》むることが有害《ゆうがい》であると思《おも》う。近年《きんねん》の戦争《せんそう》の多《おお》くが、国家《こっか》防衛権《ぼうえいけん》の名《な》において行《おこな》われたことは顕著《けんちょ》なる事実《じじつ》である。故《ゆえ》に正当《せいとう》防衛《ぼうえい》を認《みと》むることは、戦争《せんそう》を誘発《ゆうはつ》する所以《ゆえん》であると思《おも》う」というようなことを答《こた》えた。

方条　本来《ほんらい》はそういうことだったんですよね。

甲野　ええ、これは以前《いぜん》、養老孟司《ようろうたけし》先生《せんせい》と対談《たいだん》した時《とき》に伺《うかが》った話《はなし》ですが、東大《とうだい》の規則《きそく》の中《なか》にちょっと矛盾《むじゅん》するような所《ところ》があって、総長《そうちょう》が法学部部長《ほうがくぶぶちょう》に「ここはどういう風《ふう》に解釈《かいしゃく》すべきなんでしょうか」と相談《そうだん》したら、「総長《そうちょう》が解釈《かいしゃく》せよと仰《おっしゃ》るなら如何様《いかよう》にでも解釈《かいしゃく》いたします」と答《こた》えたそうです（笑）。それを聞《き》いて、「ああ、法律《ほうりつ》ってそういうものなんだ」と、納得《なっとく》されたそうです。

話《はなし》がちょっと横道《よこみち》に逸《そ》れましたが、Aさんと稽古《けいこ》していて、技《わざ》がほとんど通《とお》らない状態《じょうたい》の時《とき》、今《いま》まで考《かんが》えていた「力《ちから》を抜《ぬ》いてうまくやろうとしている」という事《こと》すらもやめるという、根本的《こんぽんてき》な技《わざ》の方向性《ほうこうせい》を転換《てんかん》したのです。

ただ、これは「諦《あきら》める」訳《わけ》ではありません。「諦《あきら》める」っていうのは、何《なに》かをやろうとしているから「諦《あきら》める」っていうことがあるわけで、やろうとしていなければそもそも諦《あきら》めるということも無《な》いでしょ？　ですから何《なに》かをやろうとしている訳《わけ》ではなく、とにかくやめるという状態《じょうたい》に心《こころ》も体《からだ》もしたのです。そうしたら、今《いま》まで摑《つか》まれていて動《うご》きづらかった手《て》が「スッ」と動《うご》いたんですよ。それで、「ああ、そうなんだ！」と思《おも》って、その日《ひ》は夕方《ゆうがた》から都内《とない》で講演会《こうえんかい》があって、Aさんとの稽古《けいこ》の後《あと》、すぐに出《で》かけていったのですが、そこでも、この気付《きづ》いたばかりの「完全武装解除《かんぜんぶそうかいじょ》の原理《げんり》」による実演《じつえん》をしたのです。

その後《ご》、二日《ふつか》ほどして音楽家講座《おんがくかこうざ》の合宿《がっしゅく》があった時《とき》に、私《わたし》が「夜間飛行《やかんひこう》」から毎年出《まいとしだ》している『甲野善紀《こうのよしのり》　技《わざ》と術理《じゅつり》』のDVDにずっと「受《う》け」として出《で》てもらっているIさんと研究検討稽古《けんきゅうけんとうげいこ》をして、この感覚《かんかく》を私《わたし》の心身《しんしん》に根付《ねづ》かせるようにしたのです。

方条　自分《じぶん》にしっくりくる言葉《ことば》が見《み》つかった時《とき》、技《わざ》がガラリと変《か》わる事《こと》はよくありますね。

甲野　ええ、以前《いぜん》も「ただやめる」とかは言《い》っていたし、「やめて」何《なん》とかとは思《おも》っていたので、言葉《ことば》は本当《ほんとう》に近《ちか》い所《ところ》までさんざん言《い》っていたんです。でも、「ああそうか『完全《かんぜん》武装解除《ぶそうかいじょ》だな』」っていう事《こと》に気付《きづ》いてから、改《あらた》めてハッキリとしてきた感覚《かんかく》があったわけですね。それで方条《ほうじょう》さんの事《こと》を思《おも》い出《だ》して。方条《ほうじょう》さんの「力《ちから》を抜《ぬ》く、力《りき》みを抜《ぬ》く」っていうのがありますよね。一般的《いっぱんてき》には「力《ちから》は抜《ぬ》いても心《こころ》はしっかり持《も》て」とか言《い》うじゃないですか。その「心《こころ》をしっかり持《も》とう」ということが芯《しん》にあると、そのことが力《りき》みが抜《ぬ》けない原因《げんいん》になっているのですよね。まさに先《さき》ほど方条《ほうじょう》さんが言《い》った「心《こころ》の筋肉《きんにく》」という例《たと》え通《どお》りで……。

方条　全《まつた》くその通《とお》りだと思《おも》いますね。

甲野　この「完全武装解除《かんぜんぶそうかいじょ》の原理《げんり》」は、方条《ほうじょう》さんが今《いま》まで私《わたし》から聞《き》いた術理《じゅつり》の中《なか》で一番納得《いちばんなっとく》すると思《おも》ったんですけれど、どうですか？

方条　ええ、共感《きょうかん》しか無《な》いですよ（笑）。実《じつ》は私《わたし》も自分《じぶん》なりの経緯《けいい》から、「武装解除《ぶそうかいじょ》」と名《な》付《づ》けた原理《げんり》を見《み》つけていて、先生《せんせい》はその術理《じゅつり》を憲法《けんぽう》九条《じょう》に例《たと》えましたけど、私《わたし》はガンジーに例《たと》えていましたから（笑）。

甲野　そうそう私《わたし》もガンジーの事《こと》は、思《おも》い出《だ》しましたよ（笑）。無抵抗主義《むていこうしゅぎ》のガンジー。

方条　同《おな》じ事《こと》ですよね。

甲野　人《ひと》が言《い》ったっていう事《こと》ではガンジーですよね。方条《ほうじょう》さんならそういう言葉《ことば》を思《おも》いついても不思議《ふしぎ》ではない気《き》がします。今《いま》「完全武装解除《かんぜんぶそうかいじょ》」の説明《せつめい》をしながら、方条《ほうじょう》さんと今《いま》までで一番共感《いちばんきょうかん》し合《あ》っている気《き》がしますからね。

方条　たしかにそうですね。

甲野　その方条《ほうじょう》さんの「武装解除《ぶそうかいじょ》」は、どういったものなのでしょうか。

もう一つの「武装解除《ぶそうかいじょ》」

方条　私《わたし》の場合《ばあい》はやはり**「無駄《むだ》な力《ちから》を抜《ぬ》く」**というのが原点《げんてん》にあります。先《さき》ほどは「脳《のう》はでしゃばり」という話《はなし》になりましたけど、では「でしゃばる」とは具体的《ぐたいてき》に何《なに》かと言《い》ったら、一般的《いっぱんてき》な意味《いみ》だと「無駄《むだ》な主張《しゅちょう》」「過剰《かじょう》な主張《しゅちょう》」という事《こと》になりますよね。私《わたし》の中《なか》で「気合《きあ》い」や「感情《かんじょう》」もその一つで、先《さき》ほどは「心《こころ》の筋肉《きんにく》」と表現《ひょうげん》いたしました。となると「肉体《にくたい》」においては当然《とうぜん》「筋肉《きんにく》」、つまり「力《りき》み」になってきます。

私《わたし》は人間《にんげん》の「身体感覚《しんたいかんかく》」とは本質的《ほんしつてき》に**「我《われ》を知《し》る力《ちから》」**だと思《おも》っていますが、言《い》い換《か》えれば**「自分《じぶん》の心《こころ》と体《からだ》の隅々《すみずみ》まで、何《なに》が起《お》きているのかを把握《はあく》する能力《のうりょく》」**だと思《おも》っています。そうすると、「体《からだ》の声《こえ》」に耳《みみ》を澄《す》まさねばいけないわけですが、「力《りき》み」があるという事《こと》は、その部分《ぶぶん》は無駄《むだ》に主張《しゅちょう》している、つまり「騒《さわ》いで」しまっていますね。それでは「雑《ざつ》音《おん》」があるわけですから、体《からだ》の声《こえ》を聞《き》く精度《せいど》は低下《ていか》します。つまり、先《さき》ほどの「脳《のう》はでしやばり」を補足説明《ほそくせつめい》すると、脳《のう》はもちろん、心《こころ》も思考《しこう》も、肉体《にくたい》も含《ふく》めたあらゆる要素《ようそ》が出《で》しゃばってはいけない、という事《こと》になってきます。

　そうして全《すべ》てを穏《おだ》やかに、静《しず》かに静《しず》かにしてゆくと、ある意味《いみ》心《こころ》と体《からだ》が純度《じゅんど》の高《たか》い「真《ま》水《みず》」に近付《ちかづ》いてゆくのだと思《おも》います。

　例《たと》えば現代《げんだい》のドーピング検査《けんさ》の精度《せいど》は、プール一杯《いっぱい》に満《み》たされた水《みず》の中《なか》に、スポイト一《いっ》滴《てき》の薬物《やくぶつ》を垂《た》らしただけでも検出《けんしゅつ》できるぐらいなのだそうです。でも、そのプール自体《じたい》が汚《よご》れて濁《にご》ってしまっていては、検出精度《けんしゅつせいど》に支障《ししょう》が生《しょう》じてしまう。ならば、心《こころ》と体《からだ》を透明《とうめい》に、濁《にご》り無《な》くせざるを得《え》なくなってくる。当然自分《とうぜんじぶん》の濁《にご》りが無《な》くなれば、高感度《こうかんど》センサーとして外部《がいぶ》の僅《わず》かな変化《へんか》も感知《かんち》できるようになってきます。すると相手《あいて》の気配《けはい》のゆらぎも正確《せいかく》に見《み》えてきますよね。

　そうして内部《ないぶ》を空洞《くうどう》にして主張《しゅちょう》を捨《す》て続《つづ》けてゆくと、ふと、自分《じぶん》でも想像《そうぞう》もつかなかった動《うご》きや反応《はんのう》が現《あらわ》れる瞬間《しゅんかん》がありました。それは、それまで磨《みが》いてきた「反応《はんのう》」や「技《ぎ》術《じゅつ》」をやすやすと超《こ》えるものでした。それが、私《わたし》なりにたどり着《つ》いた「武装解除《ぶそうかいじょ》」ですね。

甲野　その「武装解除《ぶそうかいじょ》」という言葉《ことば》で方条《ほうじょう》さんの術理《じゅつり》を表現《ひょうげん》したのは何年頃《なんねんごろ》ですか？

方条　いま自分《じぶん》のホームページに残《のこ》る記録《きろく》を調《しら》べると、二〇一三年《ねん》かそれ以前《いぜん》ですね。

甲野　私《わたし》より六年《ねん》も早《はや》いですね。私《わたし》はここ何年間《なんねんかん》かはスティーヴン・コトラーという人《ひと》が書《か》いた『超人《ちょうじん》の秘密《ひみつ》―エクストリームスポーツとフロー体験《たいけん》―』という早川書房《はやかわしょぼう》から出《で》た本《ほん》の帯文《おびぶん》を依頼《いらい》されたことがキッカケで、「フロー」とか「ゾーン」と言《い》われる状態《じょうたい》を日本《にほん》で昔《むかし》から言《い》われる「三昧状態《ざんまいじょうたい》」や剣術《けんじゅつ》の「夢《む》（無《む》）想剣《そうけん》」と呼《よ》ばれるものと関連《かんれん》させて考《かんが》えていたのです。

無影心月流《むようしんげつりゅう》の流祖《りゅうそ》、梅路見鸞老師《うめじけんらんろうし》は私《わたし》が知《し》っている過去《かこ》の武術《ぶじゅつ》・武道《ぶどう》の先達《せんだつ》の中《なか》でも格別《かくべつ》な思《おも》いを持《も》っている人物《じんぶつ》です。この方《かた》が亡《な》くなったのは昭和《しょうわ》二十六年《ねん》ですから、私《わたし》は二年間《ねんかん》ぐらいは同《おな》じ時代《じだい》の空気《くうき》を吸《す》っていることになります。ですから、昔々《むかしむかし》の方《かた》というわけでもありません。しかし、この梅路老師《うめじろうし》に関《かん》するエピソードは、江戸期以前《えどきいぜん》の武術《ぶじゅつ》の名人達人《めいじんたつじん》の凄《すさ》まじいエピソードと較《くら》べても見劣《みおと》りしません。

例《たと》えば二七間《けん》（約《やく》四九メートル）離《はな》れた所《ところ》にある直径《ちょっけい》三寸《すん》（約《やく》九センチ）の的《まと》を前《まえ》にして、その場《ば》に居《い》た者達《ものたち》に向《む》かって「誰《だれ》か一手《いって》請《う》け合《あ》わぬか」と声《こえ》をかけ、誰《だれ》も名乗《なの》り出《で》ないと「俺《おれ》が請《う》け合《あ》ふ」と、一手《いって》つまり二筋《ふたすじ》の矢《や》を持《も》って的《まと》に向《む》かいます。

この場合《ばあい》「請《う》け合《あ》う」というのは二筋《ふたすじ》の矢《や》を射《い》るのに、必《かなら》ず命中《めいちゅう》させられるということです。ですから「もし外《はず》れた時《とき》は」の声《こえ》に対《たい》して、「明日《あす》から弓《ゆみ》を止《や》める」との答《こた》えです。そこで一同《いちどう》が言葉《ことば》もなく取《と》り囲《かこ》んだ中《なか》で、平常《へいじょう》と少《すこ》しも変《か》わらぬ穏《おだ》やかな表情《ひょうじょう》で矢《や》を発《はっ》し、この三寸《すん》の的《まと》の中心《ちゅうしん》に甲矢《はや》つまり一本目《ぽんめ》の矢《や》が刺《さ》さり、二筋目《ふたすじめ》も、ほぼ同《おな》じ場所《ばしょ》に刺《さ》さったそうです。見《み》ていたうちの一人《ひとり》が思《おも》わず「人間技《にんげんわざ》では無《な》い」と感嘆《かんたん》したそうですが、それに対《たい》して「勿論《もちろん》」と答《こた》えられたとか。この「勿論《もちろん》」は自慢《じまん》ではなく、もう自分《じぶん》という人間《にんげん》を超《こ》えた「夜《よる》が明《あ》ければ朝《あさ》が来《く》る」という自然現象《しぜんげんしょう》と同《おな》じような「自然《しぜん》の働《はたら》きと一体化《いったいか》していれば、外《はず》れるはずはない」という大確信《だいかくしん》があったからだと思《おも》います。

この梅路老師《うめじろうし》は弓《ゆみ》だけではなく剣《けん》も凄《すご》く、真剣《しんけん》を使《つか》った試《ため》し斬《ぎ》りなども、左手《ひだりて》に雑誌《ざっし》（当時《とうじ》の月刊誌《げっかんし》）を載《の》せ、それを右手《みぎて》に持《も》った刀《かたな》で斬《き》ったそうですが、掌《てのひら》が切《き》れないように雑誌《ざっし》の最後《さいご》の二〜三ページだけが残《のこ》って、あとは斬《き》れていたそうです。

これがどれほど難《むずか》しいかは試《ため》し斬《ぎ》りをされている方《かた》はもちろん、多少《たしょう》この世界《せかい》のことを知《し》っている人《ひと》なら呆然《ぼうぜん》とするような困難《こんなん》さです。何《なに》しろ重《かさ》ねた紙《かみ》というのは大変斬《たいへんき》りにくいですが、それを思《おも》いきって最後《さいご》まで構《かま》わず斬《き》るなら、まだ試《ため》す気《き》になる人《ひと》もいるかもしれませんが、最後《さいご》に数枚斬《すうまいき》り残《のこ》し、しかもそれを自分《じぶん》の左手《ひだりて》の上《うえ》でするのですから、困難《こんなん》といったレベルを超《こ》えています。

こうした超人的《ちょうじんてき》なエピソードのある梅路老師《うめじろうし》ですが、これも天才《てんさい》にありがちな話《はなし》で、物《もの》忘《わす》れは凄《すご》かったようです。梅路老師自身《うめじろうしじしん》の筆《ふで》による『忘々録《ぼうぼうろく》』というエッセイでは「人《ひと》を忘《わす》れる、月日《つきひ》を忘《わす》れる、財布《さいふ》を忘《わす》れる、道《みち》を忘《わす》れる、家《いえ》を忘《わす》れる、電車《でんしゃ》、自動車《じどうしゃ》に物《もの》を忘《わす》れる、買物《かいもの》をして釣銭《つりせん》を忘《わす》れる、一度家《いちどいえ》を出《で》たが最後忘《さいごわす》れることを忘《わす》れた無事《ぶじ》な日《ひ》がない」という傑作《けっさく》な書《か》き出《だ》しから始《はじ》まっています。まあ、近代《きんだい》の武《ぶ》に関《かか》わる人物《じんぶつ》として、その技《わざ》、人間《にんげん》としての力量等々《りきりょうとうとう》で、これほどの人《ひと》は本当《ほんとう》に稀《まれ》だったと思《おも》います。

方条　その甲野先生《こうのせんせい》の重要《じゅうよう》な研究《けんきゅう》テーマの一つである「フロー」ですが、私《わたし》は大《おお》きく分《わ》けて二種類《しゅるい》あると思《おも》っております。一つは「火事場《かじば》の馬鹿力《ばかぢから》」的《てき》なもので、緊急事態《きんきゅうじたい》に自《じ》分《ぶん》でも思《おも》わぬ力《ちから》が発揮《はっき》されるというものですね。これは凄《すご》い状態《じょうたい》ではあるのですが、「利《り》息付《そくつき》の前借《まえが》り」的《てき》な要素《ようそ》もあると思《おも》います。まさに「火事場《かじば》」のような時《とき》に信《しん》じられない力《ちから》を発揮《はっき》した人《ひと》が、次《つぎ》の日《ひ》に全身筋肉痛《ぜんしんきんにくつう》になったり、神経《しんけい》が焼《や》き切《き》れたように寝込《ねこ》んでしまうといった類《たぐい》です。これだと、武術家《ぶじゅつか》の場合《ばあい》は能力《のうりょく》を発揮《はっき》するたびに「全身筋肉痛《ぜんしんきんにくつう》だから」「寝込《ねこ》んでいたから」と言《い》うわけにはいかないので、色々《いろいろ》と支障《ししょう》が出《で》てしまう。

一方《いっぽう》、恒常的《こうじょうてき》に続《つづ》いてゆく、「穏《おだ》やかなフロー」とも言《い》えるべき状態《じょうたい》があるのだと思《おも》っています。それはおそらく心《こころ》と体《からだ》の「引《ひ》き算《ざん》」によって成《な》し得《え》るもので、体《からだ》や脳内《のうない》を徹底《てってい》的《てき》に「最小限《さいしょうげん》」にしてゆく方向性《ほうこうせい》ですね。まさにそれを体現《たいげん》していたと思《おも》われるのが、いま甲野先生《こうのせんせい》が例《れい》に挙《あ》げられた梅路見鸞老師《うめじけんらんろうし》で、おそらく彼《かれ》は日常《にちじょう》から思考《しこう》も最小限《さいしょうげん》にしていたので、「忘《わす》れ物《もの》がひどかった」というエピソードにもとても整合性《せいごうせい》を感《かん》じます。

加藤有慶《かとううけい》にも似《に》たエピソードがありますよね。彼《かれ》の「忘気《ぼうき》」も、これに当《あ》たると推測《すいそく》しています。

『猫《ねこ》の妙術《みょうじゅつ》』をよみとく

甲野 人《ひと》と戦《たたか》う武術《ぶじゅつ》の技《わざ》で「完全武装解除《かんぜんぶそうかいじょ》」なんていうと、凄《すご》く奇想天外《きそうてんがい》みたいに聞《き》こえますけど、あらためて考《かんが》えてみると武術書《ぶじゅつしょ》の中《なか》では古典的名著《こてんてきめいちょ》として有名《ゆうめい》な『**猫《ねこ》の妙《みょう》術《じゅつ》**』の中《なか》で説《と》かれている事《こと》と重《かさ》なるんですよね。あの本《ほん》の中《なか》では「無我《むが》」とか「無心《むしん》」といった抽象的《ちゅうしょうてき》な表現《ひょうげん》が使《つか》われていますが、「武装解除《ぶそうかいじょ》」という武術《ぶじゅつ》でありながらちょっと驚《おどろ》くような具体的《ぐたいてき》な言葉《ことば》を使《つか》ったことで、私《わたし》の中《なか》の何《なに》かが「ハッ」と気付《きづ》いたようなのです。

方条 『猫《ねこ》の妙術《みょうじゅつ》』は、先生《せんせい》が書《か》かれた『剣《けん》の精神誌《せいしんし》』の中《なか》でかなり詳《くわ》しく解説《かいせつ》されていますよね。

甲野 ええ、NHKの「人間講座《にんげんこうざ》」のテキストにも参考文献《さんこうぶんけん》として載《の》せています。内容《ないよう》を簡単《かんたん》に説明《せつめい》すると、勝軒《しょうけん》という剣術者《けんじゅつしゃ》の家《いえ》に大鼠《おおねずみ》が現《あらわ》れたところから始《はじ》まります。この鼠《ねずみ》を手飼《てが》いの猫《ねこ》に捕《と》らせようとしますが、逆《ぎゃく》に食《く》いつかれて逃《に》げてしまう。

方条　そこで鼠《ねずみ》取《と》りの名手《めいしゅ》と言《い》われる猫《ねこ》たちが集《あつ》められるんですよね。

甲野　ええ。でもその名手達《めいしゅたち》でさえ大鼠《おおねずみ》にはとても敵《かな》わない。腹《はら》を立《た》てた勝軒《しょうけん》は、その鼠《ねずみ》を木刀《ぼくとう》で打《う》ち殺《ころ》してやろうと思《おも》うんですけど、巧《たく》みにかわし、時《とき》に飛《と》びついてきたりして、自分《じぶん》の家《いえ》の戸《と》障子《しょうじ》を壊《こわ》すばかりで、どうにも手《て》がつけられない。

方条　勝軒《しょうけん》は困《こま》り果《は》てると。

甲野　はい。そこで、どうやら六《ろく》、七町《しちちょう》先《さき》に凄《すご》い猫《ねこ》がいるらしいと聞《き》き、その猫《ねこ》を連《つ》れてきたら、薄《うす》ぼんやりとした頼《たよ》りない古猫《ふるねこ》だった。勝軒《しょうけん》はこんな猫《ねこ》で大丈夫《だいじょうぶ》だろうかと思《おも》いつつ部屋《へや》に入《い》れてみたら、のろのろ歩《ある》いていって、今《いま》までは猫《ねこ》たちが敵《かな》わない凄《すさ》まじい勢《いきお》いだった鼠《ねずみ》が竦《すく》んでしまい、簡単《かんたん》にひょいと捕《つか》まえてしまった。それでその夜《よる》、猫《ねこ》たちが古猫《ふるねこ》を上座《かみざ》に据《す》えて色々《いろいろ》と教《おし》えを聞《き》こうという事《こと》になる。

方条　「猫会議《ねこかいぎ》」が始《はじ》まるんですね。

甲野　そうです。それを勝軒《しょうけん》も聞《き》いていて、自分《じぶん》も剣術《けんじゅつ》を長年《ながねん》やっているけれども「未《いま》だ極意《ごくい》に至《いた》らず」と申《もう》し出《で》て教《おし》えを乞《こ》うという話《はなし》ですね。

方条　登場《とうじょう》する猫《ねこ》たちもバラエティーに富《と》んでいて、見《み》せ方《かた》が上手《うま》いですよね。

甲野　ええ。まずは技自慢《わざじまん》で早業《はやわざ》やすごい動《うご》きができる「鋭《するど》き黒猫《くろねこ》」っていうのを登場《とうじょう》させます。

方条　でも大鼠《おおねずみ》には敵《かな》わなかったんですよね。

甲野　はい。古猫《ふるねこ》にそのやり方《かた》は、「汝《なんじ》は所作《しょさ》のみ」と言《い》われてしまうのです。所作《しょさ》だけだと「ああしたら、こうする」という方法《ほうほう》ばかり巧《たく》みになるけれども、技巧《ぎこう》に走《はし》って本質《ほんしつ》を見失《みうしな》うと説教《せっきょう》されるのです。

方条　次《つぎ》には、もう少《すこ》し出来《でき》そうな猫《ねこ》が出《で》てきますね。

甲野　それが「虎毛《とらげ》の猫《ねこ》」ですね。黒猫《くろねこ》っていうのはいかにも俊敏《しゅんびん》な感《かん》じがしますよね。次《つぎ》に出《で》てきた虎猫《とらねこ》っていうのはいかにも豪傑風《ごうけつふう》な感《かん》じが出《で》ているところが、作者《さくしゃ》のなかなか芸《げい》が細《こま》かいところで……。

方条　うまいですよね。

甲野　その虎猫《とらねこ》が、「武術《ぶじゅつ》は気然《きぜん》を貴《たっと》ぶ」と切《き》り出《だ》して、そのため、長年《ながねん》「気《き》」を練《ね》ってきたのだと語《かた》り始《はじ》めます。つまり、「気《き》」で抑《おさ》えると、今《いま》まではどんな鼠《ねずみ》も身動《みうご》きできなくなってきたのだけれど、あの鼠《ねずみ》はいくら気《き》で抑《おさ》えようとしても駄目《だめ》だったと告白《こくはく》します。そうすると、古猫《ふるねこ》はこの虎猫《とらねこ》に対《たい》して、「汝《なんじ》の気《き》は大雨《おおあめ》が降《ふ》って一時水《いちじみず》が出《で》たようなもの」で、大河《たいが》の常流《じょうりゅう》、つまり大《おお》きな川《かわ》が滔々《とうとう》とずっと流《なが》れているのに比《くら》べれば、一時《いちじ》、わっと水《みず》が増《ふ》えるかもしれないが、すぐに引《ひ》いてしまうようなものだから、その程度《ていど》では「窮鼠《きゅうそ》かえって猫《ねこ》を噛《か》む」という諺《ことわざ》もあるように、必死《ひっし》の者《もの》には通《つう》じないのだと諭《さと》します。

方条　次《つぎ》にベテランの灰色猫《はいいろねこ》が登場《とうじょう》しますよね。順番《じゅんばん》のチョイスもまた上手《うま》い。

甲野　そうですね。その少《すこ》し年《とし》をとった灰毛《はいげ》の猫《ねこ》は、「自分《じぶん》の場合《ばあい》は心《こころ》をもって相手《あいて》の闘争心《とうそうしん》を柔《やわ》らかくふわりと包《つつ》み込《こ》む和《わ》を以《もっ》て技《わざ》とする方法《ほうほう》で、これによって、いままでは相《あい》手《て》の戦意《せんい》も無《な》くしてきたのですが、今回《こんかい》の大鼠《おおねずみ》は、こちらが柔《やわ》らかく包《つつ》もうとしても一向《いっこう》に上手《うま》く包《つつ》めませんでした」と古猫《ふるねこ》に訴《うった》えます。それに対《たい》し古猫《ふるねこ》は、「あなたのやっている和《わ》は、わざと意識《いしき》してやろうとしている和《わ》だから、それでは駄目《だめ》なんだ」とアドバイスをします。

方条　作為《さくい》が出《で》てしまっているという事《こと》ですね。この灰毛《はいげ》の猫《ねこ》の登場《とうじょう》まで、それぞれの猫《ねこ》がそれなりに有効《ゆうこう》そうに思《おも》える方法《ほうほう》で立《た》ち向《む》かったのに、全滅《ぜんめつ》してしまい、「万策《ばんさく》尽《つ》きた」ように見《み》えますよね。そこで、古猫《ふるねこ》は一体《いったい》どうやったんだという事《こと》になるわけですね。

甲野　そう、そこで古猫《ふるねこ》はあっさりと「我《われ》、何《なん》の術《じゅつ》をか用《もち》いんや。無《む》心《しん》にして応《おう》ずるのみ」。つまり、別《べつ》に何《なに》をしているわけでもないと答《こた》えます。

方条　シンプルな結論《けつろん》ですよね。でも、その先《さき》もある。

甲野　古猫《ふるねこ》が言《い》うには、「諸君《しょくん》は、これをもって至極《しごく》（最高《さいこう》）と思《おも》ってはいけない」と。

方条　そこで古猫《ふるねこ》が出会《であ》ったという猫《ねこ》の思《おも》い出《で》を語《かた》り出《だ》しますよね。

甲野　そうです。それが、「昔《むかし》、我《わ》が隣郷《りんきょう》に」……つまり自分《じぶん》が若《わか》い時《とき》、隣村《となりむら》に凄《すご》い猫《ねこ》がいたと。それは終日居眠《しゅうじついねむ》りしているだけのようで、誰《だれ》もその猫《ねこ》が鼠《ねずみ》をとっているのを見《み》た事《こと》が無《な》いのだけれど、周囲《しゅうい》に鼠《ねずみ》が一匹《ぴき》も現《あらわ》れない。ならばと場所《ばしょ》を変《か》えて鼠《ねずみ》がいる所《ところ》へ連《つ》れて行《い》っても、やはり鼠《ねずみ》は現《あら》われなくなる。

方条　つまり、なぜだか分《わ》からないが、その猫《ねこ》のいる所《ところ》には鼠《ねずみ》が現《あらわ》れないと。

甲野　そうです。そこで自分《じぶん》はその猫《ねこ》に向《む》かって「なぜそうなるのか」と聞《き》いてみた。しかし、四回聞《かいき》いても四回《かい》とも答《こた》えない。それは答《こた》えないのではなくて、答《こた》える事《こと》も忘《わす》れているのだと。この事《こと》で、**「知《し》る者《もの》は言《い》わず言《い》う者《もの》は知《し》らず」**という老子《ろうし》の言葉《ことば》にあるように、この猫《ねこ》は己《おのれ》を忘《わす》れ、ものを忘《わす》れ、無《む》になりきり、神武《しんぶ》にして不殺《ふさつ》という至上《しじょう》の存在《そんざい》となっているのだ。自分《じぶん》もこの猫《ねこ》には遠《とお》く及《およ》ばないと結論《けつろん》して、猫《ねこ》たちへの講義《こうぎ》の結《むす》びとします。

方条　本当《ほんとう》に良《よ》くできていますよね。

甲野　これは荘子《そうし》の知北遊篇《ちほくゆうへん》の最初《さいしょ》に出《で》てくる、「道《みち》とは何《なに》か」を知《ち》という存在《そんざい》が無為謂《むいい》という存在《そんざい》に聞《き》くと、「四度問《どと》えども四度答《どこた》えず。これは答《こた》えざるに非《あら》ず。答《こた》うる所《ところ》を知《し》らざるなり」という話《はなし》が元《もと》になっているようです。

方条　老荘思想《ろうそうしそう》が元《もと》になっているんですね。

甲野　ええ。老子《ろうし》の「其《そ》れ知《し》る者《もの》は言《い》わず、言《い》う者《もの》は知《し》らず」という言葉《ことば》も今出《いまで》てきましたからね。

方条　今《いま》の「完全武装解除《かんぜんぶそうかいじょ》」の考《かんが》えとも、とても整合性《せいごうせい》を感《かん》じますね。

甲野　何《なに》かをやろうとかする作為《さくい》が一切無《いっさいな》いという状態《じょうたい》になった時《とき》に、相手《あいて》はどうしていいか分《わ》からないという状態《じょうたい》になるものです。例《たと》えば「いじめ」というのは、いじめられた相手《あいて》が嫌《いや》がっているのを見《み》ると、それこそ狩猟本能《しゅりょうほんのう》を刺激《しげき》された猫《ねこ》が、鼠《ねずみ》をいたぶるような形《かたち》になって、余計《よけい》いじめがひどくなるわけですよ。相手《あいて》が嫌《いや》がるほどやる気《き》になるわけですが、例《たと》えばいじめようとした相手《あいて》が、昆虫《こんちゅう》か何《なに》かに夢中《むちゅう》になっていて、何《なに》を言《い》われても上《うわ》の空《そら》で、自分《じぶん》がいじめられていると認識《にんしき》しなかったら「いじめ」って成立《せいりつ》しませんよね。

方条　そうですね。とても的確《てきかく》な例《たと》えだと思《おも》います。

甲野　いじめている相手《あいて》が「いじめられている」と認識《にんしき》しないと、いじめている方《ほう》もその無効《むこう》さを敏感《びんかん》に感《かん》じるので、何《なん》とも格好悪《かっこうわる》いことになってしまいます。こうなると、いじめは成《な》り立《た》ちません。ただ「嫌《いや》だな」と思《おも》いながら無視《むし》したり、知《し》らんぷりをしていると、そこは絶対《ぜったい》に見透《みす》かされてしまいます。けれど、本当《ほんとう》にそのいじめが気《き》になっていないと、いじめたり意地悪《いじわる》を言《い》ったりしても、そのことが宙《ちゅう》に浮《う》いてしまいますから、いじめになりませんよね。相手《あいて》がいじめをされていると思《おも》わないんだから。「いじめられている」と思《おも》う事《こと》により「いじめ」は成立《せいりつ》する。相手《あいて》がいじめられていると思《おも》わなければ「いじめ」にはならない。

『猫《ねこ》の妙術《みょうじゅつ》』でも、この猫《ねこ》たちの問答《もんどう》を聞《き》いていた剣術使《けんじゅつつか》いの勝軒《しょうけん》が古猫《ふるねこ》に教《おし》えを乞《こ》うという話《はなし》に後半《こうはん》は入《はい》っていくわけですが、そこで古猫《ふるねこ》が「我《われ》があるから敵《てき》がある。我《われ》が無《な》ければ敵《てき》が無《な》い」と説《と》いています。元々《もともと》「我《われ》」というものがあるから、「敵《てき》」という対立《たいりつ》概念《がいねん》ができる。その「我《われ》」が消《き》えてしまえば「敵《てき》」も自然《しぜん》と消滅《しょうめつ》するという話《はなし》なのですが、この話《はなし》などは何十年《なんじゅうねん》も前《まえ》からさんざん読《よ》んできて、部分的《ぶぶんてき》にこうして語《かた》れるぐらい記憶《きおく》していました。しかし、改《あらた》めて「完全武装解除《かんぜんぶそうかいじょ》の原理《げんり》」に気付《きづ》いて、うまくやろうと思《おも》う事《こと》も捨《す》てるんだという事《こと》が心《こころ》の中《なか》に浮《う》かんだ時《とき》は、何《なに》かこう「バカッ！」と……。

方条　開《ひら》けるものがあったんですね。

甲野　そうです。だから「完全武装解除《かんぜんぶそうかいじょ》」などと言《い》うと、今《いま》の武道常識《ぶどうじょうしき》では、もの凄《すご》くブッ飛《と》んだ訳《わけ》の分《わ》からない事《こと》を言《い》っているみたいに思《おも》われるかもしれないですが、『猫《ねこ》の妙術《みょうじゅつ》』を読《よ》んだり、無住心剣術《むじゅうしんけんじゅつ》の伝書《でんしょ》を見《み》れば、「なんだ、もう昔《むかし》からそう言《い》っているじゃないか」という事《こと》になるわけです（笑）。

方条　私《わたし》も先生《せんせい》の『剣《けん》の精神誌《せいしんし》』は、何度《なんど》も読《よ》んで参考《さんこう》にさせていただいておりますから。

甲野　この『猫《ねこ》の妙術《みょうじゅつ》』やら、同《おな》じ著者《ちょしゃ》の『天狗芸術論《てんぐげいじゅつろん》』といった「江戸期《えどき》に凄《すご》く売《う》れた本《ほん》」というのは、そこで述《の》べられている術理《じゅつり》が日本《にほん》の武術《ぶじゅつ》の中《なか》にある共通認識《きょうつうにんしき》だからなんですよね。体現《たいげん》できる人《ひと》は僅《わず》かだとしても、こういう境地《きょうち》を理想《りそう》とするっていう事《こと》への共感《きょうかん》が無《な》ければそんなに広《ひろ》く読《よ》まれて有名《ゆうめい》にはならないはずですから。あの『剣《けん》の精神《せいしん》誌《し》』にも書《か》きましたけど、富田常雄《とみたつねお》の有名《ゆうめい》な柔道小説《じゅうどうしょうせつ》『姿三四郎《すがたさんしろう》』の中《なか》に、この『猫《ねこ》の妙術《みょうじゅつ》』は全文引用《ぜんぶんいんよう》してあるんですからね。そこでは「これは一刀流《いっとうりゅう》の伝書《でんしょ》だとか、山岡《やまおか》鉄舟《てっしゅう》が愛読《あいどく》していたとか言《い》われているが……」という、この小説《しょうせつ》の中《なか》では姿三四郎《すがたさんしろう》の師《し》という設定《せってい》となっている矢野正五郎《やのしょうごろう》のセリフが入《はい》っています。ただ、実際《じっさい》はそうではなくて……。

方条　佚斎樗山《いっさいちょざん》の著作《ちょさく》ですよね。

甲野　そうです。本名《ほんみょう》は丹羽十郎右衛門忠明《にわじゅうろうえもんただあき》という、下総関宿藩《しもうさせきやどはん》の久世大和守《くぜやまとのかみ》の家臣《かしん》だったっていう人《ひと》が書《か》いた本《ほん》で、この人《ひと》は無住心剣術《むじゅうしんけんじゅつ》の三代目《だいめ》・真里谷円四郎《まりやえんしろう》と二つしか年《とし》が違《ちが》わず、神道《しんとう》、儒教《じゅきょう》、仏教《ぶっきょう》に詳《くわ》しく、老荘《ろうそう》や禅《ぜん》などの造詣《ぞうけい》も深《ふか》く、筆《ふで》がたったので、最初《さいしょ》は知友《ちゆう》の間《あいだ》で回覧《かいらん》されていた作品《さくひん》が、書肆《しょし》、当時《とうじ》の出版社《しゅっぱんしゃ》の目《め》にとまり、その書《か》いたものを職人《しょくにん》に彫《ほ》らせて、版《はん》を重《かさ》ねているわけです。当時《とうじ》は大変《たいへん》よく売《う》れた武術《ぶじゅつ》の本《ほん》なんですよ。なにしろその後出《ごで》た武術《ぶじゅつ》の本《ほん》の中《なか》に、この佚斎樗山《いっさいちょざん》の著作《ちょさく》について触《ふ》れている本《ほん》が何冊《なんさつ》かあるようですから。

享保年間《きょうほうねんかん》というのは、江戸期《えどき》の文明《ぶんめい》が爛熟《らんじゅく》し一番安定《いちばんあんてい》している時《とき》ですから、徳川《とくがわ》もあの時代《じだい》になると武術《ぶじゅつ》は「戦《たたか》って勝《か》つ」という事《こと》だけではなく、その勝《か》ち方《かた》が古典《こてん》と結《むす》びつき「無心《むしん》にして応《おう》じる」という境地《きょうち》を理想《りそう》とする思想《しそう》が広《ひろ》まったのだと思《おも》います。少《すこ》し前《まえ》の時代《じだい》の宮本武蔵《みやもとむさし》などは凄《すご》く実用的《じつようてき》で常《つね》に合戦《かっせん》を想定《そうてい》していますが、徳川時代《とくがわじだい》の中期《ちゅうき》という社会《しゃかい》が平和《へいわ》になり、武士《ぶし》の考《かんが》えが血生臭《ちなまぐさ》く「ただ勝《か》つ」っていう所《ところ》から、それだけじゃない「心《こころ》」の領域《りょういき》を探求《たんきゅう》し始《はじ》めたのですね。「無心《むしん》にして自然《しぜん》に応《おう》じる」という事《こと》で勝《か》つという在《あ》りようは、まさに平和《へいわ》な時代《じだい》を象徴《しょうちょう》しているでしょう。

ですから日本《にほん》は武家《ぶけ》が政治《せいじ》の中心《ちゅうしん》になって、何百年《なんびゃくねん》もの歴史《れきし》を重《かさ》ねてきましたけど、ただの軍事政権《ぐんじせいけん》じゃなくてそれなりによく治《おさ》まっていたのだと思《おも》います。その理由《りゆう》の一つは武士《ぶし》はあんまりお金《かね》を扱《あつか》わなかったからですね。幕末《ばくまつ》に日本《にほん》を訪《おとず》れた外国人《がいこくじん》が驚《おどろ》いたのは、武士《ぶし》は権力《けんりょく》を持《も》っているのに、富《とみ》は商人《しょうにん》が持《も》っているっていう事《こと》なんですよ。だから商人《しょうにん》の中《なか》には武士《ぶし》になりたいと憧《あこが》れる者《もの》もいなかったとは言《い》えませんが、「そんな物好《ものず》きになりたくない」という商人《しょうにん》の方《ほう》が圧倒的《あっとうてき》に多《おお》かったようです。その理由《りゆう》は武士《ぶし》よりも自《じ》分達《ぶんたち》の方《ほう》が世《よ》を動《うご》かしていると商人《しょうにん》自身《じしん》が思《おも》っていたからだと思《おも》います。なにしろ豪商《ごうしょう》には大名《だいみょう》が頭《あたま》を下《さ》げて金《かね》を借《か》りに来《き》たりしてましたから、そういう人達《ひとたち》は武士《ぶし》を全然《ぜんぜん》羨《うらや》ましく思《おも》ってなどいなかったと思《おも》います。

方条　いいバランスですよね。私《わたし》も自分《じぶん》なりに近代政治《きんだいせいじ》システムの一番《いちばん》の問題点《もんだいてん》は何《なん》だろうと考《かんが》えた時《とき》、「富《とみ》と権力《けんりょく》の一体化《いったいか》」だなという結論《けつろん》に至《いた》ったんです。つまり、富《とみ》と権力《けんりょく》を分断《ぶんだん》するシステムを作《つく》る事《こと》ができれば、かなり色々《いろいろ》な問題《もんだい》が解決《かいけつ》してくると。それが、自分《じぶん》の生《う》まれた国《くに》で数百年前《すうひゃくねんまえ》に実現《じつげん》していたというのは盲点《もうてん》でした。

甲野　多分《たぶん》それでバランスが取《と》れていたんでしょう。それで、「完全武装解除《かんぜんぶそうかいじょ》の原理《げんり》」というのが私《わたし》の中《なか》で色々《いろいろ》な技《わざ》をやってきたからこそ分《わ》かったという事《こと》は勿論《もちろん》あるのですけれど、多分《たぶん》、無住心剣術《むじゅうしんけんじゅつ》もそういう所《ところ》がすごくあったんだと思《おも》うし、それに憧《あこが》れた白井亨《しらいとおる》が開《ひら》いた「天真兵法《てんしんへいほう》」にもそういう要素《ようそ》があったのだろうと思《おも》うんですけどね。

方条　白井亨《しらいとおる》なんか体《からだ》をもの凄《すご》く謙虚《けんきょ》にするみたいな言《い》い方《かた》をしていますよね。信長《のぶなが》の没《ぼっ》後《ご》、大《おお》きな態度《たいど》で豊臣秀吉《とよとみひでよし》を批難《ひなん》する柴田勝家《しばたかついえ》に対《たい》し、秀吉《ひでよし》は反論《はんろん》せずに蟄居《ちっきょ》して勝《か》ったという例《たと》えまで出《だ》して。だからそれぐらい体《からだ》を小《ちい》さく小《ちい》さく慎《つつ》ましくしろみたいな白井《しらい》の思想《しそう》も通《つう》ずるものがあるのだと思《おも》います。

甲野　そうですね。まあ秀吉《ひでよし》の場合《ばあい》は、本当《ほんとう》に謙虚《けんきょ》にしていたというより、戦略《せんりゃく》として身《み》を縮《ちぢ》めていたようにも思《おも》いますけど、この「完全武装解除《かんぜんぶそうかいじょ》の原理《げんり》」というのは、私《わたし》の武《ぶ》術《じゅつ》探究《たんきゅう》で生《う》まれた一つの結論《けつろん》だとは思《おも》います。これが今後《こんご》どう展開《てんかい》するのかは分《わ》からないですけれど、『剣《けん》の精神誌《せいしんし》』を書《か》いた頃《ころ》は、武術書《ぶじゅつしょ》の古典研究《こてんけんきゅう》という思《おも》いも強《つよ》かったわけですが、そのお陰《かげ》で今《いま》「完全武装解除《かんぜんぶそうかいじょ》」という思《おも》いがけない技《わざ》の原理《げんり》が生《う》まれてきて「なるほどな」って思《おも》えるのは有難《ありがた》いことです。まあ、あの『剣《けん》の精神誌《せいしんし》』を書《か》いた当時《とうじ》「完全武装解除《かんぜんぶそうかいじょ》」と言《い》われても、自分《じぶん》が行《おこな》う技《わざ》としては、全然《ぜんぜん》ピンと来《こ》なかったと思《おも》いますよ。

方条　全《まった》く同《おな》じ文章《ぶんしょう》や言葉《ことば》でも、自身《じしん》の変化《へんか》で印象《いんしょう》や受《う》け取《と》れる意味《いみ》が、どんどん変《か》わってくるという事《こと》ですよね。

小児《しょうに》の戯《たわむ》れの如《ごと》くなり

甲野　何年《なんねん》か前《まえ》、私《わたし》の講習会《こうしゅうかい》にどこかの団体《だんたい》の武道《ぶどう》の試合《しあい》で優勝《ゆうしょう》したという経歴《けいれき》のある人《ひと》が、喧嘩《けんか》を売《う》るような態度《たいど》でやってきた事《こと》がありましたね。
その時《とき》、方条《ほうじょう》さんがその人《ひと》と手《て》を合《あ》わせた事《こと》がありましたよね。あの時《とき》、方条《ほうじょう》さんが

「寸止《すんど》めでやりましょうね」と言《い》っても、相手《あいて》は構《かま》わず当《あ》ててきたのを組《く》み伏《ふ》せて、頭《あたま》をしっかり抱《かか》え相手《あいて》を引《ひ》きさがらせたことがありましたけれど、あの時《とき》の方条《ほうじょう》さんは、まあある種《しゅ》の覚悟《かくご》は決《き》めて出《で》て行《い》った感《かん》じはあったけれども、闘志《とうし》をむき出《だ》しにしてやる感《かん》じゃなくて、ただ自然《しぜん》とスラスラと歩《ある》いて行《い》くような感《かん》じでしたね。

方条　確《たし》かにあの時《とき》は近所《きんじょ》に散歩《さんぽ》にでも出《で》かけるような、とても気楽《きらく》な気分《きぶん》で臨《のぞ》めました。

甲野　あの時《とき》、相手《あいて》に負《ま》けを認《みと》めさせてから、「じゃあ、もうこれで終《お》わりましょう」と言《い》って、相手《あいて》をハグした終《お》わらせ方《かた》には感心《かんしん》しました。

方条　あの時《とき》は終始闘争心《しゅうしとうそうしん》が無《な》かったので、終《お》わった後《あと》も相手《あいて》に対《たい》する憎《にく》しみや怒《いか》りは全《まった》くありませんでした。もうあんな事《こと》は二度《ど》と御免《ごめん》ですけれど、不本意《ふほんい》とはいえ、実力者《じつりょくしゃ》を相手《あいて》にノールールで戦《たたか》った経験《けいけん》だからこそ得《え》る事《こと》ができた貴重《きちょう》な情報《じょうほう》はいくつかありましたね。

甲野　確《たし》かにあの事《こと》があってから、方条《ほうじょう》さん自身《じしん》はそれほど気付《きづ》いていないかもしれませんけれど、何《なん》と言《い》うか、ある種突《しゅつ》き抜《ぬ》けた感《かん》じが出《で》て、私《わたし》もとても方条《ほうじょう》さんと話《はな》しやすくなりました。

そして、その結果《けっか》、今回《こんかい》の本《ほん》が出来《でき》たのですから、あの日《ひ》の出来事《できごと》はこの本《ほん》が生《う》まれたキッカケになっています。本当《ほんとう》に何《なに》が幸《さいわ》いするかわかりません。考《かんが》えてみると不思議《ふしぎ》なものです。

方条　確《たし》かに不思議《ふしぎ》ですね。私自身《わたしじしん》の変化《へんか》に関《かん》してはそれほど自覚《じかく》はありませんが、何《なに》か一つの確信《かくしん》に近《ちか》い感覚《かんかく》は得《え》たかもしれません。

甲野　それはどういった？

方条　一言《ひとこと》でいうと、「今《いま》までやってきた事《こと》は間違《まちが》いではなかった」という事《こと》ですね。教室《きょうしつ》では「力《ちから》を抜《ぬ》いた方《ほう》が強《つよ》い」「穏《おだ》やかな方《ほう》が強《つよ》い」とさんざん言《い》ってまいりましたが、それが実証《じっしょう》できたというのが大《おお》きいですね。お相手《あいて》は明《あき》らかにトレーニングを重《かさ》ねてきたような立派《りっぱ》な体《からだ》つきをしていましたが、そういった事《こと》を何《なに》もしていない私《わたし》の肉体《にくたい》とも対照的《たいしょうてき》だったと思《おも》います。「緊急事態《きんきゅうじたい》でも普通《ふつう》でいられる特異性《とくいせい》こそが武術《ぶじゅつ》です」とも言《い》ってきましたが、眼球《がんきゅう》や金的《きんてき》を潰《つぶ》しにかかって来《く》るような相手《あいて》に対《たい》して、それができていた気《き》がします。言《い》わば、私《わたし》なりの「武装解除《ぶそうかいじょ》」の心《こころ》と体《からだ》で臨《のぞ》めたという事《こと》ですね。

甲野　その辺《あた》りは無住心剣術《むじゅうしんけんじゅつ》で説《と》いている「ただ小児《しょうに》の戯《たわむ》れの如《ごと》くなり」という所《ところ》にも通《つう》じているのかもしれませんね。幼子《おさなご》は意識《いしき》がハッキリしている大人《おとな》とは動《うご》きに対《たい》する感《かん》覚《かく》が全《まった》く違《ちが》うわけですから、それを見習《みなら》えという無住心剣術《むじゅうしんけんじゅつ》は、確《たし》かに一般的《いっぱんてき》な剣術《けんじゅつ》とは違《ちが》いますね。その事《こと》は、『無住心剣術書《むじゅうしんけんじゅつしょ》』の中《なか》で説《と》いている「他流平生《たりゅうへいぜい》の様《さま》を見《み》るに、海《うみ》をゆくのに車《くるま》を使《つか》い、陸《りく》をゆくのに舟《ふね》を使《つか》うが如《ごと》し」というくだりを見《み》てもわかる気《き》がします。

方条　確《たし》かに他流《たりゅう》は闘志《とうし》を掻《か》き立《た》て、ぶつかり合《あ》っちゃっているわけですからね。無住《むじゅう》心剣術《しんけんじゅつ》の立場《たちば》からすれば、他流《たりゅう》の多《おお》くの人達《ひとたち》は全《まった》く逆《ぎゃく》の事《こと》をやっているように見《み》えた事《こと》でしょう。

甲野　私《わたし》も、技《わざ》が一番通《いちばんとお》りにくいAさんとやっていて気付《きづ》いた、この「完全武装解除《かんぜんぶそうかいじょ》の原《げん》理《り》」だからこそ、深《ふか》く納得出来《なっとくでき》たのだと思《おも》います。ただ、この感覚《かんかく》を他人《たにん》に伝《つた》えるのは難《むずか》しいですね。禅《ぜん》では「以心伝心《いしんでんしん》、教外別伝《きょうげべつでん》」なんて言《い》いますけど、「確《たし》かにそうなんだろうな」とあらためて思《おも》います。

これがちょうどタイミング的《てき》に方条《ほうじょう》さんと本《ほん》を作《つく》っている最中《さいちゅう》に気付《きづ》いたのは、不思議《ふしぎ》な運命《うんめい》を感《かん》じます。

方条　たしかに先生《せんせい》が何《なに》を仰《おっしゃ》りたいかは、とても良《よ》く分《わ》かります。本当《ほんとう》に良《よ》いタイミングでしたね。

ウラ崩《くず》し

方条　「ウラ崩《くず》し」は、どういった経緯《いきさつ》で発見《はっけん》されたのですか？

甲野　今《いま》の「完全武装解除《かんぜんぶそうかいじょ》」につながる「影観法《えいかんほう》」なんかもそうですけど、そこに来《く》るまでに今《いま》まで色々《いろいろ》な術理《じゅつり》があった訳《わけ》です。これもその一つですね。

方条　いつごろ見《み》つけられたのですか？

甲野　今年《ことし》（二〇一九年《ねん》）七月の終《お》わりごろに、小金井《こがねい》で稽古会《けいこかい》をした時《とき》ですね。ラグビーのトレーナーの人《ひと》が来《き》て、タックルに関《かん》して質問《しつもん》をされた時《とき》に気付《きづ》いたことです。そして、これを相撲《すもう》にも応用《おうよう》できるのではないかと思《おも》っているところです。

方条　原型《げんけい》になったような技《わざ》はあるのですか？

甲野　はい。元々《もともと》は相手《あいて》が摑《つか》みにきた手《て》の、手首《てくび》のあたりを確実《かくじつ》に摑《つか》んで、手首関節《てくびかんせつ》か肘《ひじ》関節《かんせつ》を極《き》めるために、その相手《あいて》の手《て》がどこにあるか、その確《たし》かな位置情報《いちじょうほう》を得《え》るための方法《ほうほう》だったのです。そのためには、摑《つか》むべき相手《あいて》の手首《てくび》のあたりがどこにあるかを、そこを摑《つか》むこちらの手《て》に正確《せいかく》に知《し》らせ、もう一方《いっぽう》の手《て》で伸《の》びて来《く》る相手《あいて》の手《て》に触《ふ》れるという方《ほう》法《ほう》が一番確実《いちばんかくじつ》なのです。そして、その触《さわ》り方《かた》は、その摑《つか》みに来《き》た相手《あいて》の手《て》に対《たい》して、何《なん》の攻撃性《こうげきせい》もなく、ただフワッと触《ふ》れておくのです。「GPSをつける」なんて言《い》い方《かた》をしていましたけれど（笑）。

方条　確《たし》かにそんな表現《ひょうげん》がありましたね。

甲野　そして、その触《さわ》り方《かた》は本当《ほんとう》に相手《あいて》が警戒《けいかい》しない触《さわ》り方《かた》である必要《ひつよう》があるのですが……。

方条　ああ、それで手《て》の甲側《こうがわ》で柔《やわ》らかく触《ふ》れるんですね。

甲野　そうです。人《ひと》は掌側《てのひらがわ》だと警戒《けいかい》するけれども、手《て》の甲《こう》や指《ゆび》の背側《せがわ》だと、あまり気《き》にならないようです。それでいて、その手《て》の位置《いち》は反対側《はんたいがわ》の手《て》には確実《かくじつ》にわかるでしょう。なにしろ目《め》をつぶっても、左右《さゆう》の手《て》はお互《たが》いに触《ふ》れようとすれば、確実《かくじつ》に触《ふ》れることが出来《でき》ますからね。

方条　「視覚《しかく》」よりも「触覚《しょっかく》」の方《ほう》が、相手《あいて》の手《て》を捉《とら》える確実《かくじつ》な情報源《じょうほうげん》になると。

甲野　ええ。例《たと》えば摑《つか》みかかってきた相手《あいて》を左手《ひだりて》で崩《くず》す時《とき》、右手《みぎて》の甲《こう》で相手《あいて》の手《て》に触《ふ》れておくという事《こと》です。

方条　柔道《じゅうどう》なんかで摑《つか》みかかってきた相手《あいて》に応用《おうよう》されていましたよね。

甲野　そうですね。たとえば摑《つか》みかかってきた相手《あいて》を一気《いっき》に手首関節《てくびかんせつ》を極《き》めて抑《おさ》え込《こ》もうとするような時《とき》に、この方法《ほうほう》は極《きわ》めて有効《ゆうこう》です。

方条　目《め》だけで追《お》うよりも「触覚《しょっかく》」という情報源《じょうほうげん》を使《つか》えるから、ちょうどいい所《ところ》を持《も》てるんですね。

甲野　そうです。しかも先《さき》ほども言《い》いましたが、手《て》の甲側《こうがわ》でくっつくということは、その手《て》が別《べつ》に何《なに》が出来《でき》るということではありませんので、攻撃性《こうげきせい》もないし、気配《けはい》も消《き》えているんですよ。それで相手《あいて》も気《き》にならないのでしょう。

方条　これはずいぶん前《まえ》からされていましたよね。

甲野　そうなんです。「位置《いち》の確認《かくにん》のためにやっている」と言《い》っていたと思《おも》うんですけど、この技《わざ》については、もう何年前《なんねんまえ》に気付《きづ》いたのかわからないぐらい前《まえ》から使《つか》っていたんですが、なぜか今年《ことし》の七月《がつ》にラグビーの人《ひと》とやった時《とき》に、ふと、本当《ほんとう》にあれは偶然《ぐうぜん》みたいなものなんですが、タックルにくる相手《あいて》の手《て》に、この「手《て》の甲側《こうがわ》で触《ふ》れる」ということをやってみたら「追《お》ってこれないのではないか?」という感《かん》じがしたんです。それで、伸《の》びてきた相手《あいて》の手《て》に、こちらの手《て》の甲側《こうがわ》（多《おお》くは指《ゆび》の背《せ》ぐらいですが）を当《あ》てて、横《よこ》に体《からだ》をかわしたのです。すると相手《あいて》がかわした方向《ほうこう》に、すぐ向《む》けないんですよ。

方条　それが「ウラ崩《くず》し」の始《はじ》まりですね。

甲野　そうですね。相手《あいて》が来《き》た時《とき》に手《て》の甲側《こうがわ》で触《ふ》れると、人間《にんげん》というのは視覚《しかく》よりも接《せっ》触《しょく》感覚《かんかく》の方《ほう》が原初的《げんしょてき》なためか、見《み》えていても皮膚《ひふ》に触《ふ》れた感覚《かんかく》の方《ほう》が優先度合《ゆうせんどあい》が高《たか》いようで、そのため、バランス感覚《かんかく》なども、その皮膚感覚《ひふかんかく》に大《おお》きな影響《えいきょう》を受《う》けるようです。相《あい》手《て》に触《ふ》れる時《とき》の手《て》が、掌《てのひら》の場合《ばあい》はすぐ肩《かた》につながってしまうので、その感触《かんしょく》から相手《あいて》がすぐ探知《たんち》して追《お》いかけてくる訳《わけ》ですけれど、手《て》の甲側《こうがわ》で触《ふ》れた場合《ばあい》は、力《ちから》が抜《ぬ》けて途中《とちゅう》で情報《じょうほう》が消《き》えるためか、相手《あいて》が追《お》いかけてこようとしても「あれ？　どこ行《い》った」という事《こと》になるのだと思《おも》います。

方条　つまり、力《ちから》が抜《ぬ》けて「のれん」のようになっている手《て》の甲側《こうがわ》に対《たい》し、掌《てのひら》で触《ふ》れると、しっかりした構造《こうぞう》になってしまうと。そうすると腕《うで》を通《つう》じ、こちらの肩《かた》や胴体《どうたい》の情報《じょうほう》が「手《て》ごたえ」として相手《あいて》に伝《つた》わってしまうんですね。

甲野　そうですね。それと、その前提《ぜんてい》として人間《にんげん》は絶《た》えず「二本足《ほんあし》で立《た》ち続《つづ》けている」という不安定《ふあんてい》さがあるため、その二本足《ほんあし》で立《た》ち続《つづ》けようと、無意識《むいしき》のうちにもしているという、最《もっと》も優先順位《ゆうせんじゅんい》の高《たか》い働《はたら》きを逆《ぎゃく》に利用《りよう》しているわけです。

方条　「二本足《ほんあし》で立《た》つ」って、本来《ほんらい》は凄《すご》い「特殊技能《とくしゅぎのう》」ですもんね。赤《あか》ちゃんが立《た》ち上《あ》がってゆく過程《かてい》なんて見《み》ていると分《わ》かりますけど、自転車《じてんしゃ》に乗《の》るよりもよほど難《むずか》しい。

甲野　そうですね。それで手《て》などが何《なに》かに触《ふ》れた瞬間《しゅんかん》から、触《ふ》れた対象《たいしょう》と、自《みずか》らの「直《ちょく》立維持《りついじ》」の関係《かんけい》がすごく気《き》になるんですよね。直立維持《ちょくりついじ》を保持《ほじ》するために、触《ふ》れた所《ところ》と自《じ》分《ぶん》の立位《りつい》の関係《かんけい》を、無意識《むいしき》に計算《けいさん》しながら常《つね》にその次《つぎ》、その次《つぎ》の場面《ばめん》でどうするかを予測《よそく》してますからね。

方条　それはありますね。

甲野　構造的《こうぞうてき》に肩《かた》と繋《つな》がる掌《てのひら》と違《ちが》って、手《て》の甲《こう》だと「ただぶら下《さ》がっている」ものがたまたま触《ふ》れたような状態《じょうたい》になるので、相手《あいて》が追尾《ついび》しづらい。それでぱっとかわすと追《お》って来《き》にくくなる。自分《じぶん》の直立維持《ちょくりついじ》のための杖《つえ》に出来《でき》るかどうかを、身体《しんたい》は何《なに》かに触《ふ》れた瞬間《しゅんかん》に探《さぐ》りますからね。

方条　「のれん」に自分《じぶん》の体重《たいじゅう》を預《あず》けようなんて思《おも》わないですもんね。

甲野　ええ。本体《ほんたい》である胴《どう》と切《き》り離《はな》された感《かん》じになるから、それを追《お》おうとすると自分《じぶん》のバランスを崩《くず》す可能性《かのうせい》を感《かん》じます。

方条　「あっ、これにうっかり体重《たいじゅう》を預《あず》けられないな」みたいになりますよね。

甲野　つまり、寄《よ》りかかったら危《あぶ》ない柵《さく》みたいなもんですね。グラグラして抜《ぬ》けるかもしれない手摺《てす》りだって、本気《ほんき》で持《も》てませんよね。だから自分《じぶん》で追《お》おうとするよりも「下手《へた》に体重《たいじゅう》は掛《か》けられないぞ」となる。

方条　それが「バランス保持《ほじ》」の本能《ほんのう》ですね。

甲野　ところが、こちらから掌側《てのひらがわ》でグッと押《お》すようにすると、相手《あいて》はバランスを失《うしな》わず、その押《お》してきた手《て》に体重《たいじゅう》をかけながら自分《じぶん》の体勢《たいせい》を維持《いじ》するように使《つか》えるのです。

方条　こちらが、相手《あいて》の拠《よ》り所《どころ》にもなっちゃうんですよね。人《ひと》は**敵対《てきたい》している相手《あいて》にさえ依存《いぞん》する。**

甲野　そうですね。人間《にんげん》は自分《じぶん》の直立《ちょくりつ》を維持《いじ》しつつ自分《じぶん》が必要《ひつよう》とする動作《どうさ》をやっているんですけど、それがあまりにも自動的《じどうてき》だから、そういう事《こと》をしている事《こと》に普段《ふだん》あまり気付《きづ》かないんですよね。

方条　ほぼ、無自覚《むじかく》ですよね。

甲野　そう。大部分自動的《だいぶぶんじどうてき》なバランス維持《いじ》に任《まか》せているんですよ。「これは大丈夫《だいじょうぶ》」「これは危《あぶ》ない」という判断《はんだん》をほぼ無意識《むいしき》にしているから、柔《やわ》らかくぶらぶらしている物《もの》に触《ふ》れた時《とき》、「これに体重《たいじゅう》を一部《ぶ》でも預《あず》けながら体《からだ》の向《む》きを変更《へんこう》するのは危《あぶ》ないぞ」と体《からだ》が判《はん》断《だん》する。だから手《て》の甲側《こうがわ》で柔《やわ》らかく触《ふ》れてバッと方向《ほうこう》を変《か》えると、相手《あいて》は直《ただ》ちにこちらが変《か》わった方向《ほうこう》に向《む》きが変《か》われないんですよ。

　本来《ほんらい》の柔術《じゅうじゅつ》の技《わざ》は、そういう所《ところ》を高度《こうど》に利用《りよう》したから「小《しょう》よく大《だい》を制《せい》す」なんて事《こと》が当《とう》然《ぜん》あったのだなと思《おも》います。加藤有慶《かとううけい》が八畳間《じょうま》で三、四人《にん》に掛《か》かってこさせて、「稲妻《いなずま》、陽炎《かげろう》の如《ごと》く」その間《あいだ》を抜《ぬ》けて、たまに「摑《つか》んだ」と思《おも》った相手《あいて》が、瞬間《しゅんかん》に投《な》げられているというエピソードが伝《つた》わっています。

方条　凄《すさ》まじい技術《ぎじゅつ》ですね。

甲野　ええ。触《ふ》れた瞬間《しゅんかん》に崩《くず》しているんですからね。これこそ二本足《ほんあし》でバランスを取《と》っているという人間《にんげん》の働《はたら》きを上手《うま》く利用《りよう》しているのだと思《おも》います。そういうことがラグビーなんかでも出来《でき》たら凄《すご》いと思《おも》いますね。

方条　今《いま》は身体《しんたい》に関《かん》し、そういう事《こと》の工夫《くふう》が凄《すご》く抜《ぬ》け落《お》ちてしまっていますよね。

甲野　「ウラ崩《くず》し」はある面《めん》、確《たし》かに「完全武装解除《かんぜんぶそうかいじょ》の原理《げんり》」と繋《つな》がっていると思《おも》うんですよ。手《て》の甲側《こうがわ》で触《ふ》れると、相手《あいて》にとって「敵《てき》」という感《かん》じがしないものだから、そう認《にん》識《しき》しないわけでしょう。だから「ウラ崩《くず》し」は「完全武装解除《かんぜんぶそうかいじょ》の原理《げんり》」に気《き》づいた一つの要素《ようそ》、布石《ふせき》になっていますね。それと、やはり「影観法《えいかんほう》」が深《ふか》く関《かか》わっていると思《おも》います。なにしろ「影観法《えいかんほう》」は常《つね》に「表《おもて》の意識《いしき》」は他《ほか》に置《お》いて、「我《われ》ならざる我《われ》」つまり「もう一人《ひとり》の自分《じぶん》」を働《はたら》かせる訓練《くんれん》を色々《いろいろ》する事《こと》になったわけですから……。

影観法《えいかんほう》について

方条　ではその「影観法《えいかんほう》」についても、詳《くわ》しくご説明願《せつめいねが》えますか？

甲野　そうですね。「完全武装解除《かんぜんぶそうかいじょ》の原理《げんり》」の前《まえ》にこの原理《げんり》に気付《きづ》く基盤《きばん》となった術理《じゅつり》が三つあって、一つは先《さき》ほどの「ウラ崩《くず》し」。そして二つ目《め》が「影観法《えいかんほう》」。もう一つは、これは非常《ひじょう》に分《わ》かりやすい。「上腕骨内側上顆《じょうわんこつないそくじょうか》」を先導《せんどう》として用《もち》いる「腕伎技《かいなぎわざ》」。

方条　ぶつけた時《とき》にしびれて痛《いた》い、肘《ひじ》のグリグリですね。普通《ふつう》は摑《つか》んでいる場所《ばしょ》や相手《あいて》との接触面《せつしょくめん》を意識《いしき》して技《わざ》を掛《か》けようとしてしまいますが、この「グリグリから動《うご》く」感覚《かんかく》にすると、効《き》きがずいぶん良《よ》くなると。

甲野　ええそうです。そして、「完全武装解除《かんぜんぶそうかいじょ》の原理《げんり》」に一番影響《いちばんえいきょう》を与《あた》えたのが、これからお話《はな》しする「影観法《えいかんほう》」でしょうね。「影観法《えいかんほう》」は一昨年《いっさくねん》、二〇一七年《ねん》の暮《く》れギリギリに気付《きづ》いたもので、昨年《さくねん》（二〇一八年《ねん》）はずっとこの事《こと》を検討研究《けんとうけんきゅう》していました。これは、例《たと》えば突《つ》き技《わざ》や柔道《じゅうどう》などの組手争《くみてあらそ》いなどの時《とき》、本来《ほんらい》の目標《もくひょう》である場所《ばしょ》に手《て》を出《だ》すのに、その目標《もくひょう》に向《む》かって普通《ふつう》に手《て》を出《だ》すと、その「手《て》を出《だ》すこと」をどうしても意識《いしき》するので、気配《けはい》を相手《あいて》に察知《さっち》されて防《ふせ》がれてしまう。それで、そこを、何《なん》とかしようとして生《う》まれた術理《じゅつり》です。

方条　「ここを狙《ねら》うぞ」とこちらが意識《いしき》すると、相手《あいて》がそれを敏感《びんかん》に察知《さっち》して反応《はんのう》してくるんですよね。

甲野　ええ。つまり、「本来到達《ほんらいとうたつ》したい相手《あいて》の身体《しんたい》の場所《ばしょ》」に向《む》かって出《だ》す手《て》は、「どこに向《む》かって手《て》を出《だ》している」と相手《あいて》に感《かん》じさせないように、「表《おもて》の意識《いしき》」とも呼《よ》んでいる、最《もっと》も自覚《じかく》しやすい意識《いしき》を本来《ほんらい》の目標《もくひょう》とは全《まった》く違《ちが》うところに向《む》け、まさにその「ダミー」となっている場所《ばしょ》に向《む》かって「手《て》を出《だ》しつつある実感《じっかん》」を意識《いしき》します。

方条　「意識《いしき》のパンチ」が、「本当《ほんとう》のパンチ」とは別《べつ》の場所《ばしょ》に、先行《せんこう》して飛《と》んで行《い》くんですね。

甲野　はい。そして、その時《とき》「裏《うら》の意識《いしき》」と呼《よ》んだり、「我《われ》ならざる我《われ》」などとも称《しょう》している「もう一人《ひとり》の私《わたし》」、つまり無自覚《むじかく》な私《わたし》が本来《ほんらい》の目標《もくひょう》に向《む》かって手《て》を出《だ》す指令《しれい》をしているのです。この技《わざ》はどうやってこれを会得《えとく》するかはなかなか難《むずか》しいところですが、方条《ほうじょう》さんなどはいつの間《ま》にか、これと同《おな》じような事《こと》をしていたと思《おも》います。

方条　つまり、「意識《いしき》のみのパンチ」の方《ほう》が「実感《じっかん》」があって、「実際《じっさい》のパンチ」の方《ほう》が「実感《じっかん》」が無《な》い。これは、相手《あいて》の対応《たいおう》が相当難《そうとうむずか》しくなりますね。

確《たし》かに先《さき》ほどもご説明《せつめい》した私《わたし》なりの「武装解除《ぶそうかいじょ》」は、意識《いしき》、つまり先生《せんせい》が言《い》うところの「表《おもて》の意識《いしき》」を小《ちい》さく小《ちい》さくしてゆく術理《じゅつり》ですから、「裏《うら》の意識《いしき》」で動《うご》く感覚《かんかく》は凄《すご》く分《わ》かる気《き》がします。

甲野　こうして「影観法《えいかんほう》」の工夫《くふう》が進《すす》んだことで、私《わたし》が以前《いぜん》にくらべて大変《たいへん》やりやすくなった技《わざ》の一つは「太刀奪《たちど》り」です。これは、当《あ》てても傷《きず》つかない緩衝材《かんしょうざい》を巻《ま》いたソフト竹刀《しない》などで、本気《ほんき》で打《う》ち込《こ》んでくる相手《あいて》の攻撃《こうげき》を躱《かわ》すもので、私《わたし》が数十年《すうじゅうねん》も前《まえ》から、それこそ悲願《ひがん》のような思《おも》いで工夫《くふう》してきた技《わざ》です。

方条　太刀奪《たちど》りはその時代《じだい》その時代《じだい》の、様々《さまざま》な術理《じゅつり》に応用《おうよう》されてきましたね。

甲野　何《なに》しろ「太刀奪《たちど》り」は、私《わたし》が昔《むかし》合気道《あいきどう》を稽古《けいこ》していた時《とき》から演武会《えんぶかい》などで見《み》かけましたが、どう見《み》ても本気《ほんき》で打《う》ち込《こ》んだら躱《かわ》せないと思《おも》うような動《うご》きばかりで、いつかは本《ほん》気《き》で打《う》ち込《こ》んで来《こ》られても躱《かわ》せるようになりたいと思《おも》っていました。それがなんとか可能《かのう》になってきたのは六十代《だい》に入《はい》ってからでしたね。そして「影観法《えいかんほう》」に気付《きづ》いてから、この「太刀奪《たちど》り」に「影観法《えいかんほう》」を応用《おうよう》することを思《おも》いついたのです。

方条　「太刀奪《たちど》り」の動《うご》きにも、「裏《うら》の意識《いしき》」が発動《はつどう》し始《はじ》めたんですね。

甲野　そうです。「表《おもて》の意識《いしき》」は、もう「躱《かわ》そう」などと思《おも》わず、『打《う》ち込《こ》まれてくる竹刀《しない》を摑《つか》んで取《と》る』というつもりで待《ま》ち構《かま》えている」というものです。そして、実際《じっさい》の動《うご》きは「もう一人《ひとり》の自分《じぶん》」「我《われ》ならざる我《われ》」が私《わたし》の身体《しんたい》を運《はこ》んでいる。

方条　そういう稽古《けいこ》をずっとここ一年以上《ねんいじょう》されてきたので、九月《がつ》に屋根《やね》から落《お》ちかけた時《とき》も、その「我《われ》ならざる我《われ》」が発動《はつどう》して、落《お》ちながら無意識《むいしき》のうちにも枝《えだ》を摑《つか》めたのでしょうね。

甲野　それは間違《まちが》いなくそうだったと思《おも》います。「影観法《えいかんほう》」は私《わたし》の武術《ぶじゅつ》の術理《じゅつり》の中《なか》でも大《たい》変重要《へんじゅうよう》なもので、これによって普通感《ふつうかん》じている意識《いしき》の奥《おく》にあるものを活用《かつよう》する道《みち》が開《ひら》けたのだと思《おも》います。ただ「影観法《えいかんほう》」は稽古法《けいこほう》、訓練法《くんれんほう》としての、いわば方便《ほうべん》なんですね。「影観法《えいかんほう》」という名称《めいしょう》は、「影《かげ》を観《み》る法《ほう》」で、実際《じっさい》には動《うご》かしていない意識《いしき》の中《なか》にある「影《かげ》の動《うご》き」を「表《おもて》の意識《いしき》」が「観《かん》じて」行《おこな》う技《わざ》ですから、手間《てま》もかかり、実際《じっさい》に相手《あいて》が何《なに》を仕掛《しか》けてくるかわからない武術《ぶじゅつ》のような場《ば》では、間《ま》に合《あ》いにくいんですよ。

方条　それで、「二つの意識《いしき》」が「同《おな》じ所《ところ》」を時間差《じかんさ》で突《つ》く。つまり、実際《じっさい》には突《つ》いていない「表《おもて》の意識《いしき》」の直後《ちょくご》に、同《おな》じ場所《ばしょ》を「裏《うら》の意識《いしき》」（我《われ》ならざる我《われ》）が突《つ》くといった、新《あたら》しい影観法《えいかんほう》も研究《けんきゅう》されたのですね。

甲野　そうですね。ただ、そうした方法《ほうほう》も瞬間的《しゅんかんてき》に、「我《われ》ならざる我《われ》」に動《うご》きの主導権《しゅどうけん》を渡《わた》すことが出来《でき》れば、行《おこな》う必要《ひつよう》もないわけです。ただ、まあ色々《いろいろ》と試行錯誤《しこうさくご》をしながら研《けん》究《きゅう》を重《かさ》ねてきた過程《かてい》で、そういった寄《よ》り道《みち》というか補助線《ほじょせん》、補助輪《ほじょりん》も必要《ひつよう》だったようにも思《おも》います。

　こういう様々《さまざま》な試《こころ》みをしてきたので、先《さき》ほどから話《はなし》に出《で》ている九月《がつ》の台風《たいふう》一五号《ごう》で折《お》れた木《き》の処理《しょり》をするために上《あ》がった屋根《やね》から落《お》ちた瞬間《しゅんかん》に、「表《おもて》の意識《いしき》」が「裏《うら》の意識《いしき》」というか「もう一人《ひとり》の自分《じぶん》」に「あとは任《まか》せた」とバトンタッチして、その「我《われ》ならざる我《われ》」が……。

方条　見事《みごと》に出《で》ましたね。

甲野　だから、頭《あたま》の方《ほう》は「うわーっ大怪我《おおけが》だ」「もう駄目《だめ》だ」みたいな感《かん》じで判断《はんだん》をやめたら、「我《われ》ならざる我《われ》」が発動《はつどう》して、完全《かんぜん》なフォローをしてくれた。

方条　「開通工事《かいつうこうじ》」が進《すす》んでいたんですよね、体《からだ》に主導権《しゅどうけん》を渡《わた》すための。

「走《はし》り」について

甲野　方条《ほうじょう》さんが靴《くつ》を履《は》かずに日常《にちじょう》でも出歩《である》くようになったのは、二〇一七年《ねん》の暮《く》れあたりからでしたか？

方条　そうですね。ちょうど甲野《こうの》先生《せんせい》が、公園《こうえん》の草地《くさち》などを裸足《はだし》で走《はし》られていた頃《ころ》でしょうか。

甲野　ああ、私《わたし》が走《はし》っていたのは、あの年《とし》の夏《なつ》ごろですね。十月《がつ》ごろからは、私《わたし》が九月《がつ》の末《すえ》にバリ島《とう》に行《い》った影響《えいきょう》で「舞《まい》」の動《うご》きが出《で》て止《と》まらなくなり、毎晩《まいばん》舞《ま》っていて、そのため、あまり裸足《はだし》では走《はし》らなくなってはいたんです。

私《わたし》はバリ島《とう》に行《い》く前《まえ》の月《つき》の八月《がつ》の初《はじ》めに、浜島治療院《はましまちりょういん》の浜島貫院長《はましまとおるいんちょう》からの情報《じょうほう》で「はだしラン」のmanさんの主張《しゅちょう》に感動《かんどう》し、manさんのツイッターをフォローして、自分《じぶん》でも裸足《はだし》で走《はし》り始《はじ》めたんです。走《はし》り始《はじ》めた初日《しょにち》に一番驚《いちばんおどろ》いたのは、速《はや》くはなかったですけれど四キロぐらいは走《はし》ったと思《おも》うのに全然息《ぜんぜんいき》が切《き》れなかったことです。

方条　分《わ》かります。裸足《はだし》だとすごく息切《いきぎ》れしづらいんですよね。実《じつ》はまだその頃《ころ》、私《わたし》は「甲野先生《こうのせんせい》がまた変《か》わった稽古《けいこ》を始《はじ》めたな」ぐらいの認識《にんしき》で、自分自身《じぶんじしん》が裸足《はだし》になるなんて夢《ゆめ》にも思《おも》っていなかったんですよ。

甲野　そこからどういう心境《しんきょう》の変化《へんか》があったのですか？

方条　私《わたし》は以前《いぜん》から少年《しょうねん》サッカー教室《きょうしつ》で裸足《はだし》でボールを蹴《け》る練習《れんしゅう》を取《と》り入《い》れたり、ずっと推奨《すいしょう》はしていたんです。「手袋《てぶくろ》をはめて書道《しょどう》の練習《れんしゅう》をする人《ひと》がいますか？」という言《い》い回《まわ》しでスパイク越《ご》しにボールに触《ふ》れる感覚《かんかく》の損失《そんしつ》についても語《かた》っていました。
ただ、自分自身《じぶんじしん》は裸足《はだし》になってまで感覚《かんかく》を磨《みが》く必要《ひつよう》は無《な》いと思《おも》っており、どこか他人事《たにんごと》でした。それが一冊《いっさつ》の本《ほん》と出合《であ》い、がらりと変《か》わりました。

甲野　それはどんな本《ほん》ですか？

方条　クリストファー・マクドゥーガル著《ちょ》の『BORN TO RUN《ボーン・トゥ・ラン》』という本《ほん》です。人間《にんげん》の「走《はし》り」というものを考察《こうさつ》した素晴《すば》らしい内容《ないよう》で、「これは、もう靴《くつ》を履《は》いている場合《ばあい》ではない」となりました。そこから、一見地下足袋《いっけんじかたび》にも見《み》える薄《うす》い足袋《たび》カバーなどを素足《すあし》に履《は》いて外出《がいしゅつ》するようになりました。それが、ちょうど甲野先生《こうのせんせい》が裸足《はだし》で走《はし》ることの効用《こうよう》を説《と》かれていた時期《じき》なので、偶然《ぐうぜん》なのか、必然《ひつぜん》なのか不思議《ふしぎ》なタイミングですね。

甲野　ああ、あの本《ほん》はとてもいい本《ほん》ですね。あの本《ほん》の中《なか》で、クッション性《せい》のある靴《くつ》はよくないと書《か》いてあることは、私《わたし》もその通《とお》りだと思《おも》います。ところで方条《ほうじょう》さんは最近《さいきん》、ポンポン弾《はず》むような足《あし》どりで、かなりの距離《きょり》でも疲《つか》れずに走《はし》って行《い》けるようになった、とのことですが、それはやはり靴《くつ》などの履《は》き物《もの》を履《は》かなくなったことが影響《えいきょう》していますか？

方条　それは大《おお》いに影響《えいきょう》していると思《おも》います。そしてこの走法《そうほう》が生《う》まれたのも、クリストファー・マクドゥーガルさんの本《ほん》がきっかけなんです。それが『BORN TO RUN《ボーン・トゥ・ラン》』の次《つぎ》に書《か》かれた『ナチュラル・ボーン・ヒーローズ』という本《ほん》なのですが、その中《なか》の一節《いっせつ》に「バウンドで動《うご》く」と書《か》かれた箇所《かしょ》がありました。そこを読《よ》んだ瞬間《しゅんかん》、甲野先生《こうのせんせい》の「人間鞠《にんげんまり》」や、以前《いぜん》から引《ひ》き合《あ》いに出《だ》されているテンセグリティー、構造動作《こうぞうどうさ》の「ゆっくり走《はし》り」、そして自分《じぶん》の中《なか》に長年蓄積《ながねんちくせき》してきた「脱力《だつりょく》」の感覚《かんかく》などが、かちかちと急激《きゅうげき》に繋《つな》がってゆく音《おと》が聞《き》こえたんです。それは、ばらばらだったパズルのピースが、瞬時《しゅんじ》に組《く》み上《あ》がる感覚《かんかく》でした。

甲野　そこは方条《ほうじょう》さんならではの感覚《かんかく》ですね。

方条　この走法《そうほう》の概要《がいよう》は、一歩一歩《いっぽいっぽ》で体内《たいない》に生《しょう》じる自然《しぜん》なバウンドに乗《の》るというものなのですが、重要《じゅうよう》なポイントがいくつかあります。

まず、足《あし》の筋肉《きんにく》を極力作動《きょくりょくさどう》させないようにする事《こと》です。全身《ぜんしん》の「バウンド」で生《しょう》じる自然《しぜん》な動力《どうりょく》で体《からだ》を進《すす》めたいので、足《あし》が働《はたら》くと調和《ちょうわ》が台無《だいな》しになってしまいます。甲野先生《こうのせんせい》が術理《じゅつり》の説明時《せつめいじ》に「腕《うで》は出《で》しゃばり」とよく仰《おっしゃ》っていますが、「足《あし》を出《で》しゃばらせないようにする」というのは大《おお》きなポイントの一つですね。特《とく》に、足裏《あしうら》が地面《じめん》と接地《せっち》する瞬間《しゅんかん》に「何《なに》もしない」でいられるかがこの走《はし》りの質《しつ》を大《おお》きく左右《さゆう》します。

この点《てん》など、「人間鞠《にんげんまり》」に近《ちか》いと思《おも》います。

甲野　「足《あし》を出《で》しゃばらせるな」は言《い》い得《え》て妙《みょう》ですね。

方条　また、「タイミング」も非常《ひじょう》に重要《じゅうよう》ですね。全身《ぜんしん》で生《しょう》じる自然《しぜん》なバウンドに遅《おく》れもせず追《お》い越《こ》しもせず、「ジャスト」に近付《ちかづ》くほど楽《らく》にエネルギーを取《と》り出《だ》せます。自分《じぶん》の中《なか》の感覚《かんかく》と対話《たいわ》し、体内《たいない》に感《かん》じるバウンドのリズムを捉《とら》え、着地《ちゃくち》して撓《たわ》んだ直後《ちょくご》の反発《はんぱつ》が生《しょう》じた瞬間《しゅんかん》に次《つぎ》の足《あし》を出《だ》す、という動作《どうさ》を正確《せいかく》に繰《く》り返《かえ》すと、どこまでも進《すす》んでゆく事《こと》ができます。

甲野　それは走《はし》ることが武術《ぶじゅつ》の稽古《けいこ》にも自然《しぜん》となっているということですね。

方条　その通《とお》りです。一般的《いっぱんてき》な「走《はし》る」というイメージより、「動《うご》きの精度《せいど》を磨《みが》く行為《こうい》」に近《ちか》いですね。

中《なか》でも最《もっと》も重要《じゅうよう》なのが「脱力感覚《だつりょくかんかく》」で、最小限《さいしょうげん》の筋力《きんりょく》で必要《ひつよう》な姿勢《しせい》を作《つく》れるほど、体《からだ》は高性能《こうせいのう》な「鞠《まり》」あるいは「バネ」と化《か》してゆきます。というのも、力《りき》んだり余分《よぶん》な入力《にゅうりょく》があると、その箇所《かしょ》は不自然《ふしぜん》に固《かた》まりますから、「バネ」や「鞠《まり》」の機能《きのう》としては当然《とうぜん》低下《ていか》してしまう訳《わけ》です。

また、緩衝材《かんしょうざい》の類《たぐい》は「均質《きんしつ》」だからこそ衝撃《しょうげき》を全体《ぜんたい》に分散《ぶんさん》してくれます。力《りき》みや余分《よぶん》な入力《にゅうりょく》は全身《ぜんしん》の材質《ざいしつ》をちぐはぐにしてしまうので、綺麗《きれい》な「バウンド」からはやはり遠《とお》ざかってしまいますよね。

全身《ぜんしん》の姿勢《しせい》は、腰《こし》が低《ひく》いほど優秀《ゆうしゅう》な「バネ」として機能《きのう》してくれます。股関節《こかんせつ》や膝《ひざ》、足首《くび》が曲《ま》がっている状態《じょうたい》です。これらが伸《の》び切《き》った瞬間《しゅんかん》があるという事《こと》は、地面《じめん》を筋力《きんりょく》でキックしているという事《こと》ですし、足《あし》の骨《ほね》がまとめて一直線《いっちょくせん》の「棒《ぼう》」のようになってしまうので、自然《しぜん》な「バネ」としては機能《きのう》しません。つまり、その人《ひと》にできる「最小限《さいしょうげん》」の筋《きん》力《りょく》で「最適《さいてき》な姿勢《しせい》」を作《つく》り、体《からだ》の各所《かくしょ》に余計《よけい》な事《こと》をさせずに落下《らっか》とバウンドを繰《く》り返《かえ》して行《ゆ》く、という形《かたち》になります。この「どれだけ最小限《さいしょうげん》に出来《でき》るか」というのが、私《わたし》の「脱《だつ》力《りょく》感覚《かんかく》」なんです。

というのも、それぞれ「最小限《さいしょうげん》」と言《い》っても、内部的《ないぶてき》に働《はたら》いている筋肉《きんにく》は全《まった》く違《ちが》っているからです。ある人《ひと》とある人《ひと》に最小限《さいしょうげん》の力《ちから》で全《まった》く同《おな》じ姿勢《しせい》を作《つく》って下《くだ》さいと言《い》っても、全身《ぜんしん》で使《つか》われている筋肉《きんにく》の箇所《かしょ》と量《りょう》は全《まった》く違《ちが》います。それはほとんどの場合《ばあい》、その姿《し》勢《せい》を保持《ほじ》するのに本当《ほんとう》に必要《ひつよう》な筋肉《きんにく》と不要《ふよう》な筋肉《きんにく》の「振《ふ》り分《わ》け」が充分《じゅうぶん》になされておらず、無自覚《むじかく》なまま不要《ふよう》な入力《にゅうりょく》が残《のこ》ってしまっているからです。そして、その「不要《ふよう》な入《にゅう》力《りょく》」を隈《くま》なく探《さが》し出《だ》し、徹底的《てっていてき》に「解除《かいじょ》」してゆくのが私《わたし》の考《かんが》える「脱力《だつりょく》」なのです。

これは、どんな達人《たつじん》でも「不要《ふよう》な入力《にゅうりょく》」が一切無《いっさいな》い人《ひと》は一人《ひとり》もおらず、自己観察《じこかんさつ》の精度《せいど》の向上《こうじょう》に伴《ともな》い、一生発見《いっしょうはっけん》と改善《かいぜん》が続《つづ》いて行《ゆ》く部分《ぶぶん》だと思《おも》っています。そんな事《こと》を私《わたし》はずっとやってきたので、自分《じぶん》の専門分野《せんもんぶんや》としてすんなり「バウンド」に取《と》り組《く》む事《こと》ができました。

甲野　今《いま》の一連《いちれん》の解説《かいせつ》は、方条《ほうじょう》さんの天根流《あまねりゅう》の基盤《きばん》をなすものですね。

方条　はい、その通《とお》りですね。この「全身《ぜんしん》をより上質《じょうしつ》な緩衝材《かんしょうざい》へと改変《かいへん》し、衝撃《しょうげき》を跳《は》ね返《かえ》す」という行為《こうい》は、体《からだ》のあらゆる部位《ぶい》で行《おこな》っておりました。

例《たと》えば、体術《たいじゅつ》で言《い》ったらば相手《あいて》からの攻撃《こうげき》エネルギーをそのまま送《おく》り返《かえ》す形《かたち》になります。パンチを打《う》つ場合《ばあい》でも、一見接触《いっけんせっしょく》しているのは拳《こぶし》の表面《ひょうめん》だけになりますが、その時《とき》にこちらに返《かえ》ってくる相手《あいて》の体重《たいじゅう》などの反作用《はんさよう》を、脱力《だつりょく》で作《つく》った全身《ぜんしん》の構造《こうぞう》で分散《ぶんさん》し受《う》け止《と》め、拳《こぶし》のエネルギーに乗《の》せながら跳《は》ね返《かえ》すことになります。つまり相手《あいて》の体重《たいじゅう》すらも味方《みかた》に付《つ》け、こちらのエネルギーに転換《てんかん》できるんです。

こうした術理《じゅつり》から、こちらから積極的《せっきょくてき》に攻撃《こうげき》を仕掛《しか》ける場合《ばあい》でも、後手《ごて》に回《まわ》り相手《あいて》の攻撃《こうげき》を受《う》ける立場《たちば》でも、ここ数年《すうねん》は内部的《ないぶてき》に起《お》きている現象《げんしょう》を「**反作用《はんさよう》の処理《しょり》**」という言《こと》葉《ば》で統一的《とういつてき》に説明《せつめい》できるようになってきました。そういった流《なが》れからも、この走法《そうほう》が生《う》まれたのは必然《ひつぜん》かもしれません。今思《いまおも》えば、寝《ね》っ転《ころ》がった状態《じょうたい》から「足《あし》の脱力《だつりょく》で相手《あいて》を崩《くず》す」という技《わざ》などは十年以上前《じゅうねんいじょうまえ》から行《おこな》っておりましたから。それを、地面《じめん》に対《たい》してやれば良《よ》かったんですよね（笑）。

甲野　その「なんだもう十年《じゅうねん》も前《まえ》にこの原理《げんり》は説明《せつめい》しているじゃないか」と思《おも》うことは、私《わたし》も今《いま》まで何回《なんかい》も経験《けいけん》しています。なんと言《い》っても言葉《ことば》は限《かぎ》られていますから、気付《きづ》きの内容《ないよう》のレベルが違《ちが》っても同《おな》じような表現《ひょうげん》になるんですよね。

方条　そうなんですよね。甲野先生《こうのせんせい》を長年拝見《ながねんはいけん》していてもそれは感《かん》じますし、自分自身《じぶんじしん》も思《おも》う事《こと》がよくあります。

　この走法《そうほう》の特徴《とくちょう》は速度《そくど》を出《だ》すのには向《む》いていませんが、とにかく「疲《つか》れない」事《こと》です。甲野先生《こうのせんせい》の裸足《はだし》ランと同《おな》じですね。走《はし》り始《はじ》めると、何《なに》か別《べつ》の乗《の》り物《もの》に乗《の》っている感覚《かんかく》で体《からだ》が自動的《じどうてき》に目的地《もくてきち》へと運《はこ》んでくれます。実際《じっさい》、家《いえ》から最寄《もよ》り駅《えき》へ四キロ弱《じゃく》の距離《きょり》を長年自《ながねんじ》転車《てんしゃ》で通《かよ》っていたのですが、今《いま》ではもうやめてしまいました。寝不足《ねぶそく》の時《とき》でも飲《の》み会《かい》の帰《かえ》り道《みち》でも、半分居眠《はんぶんいねむ》りをしながらいつの間《ま》にか自宅《じたく》に到着《とうちゃく》しています。私《わたし》はいつも一〇キログらいの荷物《にもつ》を背負《せお》っているのですが、それもあまり気《き》になりません。傾斜《けいしゃ》や階段《かいだん》の上《のぼ》り下《お》りも、とても楽《らく》ちんに移動《いどう》できますね。

甲野　それは本当《ほんとう》に実用的《じつようてき》な走《はし》りですね。

方条　そうなんです。ただ私《わたし》は極度《きょくど》の面倒臭《めんどうくさ》がり屋《や》ですので、趣味《しゅみ》で走《はし》ったりマラソンなどのレースに出《で》る方《かた》の気持《きも》ちは全《まった》く分《わ》かりませんでした。今《いま》でも私《わたし》にとって「走《はし》る」という行為《こうい》は「交通手段《こうつうしゅだん》」で、「目的地《もくてきち》へ移動《いどう》する」などの必然性《ひつぜんせい》が無《な》い限《かぎ》りは一歩《いっぽ》たりとも走《はし》る気《き》がしません。

　だから、「トレーニング」ですらないんですよね。そんな私《わたし》も、一カ月《げつ》の移動距離《いどうきょり》を計《けい》算《さん》してみると、優《ゆう》に一〇〇キロを超《こ》えています。それぐらい、自然《しぜん》に走《はし》れてしまう走法《そうほう》なんです。

甲野　その極度《きょくど》に実用《じつよう》に徹《てっ》しているところも、いかにも方条《ほうじょう》さんらしいですね。そして、結果《けっか》としては、そういう生活《せいかつ》に密着《みっちゃく》している必然性《ひつぜんせい》のあるものが、一番自然《いちばんしぜん》なトレーニングになるのだと思《おも》います。

方条　確《たし》かに甲野先生《こうのせんせい》は「(掃除機《そうじき》など)便利《べんり》な家電《かでん》の無《な》い時代《じだい》の人達《ひとたち》は、日常《にちじょう》や仕事《しごと》で体《からだ》を作《つく》ってきた」と、昔《むかし》から仰《おっしゃ》っていますよね。

甲野　今《いま》、若《わか》い女性《じょせい》がお産《さん》の時《とき》なかなか自然分娩《しぜんぶんべん》が難《むずか》しくなっているのは、昔《むかし》なら誰《だれ》もが行《おこな》っていた「日常《にちじょう》の家事仕事《かじしごと》で体《からだ》を使《つか》わなくなっている」ということを理由《りゆう》の一つに挙《あ》げられている、自然分娩《しぜんぶんべん》を推奨《すいしょう》する産婦人科医《さんふじんかい》の方《かた》がいらっしゃいましたね。ですから、その方《かた》の所《ところ》で出産《しゅっさん》を希望《きぼう》する産婦《さんぷ》には、昔《むかし》ながらの拭《ふ》き掃除《そうじ》などをするように指導《しどう》されていました。

方条　現代人《げんだいじん》の日常《にちじょう》における運動量《うんどうりょう》が、生物《せいぶつ》が本来《ほんらい》の機能《きのう》を維持《いじ》するために必要《ひつよう》としている最低限《さいていげん》を下回《したまわ》ってしまっている表《あらわ》れでしょうね。私《わたし》の日常《にちじょう》が自然《しぜん》に「走《はし》り」と一体《いったい》となってきたのは、そうした「違和感《いわかん》」を感《かん》じた体《からだ》が無意識《むいしき》に呼《よ》んだ必然《ひつぜん》かもしれません。

今《いま》ではその走《はし》り方《かた》も改良《かいりょう》が加《くわ》えられ、能《のう》や狂言《きょうげん》に近《ちか》い動《うご》きを早回《はやまわ》しにし、地面《じめん》の表面《ひょうめん》を平行《へいこう》に滑《すべ》るような歩法《ほほう》をベースに、僅《わず》かに生《しょう》じるバウンドにも乗《の》る、という二重構造《にじゅうこうぞう》になっています。

甲野　ハハッ、それは鳥《とり》が水面《すいめん》スレスレに飛《と》んで、羽《は》ばたきの水面《すいめん》からの反射《はんしゃ》も使《つか》う省《しょう》エネ飛行《ひこう》を思《おも》わせますね。

方条　実《じつ》は、私《わたし》はこの走《はし》り方《かた》を「低空走法《ていくうそうほう》」とでも呼《よ》ぼうかなと思《おも》っていたのですが、甲《こう》野《の》先生《せんせい》の例《たと》えを聞《き》いてぴったりかなという気《き》がしてきました（笑）。

現代武道《げんだいぶどう》について

方条　現代武道《げんだいぶどう》について、甲野先生《こうのせんせい》はどう思《おも》われますか？

甲野　多《おお》くの人《ひと》は世間《せけん》の認知度《にんちど》が高《たか》くなり、国際的《こくさいてき》にも有名《ゆうめい》になることはいいことだと思《おも》っているようですけど、そうなると様々《さまざま》な問題《もんだい》も生《しょう》じますよね。例《たと》えば柔道《じゅうどう》は、もう世界《せかい》中《じゅう》に知《し》れ渡《わた》り、フランスなんて学校《がっこう》で教《おし》えるわけでもないのに男《おとこ》の子《こ》の半分《はんぶん》ぐらいは柔道《じゅうどう》を学《まな》んだ経験《けいけん》があるくらい広《ひろ》まっています。それで競技《きょうぎ》としての柔道《じゅうどう》も盛《さか》んなわけですが、競技《きょうぎ》として公平《こうへい》を期《き》すようにすると、ルールが細《こま》かく設定《せってい》され、そのため昔《むかし》の日本《にほん》では考《かんが》えられなかったような「勝《か》つための策《さく》」をめぐらす者《もの》が当然《とうぜん》のように出《で》てきます。

例《たと》えば受身《うけみ》を覚《おぼ》えると、つい投《な》げられた時《とき》「キレイに投《な》げられた」という印象《いんしょう》になるので、「受身《うけみ》を覚《おぼ》えさせない」とか襟《えり》と袖《そで》を摑《つか》むことが多《おお》い柔道《じゅうどう》では、襟《えり》を厚《あつ》くし、また袖《そで》口《ぐち》を狭《せま》くして、相手《あいて》に摑《つか》みにくくさせるなどといった姑息《こそく》なことも行《おこな》わていると聞《き》いたことがあります。

昔《むかし》は試合《しあ》う者誰《ものだれ》もがそれなりのプライドがあって、暗黙《あんもく》のうちにも柔道《じゅうどう》らしい試合《しあい》をしようとしたのだと思《おも》いますが、国際的《こくさいてき》に発展《はってん》してルールが細《こま》かく決《き》まり、「指導《しどう》」などという昔《むかし》では考《かんが》えられなかった消極的防戦《しょうきょくてきぼうせん》に対《たい》する注意《ちゅうい》が三回《かい》で負《ま》けといった、何《なん》だか見《み》ていてもスッキリしないことが少《すく》なくないですよね。

その点《てん》、相撲《すもう》は実《じつ》に単純《たんじゅん》なルールで、長引《ながび》くこともそうありませんから、競技《きょうぎ》として多《おお》くの人達《ひとたち》に見《み》せるものとしては、さすがによく考《かんが》えられていると思《おも》います。組《く》み技《わざ》で国際《こくさい》的《てき》に広《ひろ》まっても、その本質《ほんしつ》が失《うしな》われにくいのは、相撲《すもう》が江戸《えど》期《き》にそれまでの武術的《ぶじゅつてき》な、けっこう何《なん》でもありだったものから、怪我《けが》が少《すく》なく、競技《きょうぎ》として何度《なんど》でも立《た》ち合《あ》いが出来《でき》るものへと十分検討《じゅうぶんけんとう》工夫《くふう》がなされたからでしょう。

ですからオリンピックなどの競技《きょうぎ》として考《かんが》えた場合《ばあい》、日本《にほん》の格技《かくぎ》の中《なか》では相撲《すもう》が柔道《じゅうどう》よりもわかりやすくて向《む》いていると思《おも》いますけどね。「相手《あいて》から『指導《しどう》』を引《ひ》き出《だ》して勝《か》とう」なんていう決《き》められたルールの中《なか》で作戦《さくせん》を立《た》てて戦《たたか》うというのは、本来《ほんらい》武術《ぶじゅつ》であった「柔《じゅう》」の世界《せかい》からずいぶんと変質《へんしつ》してしまってますから。剣道《けんどう》は剣道《けんどう》で、その理由《りゆう》を納得《なっとく》いくように説明出来《せつめいでき》ない「正《ただ》しい剣道《けんどう》」というルール以前《いぜん》の固定観念《こていかんねん》に縛《しば》られていて、たとえば本来《ほんらい》の日本《にほん》の剣術《けんじゅつ》から見《み》れば絶対《ぜったい》にそれが正《ただ》しいとは思《おも》えない、踵《かかと》を浮《う》かせた足遣《あしづか》いや、左右《さゆう》の手《て》を離《はな》して竹刀《しない》を持《も》つことが強制《きょうせい》されています。

その他《ほか》にも武術《ぶじゅつ》としての剣術《けんじゅつ》から考《かんが》えたらおかしい不合理《ふごうり》と思《おも》えることがいくつもあります。そういうことを、開《ひら》かれた場《ば》で論《ろん》じて改革《かいかく》していけば、剣道人口《けんどうじんこう》の減少《げんしょう》もずいぶん違《ちが》ってくると思《おも》いますけどね。

方条　みんな同《おな》じ文脈同士《ぶんみやくどうし》で嚙《か》み合《あ》っちゃっているんですよね。文脈《ぶんみやく》から逸脱《いつだつ》した使《つか》い手《て》がいないから、同《おな》じ盤上《ばんじょう》で膠着《こうちゃく》している。でも、盤《ばん》ごとひっくり返《かえ》すのが武術《ぶじゅつ》なんだと思《おも》います。そのためには、根底《こんてい》にある「身体《からだ》の使《つか》い方《かた》」そのものから改変《かいへん》しなくてはならない。本書《ほんしょ》では「原理《げんり》」と説明《せつめい》しましたけれど。でも、現代《げんだい》の武道《ぶどう》やスポーツはそこにほとんど手《て》を着《つ》けていないですね。

肉体《にくたい》も同《おな》じで、力《りき》み合《あ》っていると同《おな》じ文脈同士《ぶんみやくどうし》で嚙《か》み合《あ》ってしまう。片方《かたほう》が抜《ぬ》けていると文脈《ぶんみやく》から外《はず》れて嚙《か》み合《あ》えないから、相手《あいて》はどうして良《よ》いか分《わ》からずに崩《くず》される。そういった意味《いみ》でウラ崩《くず》しは「力《りき》みが抜《ぬ》けている」系《けい》で、相手《あいて》の文脈《ぶんみやく》から外《はず》している一種《いっしゅ》の技《ぎ》法《ほう》とも言《い》えますね。

甲野　まあ、いま私《わたし》が展開《てんかい》している「完全武装解除《かんぜんぶそうかいじょ》の原理《げんり》」による技《わざ》も、これが今後確《こんごたし》かな進展《しんてん》をしていけば、柔道式《じゅうどうしき》に組《く》み合《あ》った状態《じょうたい》から、本当《ほんとう》にいきなりその場《ば》に崩《くず》れ落《お》ちる事《こと》で相手《あいて》が投《な》げられていると思《おも》います。加藤有慶《かとううけい》の起倒流《きとうりゅう》の型《かた》も、捨身技《すてみわざ》が大変多《たいへんおお》いようです。有慶自身《うけいじしん》はほとんど触《ふ》れただけで崩《くず》していましたけど、その元《もと》にある捨身技《すてみわざ》というのは、そういう捨身技《すてみわざ》だったんじゃないかと思《おも》うんですよ。何《なん》というか、立《た》っていたら突《とつ》然床《ぜんゆか》が抜《ぬ》け落《お》ちてしまったような状態《じょうたい》になって、相手《あいて》が一瞬《いっしゅん》で崩《くず》れるような、そんな唐突《とうとつ》感《かん》が柔道《じゅうどう》に変《か》わる前《まえ》の柔術《じゅうじゅつ》にはあったような気《き》がするのです。ただ、それが「柔道《じゅうどう》」として広《ひろ》く多《おお》くの人《ひと》が学《まな》びやすい武道《ぶどう》へと変《か》わる過程《かてい》で失《うしな》われていったのではないでしょうか。

方条　創始者《そうししゃ》である嘉納治五郎《かのうじごろう》さんは頭《あたま》がすごく良《よ》いから、科学者《かがくしゃ》としての視点《してん》はよく分《わ》かるんですけどね。

甲野　そう、物理《ぶつり》の原理《げんり》を取《と》り入《い》れて説明《せつめい》して。

方条　で、当時《とうじ》は日本《にほん》の「感覚世界《かんかくせかい》」の文化《ぶんか》から逆振《ぎゃくぶ》れしてね。

甲野　そうですね。当時《とうじ》は分《わ》かりやすく「理《り》」を与《あた》えるっていう事《こと》が、ある面《めん》すごく西洋《せいよう》的《てき》で新《あたら》しかったんですよね。それがトレンドだった。

方条　一番《いちばん》その時代《じだい》にとって説得力《せっとくりょく》がある事《こと》を肌《はだ》で感《かん》じていた、というのがあったのだと思《おも》います。しかし、現在《げんざい》の我々《われわれ》からその両面《りょうめん》をトータルして見《み》ると、「分《わ》かりやすさ」「明《めい》確《かく》さ」と引《ひ》き換《か》えに、感覚《かんかく》の退化《たいか》にも進《すす》んでしまった。

甲野　あの嘉納治五郎師範《かのうじごろうしはん》は、同時代《どうじだい》の凄《すご》い人《ひと》の技《わざ》は、それはそれでちゃんと感《かん》じていたから、自分《じぶん》が学《まな》んだ起倒流《きとうりゅう》は全《まった》く手《て》もつけずに古式《こしき》の型《かた》として残《のこ》したんですよ。「講道館《こうどうかん》古式《こしき》の型《かた》」の中《なか》に大《だい》の字《じ》になって相手《あいて》を投《な》げる捨身技《すてみわざ》がありますが、これはかつての起倒《きとう》流《りゅう》の型《かた》そのもののようですから。そうした古流《こりゅう》への憧《あこが》れもあり、自分《じぶん》が創《つく》った柔道《じゅうどう》が「何《なん》でこんな事《こと》になってしまったんだ」と晩年嘆《ばんねんなげ》いていた嘉納師範《かのうしはん》は合気道《あいきどう》の植芝盛平翁《うえしばもりへいおう》に来《き》てほしいと洩《も》らしていたというのは、その辺《へん》の思《おも》いもあったからでしょう。「自分《じぶん》が目指《めざ》した柔《やわら》の道《みち》はこんなはずじゃなかった」という。

ただ、そう思《おも》いつつも、嘉納師範《かのうしはん》自身《じしん》が柔道《じゅうどう》の技《わざ》に力学《りきがく》の根拠《こんきょ》を持《も》たせたり、ユージン・サンドウの筋力《きんりょく》トレーニングを推奨《すいしょう》したりだとか、西洋《せいよう》と東洋《とうよう》の間《あいだ》で常《つね》に揺《ゆ》れていたんですね。明治《めいじ》という時代《じだい》は、そういう西洋《せいよう》の考《かんが》えを取《と》り入《い》れることが新《あたら》しく感《かん》じられ、人々《ひとびと》の注意《ちゅうい》を引《ひ》きましたからね。柔道《じゅうどう》もそうして西洋化《せいようか》したから、「新《あたら》しいもの」として広《ひろ》く受《う》け入《い》れられた側面《そくめん》もあったと思《おも》います。

その一方《いっぽう》で、合気道《あいきどう》の植芝翁《うえしばおう》を呼《よ》びたいとかいう思《おも》いもあり、でもさすがにそれはできなかったので、自分《じぶん》の弟子《でし》を植芝翁《うえしばおう》に託《たく》したりもしたのでしょう。それでも結局《けっきょく》、柔道《じゅうどう》の今《いま》に至《いた》る競技化《きょうぎか》の流《なが》れを止《と》める事《こと》はできなかったんですね。そう思《おも》ってみると方条《ほうじょう》さんのような形《かたち》で武術《ぶじゅつ》の在《あ》り方《かた》を考《かんが》え、試合《しあい》のための組手《くみて》や乱取《らんど》りをしないで、そういう試合《しあい》を勝《か》ち抜《ぬ》いてきた人《ひと》と手《て》を合《あ》わせても相手《あいて》に驚《おどろ》かれる人《ひと》は滅多《めった》にいないと思《おも》いますね。

方条　そうは思《おも》えませんが。

甲野　いや、なかなかいないと思《おも》いますよ。ですから、今回私《こんかいわたし》が気付《きづ》いた「完全武装解除《かんぜんぶそうかいじょ》の原理《げんり》」にしても、一つの直感《ちょっかん》を得《え》て、肌《はだ》で感《かん》じたのは、方条《ほうじょう》さんの方《ほう》が早《はや》かったのだと思《おも》います。

方条　先生《せんせい》のもとで学《まな》んでいると、同《おな》じ時期《じき》に同《おな》じような事《こと》を思《おも》い付《つ》いたり考《かんが》えている、といった事《こと》が不思議《ふしぎ》と何度《なんど》もありますね。先《さき》ほどの「裸足走《はだしばし》り」の時期《じき》もその一つですね。今回《こんかい》の本《ほん》でも書《か》きましたけど、私《わたし》は先生《せんせい》からすごく栄養《えいよう》をいただいたし、今《いま》もいただいている。『剣《けん》の精神誌《せいしんし》』を始《はじ》め、先生《せんせい》の様々《さまざま》な本《ほん》の影響《えいきょう》も受《う》けてきました。稽古《けいこ》スタイルも含《ふく》め、先生《せんせい》がいなければ今《いま》の私《わたし》は存在《そんざい》しなかったでしょう。

そう考《かんが》えてみると、これから先生《せんせい》も私《わたし》も考《かんが》えがどんどん変《か》わってゆくかもしれませんが、路《みち》の途上《とじょう》で、まさに「以心伝心《いしんでんしん》」と言《い》ってよいくらい考《かんが》えが一致《いっち》するこの一点《いってん》で交《まじ》われているのは、不思議《ふしぎ》な感慨《かんがい》がありますね。

甲野　もう、それぞれがそれぞれ自由《じゆう》に研究《けんきゅう》を深《ふか》めながら交流《こうりゅう》するという事《こと》に凄《すご》く意味《いみ》がありますから。「松聲館技法研究員《しょうせいかんぎほうけんきゅういん》」を委嘱《いしょく》した人《ひと》たちはもちろん、私《わたし》の身近《みぢか》で私《わたし》をよく理解《りかい》している人《ひと》たちは、誰《だれ》も私《わたし》の後継者《こうけいしゃ》になりたいと思《おも》っていませんよ。私《わたし》に縁《えん》があって、それぞれの道《みち》で花《はな》を咲《さ》かせたいという形《かたち》でやっていますからね。ですから、将来私《しょうらいわたし》から「後継者《こうけいしゃ》を託《たく》された」という人間《にんげん》が出《で》てきたら、その人《ひと》は絶対《ぜったい》おかしい人《ひと》です（笑）。

方条　私《わたし》も実《じつ》の親以上《おやいじょう》に先生《せんせい》から影響《えいきょう》を受《う》けていますが、「甲野善紀《こうのよしのり》になろう」とは不思《ふし》議《ぎ》と一度《いちど》も思《おも》いませんでしたね。

甲野　いやそれはそうでしょう。方条《ほうじょう》さんはもう本当《ほんとう》に独自《どくじ》の道《みち》を歩《あゆ》んでいますから「松聲館技法研究員《しょうせいかんぎほうけんきゅういん》」とは言《い》えないでしょう。名古屋《なごや》でカラダラボを主宰《しゅさい》している山口《やまぐち》潤《じゅん》さんにしても、本当《ほんとう》に独自《どくじ》の道《みち》を歩《あゆ》んでいるので「松聲館《しょうせいかん》の技法《ぎほう》」とは、とても言《い》えないので、この「松聲館技法研究員《しょうせいかんぎほうけんきゅういん》」の委嘱《いしょく》は控《ひか》えているのです。

それから「松聲館技法研究員《しょうせいかんぎほうけんきゅういん》」を最初《さいしょ》に委嘱《いしょく》した信州《しんしゅう》の江崎義巳《えざきよしみ》さんにしても、手裏《しゅり》剣《けん》の技術《ぎじゅつ》の研究《けんきゅう》から、剣術《けんじゅつ》も体術《たいじゅつ》も本当《ほんとう》に独自《どくじ》に研究《けんきゅう》を深《ふか》めていて、江崎流《えざきりゅう》になっていますから「松聲館技法研究員《しょうせいかんぎほうけんきゅういん》」の卒業生《そつぎょうせい》になってもらってもいいのですが、卒業《そつぎょう》するかしないかは御本人《ごほんにん》の判断《はんだん》に委《ゆだ》ねることにしています。

それに、私《わたし》の長男《ちょうなん》で私《わたし》と同《おな》じような身体《しんたい》の技法《ぎほう》を研究《けんきゅう》し、指導《しどう》することを仕事《しごと》にしている甲野陽紀《こうのはるのり》も、二年間《ねんかん》、私《わたし》のアシスタントとして日本中《にほんじゅう》あちこちの講習会《こうしゅうかい》をまわり、最《さい》初《しょ》は私《わたし》の術理《じゅつり》を参考《さんこう》にして、もちろん今《いま》もそれが基盤《きばん》の一つにはなっているでしょうが、現在《げんざい》では私《わたし》も驚《おどろ》くような独自《どくじ》の進展《しんてん》をしています。ですから、陽紀《はるのり》の講習《こうしゅう》を受《う》けた人《ひと》は親《おや》子《こ》なのに私《わたし》と術理《じゅつり》や講習《こうしゅう》の内容《ないよう》があまりにも違《ちが》うので驚《おどろ》くらしいですよ。

とにかく現代《げんだい》は誰《だれ》であっても古《いにしえ》の凄《すさ》まじい武術《ぶじゅつ》の名人達人《めいじんたつじん》には程遠《ほどとお》いわけですから、誰《だれ》でもいいから僅《わず》かでも手掛《てが》かりを得《え》て、それを体現《たいげん》してもらえば素晴《すば》らしいことです。最《さい》初《しょ》に自分《じぶん》が教《おし》えた人間《にんげん》でも、その人物《じんぶつ》が大《おお》いに成長《せいちょう》して、古人《こじん》の信《しん》じ難《がた》いような凄《すご》い働《はたら》きの一部《いちぶ》でも明《あき》らかにできれば、それを手掛《てが》かりにして、さらに深《ふか》く入《はい》っていけます。
しかし、武道界《ぶどうかい》は残念《ざんねん》ながら「自分《じぶん》が一番《いちばん》」と思《おも》いたがる「お山《やま》の大将《たいしょう》」みたいな人《ひと》が、とても多《おお》いんですよね。才能《さいのう》のありそうな若《わか》い門人《もんじん》は、潰《つぶ》したり疎外《そがい》したり……。
方条　武道《ぶどう》では顕著《けんちょ》ですし、あらゆる分野《ぶんや》で見《み》られますね。
甲野　まあそうですね。会社《かいしゃ》でも「ほどほど使《つか》える」部下《ぶか》はいいけれど、自分《じぶん》があおられてしまうような優秀《ゆうしゅう》な部下《ぶか》とか、自分《じぶん》の意見《いけん》に対《たい》して「それは違《ちが》うでしょう」と筋道《すじみち》を立《た》てて明快《めいかい》に反論《はんろん》してくるような部下《ぶか》は煙《けむ》たくなりますから、そういう門人《もんじん》や部下《ぶか》には自然《しぜん》と冷《つめ》たくしたり妨害《ぼうがい》したり、ということは、芸能《げいのう》、芸術《げいじゅつ》、その他《た》あらゆる世界《せかい》に起《お》きていますよね。
方条　先生《せんせい》は以前《いぜん》から、武道界《ぶどうかい》の中《なか》で「ああはなりたくない」というお手本《てほん》だけは見飽《みあ》きるほど見《み》てきたと仰《おつしや》っていますもんね。そうした現代武道《げんだいぶどう》の状況《じょうきょう》に対《たい》する異議《いぎ》申し立《た》ても、先生《せんせい》の稽古《けいこ》スタイルを形作《かたちづく》ってきた大《おお》きな要素《ようそ》かもしれません。
甲野　私《わたし》の場合《ばあい》、とにかく自分《じぶん》の技《わざ》が伸《の》びる事《こと》が一番《いちばん》ということで、ずっときてますから、私《わたし》の身近《みぢか》で凄《すご》く技《わざ》が伸《の》びる人《ひと》がいれば、いちばん距離《きょり》が近《ちか》いので交流《こうりゅう》しやすいはずなんですけどね。
方条　だけどほとんどの人《ひと》は、そういう人《ひと》が出《で》てくると潰《つぶ》しにかかってしまうんですよね。そうすると、いずれは自分《じぶん》の腕《うで》が落《お》ちてしまいますよね、何《なに》よりも。

甲野　ほんとしょうもない話《はなし》だと思《おも》いますけど、昔《むかし》からそうですね。

方条　甲野先生《こうのせんせい》はかなり初期《しょき》から、そういう危険性《きけんせい》を自覚《じかく》されていて、折《おり》に触《ふ》れて「共《きょう》同研究者《どうけんきゅうしゃ》」という言《い》い方《かた》を使《つか》われてますもんね。やっぱり「共同研究者《きょうどうけんきゅうしゃ》」なんですよね。

甲野　実際今《じっさいいま》までの技《わざ》が掛《か》からなくなってくれれば、「たいしたもんだな」と思《おも》いますから。

方条　その姿勢《しせい》があったから、七十歳《さい》を過《す》ぎた今《いま》でも「今《いま》が人生《じんせい》で一番体《いちばんからだ》が動《うご》く」と仰《おっしゃ》っていますもんね。

甲野　まあ、それは私《わたし》に伸《の》びしろが充分《じゅうぶん》にあり過《す》ぎるほど未熟《みじゅく》だったという事《こと》でもあるわけですが、昔《むかし》の本当《ほんとう》に凄《すご》い剣客《けんかく》や柔術家《じゅうじゅつか》に較《くら》べれば、現代《げんだい》の武術家《ぶじゅつか》は私《わたし》の知《し》る限《かぎ》り、まだまだそうした人達《ひとたち》からは遠《とお》いところにいますね。ですから、本当《ほんとう》はどんな人《ひと》にも、まだまだ伸《の》びしろがあるはずなんですよ。

方条　ある程度師《ていどし》のもとで学《まな》ぶと、背《そむ》いて出《で》て行《い》ったり離《はな》れて行《い》く人《ひと》もいますけど、先生《せんせい》のもとでは面白《おもしろ》い人材《じんざい》がよく育《そだ》つし、残《のこ》りますよね。この『上達論《じょうたつろん》』では、その秘密《ひみつ》の一端《いったん》を解《と》き明《あ》かしつつ、そういう方《かた》がもっと増《ふ》えたらいいなという願《ねが》いを込《こ》めて書《か》いたつもりです。

甲野　やっぱり私《わたし》の身近《みぢか》な人《ひと》の中《なか》で抜群《ばつぐん》になった、例《たと》えば名古屋《なごや》の山口潤《やまぐちじゅん》さんにしてもそうですけど、もう充分一人《じゅうぶんひとり》でドンドン指導《しどう》していけるのに、私《わたし》を招《まね》いて講習会《こうしゅうかい》を開《ひら》く時《とき》「皆《みな》さん、どうぞ甲野先生《こうのせんせい》に触《ふ》れてください」と熱《ねつ》を入《い》れて呼《よ》びかけられていますから、私《わたし》の方《ほう》が恐縮《きょうしゅく》してしまいますよ。

方条　その豊《ゆた》かさですよね。閉《と》じた世界《せかい》の中《なか》に身《み》を置《お》いて、一種《いっしゅ》のカルト集団《しゅうだん》のように組《そ》織《しき》を固《かた》め、その中《なか》の人達《ひとたち》に「凄《すご》い」と思《おも》われる事《こと》ばかりに重《おも》きを置《お》いてしまっている人《ひと》はけっこう多《おお》いようですからね。そういった自己《じこ》に目《め》を向《む》けないまま「心《こころ》を養《やしな》う」だとか立《りっ》派《ぱ》な標語《ひょうご》をいくつ掲《かか》げても、人《ひと》としての根本部分《こんぽんぶぶん》が全《まった》く養《やしな》えない事《こと》になってしまいますね。

　先程《さきほど》の技法《ぎほう》にもつながりますけど、心《こころ》も含《ふく》めて「身体感覚《しんたいかんかく》」なんだと私《わたし》は思《おも》うんです。何《なに》かに囚《とら》われて固執《こしつ》する心《こころ》が残《のこ》っているっていう事《こと》は、身体感覚《しんたいかんかく》が練《ね》り切《き》れていない証拠《しょうこ》なんだと思《おも》います。

甲野　最近《さいきん》の私《わたし》の武術《ぶじゅつ》の術理《じゅつり》は、まさに「心法《しんぽう》」とも言《い》える、心《こころ》の中《なか》にある思《おも》いの捨《す》て方《かた》というか、フロー状態《じょうたい》の研究《けんきゅう》などになっているわけですが、これは見方《みかた》を変《か》えると、心《こころ》の様々《さまざま》な働《はたら》きを捨《す》てれば、残《のこ》るのは「**身体《しんたい》そのもの**」になってくるんですよ。ですから、「心《こころ》の技《わざ》」は、ある面《めん》どんどん「身体《しんたい》の技《わざ》」になってくるわけです。つまり「心法《しんぽう》」っていうのは、深《ふか》めるほどに「**身体《しんたい》の探究《たんきゅう》**」になるのです。

縁《えん》

方条　その「心法《しんぽう》」を成立《せいりつ》させるためには、心《こころ》が気合《きあ》いとかで力《りき》んでいたら難《むずか》しいですよね。頭《あたま》の方《ほう》の「武装解除《ぶそうかいじょ》」が進《すす》んでいない事《こと》になりますから。でも「脱力《だつりょく》」を標榜《ひょうぼう》している武術《ぶじゅつ》だとか流儀《りゅうぎ》でも、もの凄《すご》く発言《はつげん》は攻撃的《こうげきてき》だったり、気合《きあ》いみたいな物《もの》を大事《だいじ》にしながら「力《ちから》を抜《ぬ》け抜《ぬ》け」って言《い》ってるのがよく見《み》られるなっていうのが印象《いんしょう》です。なので、頭《あたま》と体《からだ》でやろうとしている事《こと》がちぐはぐになってしまっている。そこは大矛盾《だいむじゅん》ですよね。

甲野　「気合《きあい》」という言葉《ことば》は、本来《ほんらい》はもっとレベルの高《たか》いものを指《さ》していたのですが、ただ頑張《がんば》ることを「気合《きあい》だ！　気合《きあい》だ！」とか言《い》っている人《ひと》の印象《いんしょう》が一般化《いっぱんか》してしまいましたよね。方条《ほうじょう》さんの言《い》われる「気合《きあい》」も、その印象《いんしょう》の「気合《きあい》」だと思《おも》います。

まあ、それはそれとして、私は最近特《さいきんとく》に思《おも》うのですが、「上手《うま》く使《つか》おう」「上手《うま》く使《つか》おう」っていうのは「狙《ねら》う心《こころ》」があるわけですよ。「意図《いと》する所《ところ》を狙《ねら》う」心《こころ》があるわけでしょう。ですから、「やめる」と言《い》っても「諦《あきら》める」のとは違《ちが》う。「諦《あきら》める」というのはまず「希望《きぼう》」があって、それを諦《あきら》めるという事《こと》ですから。

方条　違《ちが》いますすね。

甲野　一つ一つ押《お》さえていくと、「諦《あきら》める」わけでもなくただ淡々《たんたん》とやるっていう。生《い》きていて普通《ふつう》にしていればそうなる。だから方条《ほうじょう》さんが誰《だれ》かに「武術《ぶじゅつ》は楽《たの》しいですか」と聞《き》かれた時《とき》に、「楽《たの》しくもないし、楽《たの》しくなくもない」と答《こた》えたのもそうでしょう。

方条　そうですね。あの質問《しつもん》をされた時《とき》に、「楽《たの》しい」と答《こた》える事《こと》にすごく違和感《いわかん》を感《かん》じる自分《じぶん》がいて。だからといって「つまらない」わけでもない。その時《とき》に思《おも》ったのが、「楽《たの》しい」と感《かん》じているうちは、まだまだ武術《ぶじゅつ》が「お客《きゃく》さん」なんだなという事《こと》です。例《たと》えば、「呼吸《こきゅう》」とは人間《にんげん》が生《い》きる上《うえ》で最《もっと》も重要《じゅうよう》で基本的《きほんてき》な行為《こうい》ですけれど、それゆえにもしも一呼吸《ひとこきゅう》一呼吸《ひとこきゅう》が楽《たの》しかったりしたら生活《せいかつ》が成《な》り立《た》たない。

甲野　そうですね（笑）。

方条　逆《ぎゃく》に、苦《くる》しかったら体調《たいちょう》や呼吸器《こきゅうき》関連《かんれん》に何《なに》か問題《もんだい》がある。自分《じぶん》と一体《いったい》であるほど、もう存在《そんざい》も意識《いしき》していないんですよ。内臓《ないぞう》なんかもそうですね。健康《けんこう》であれば存在《そんざい》すら感《かん》じないけれど、胃痛《いつう》が生《しょう》じた時《とき》に胃《い》の存在《そんざい》を初《はじ》めて意識《いしき》する。もしも「胃《い》が存在《そんざい》して嬉《うれ》しい！」と喜《よろこ》んでいる人《ひと》がいたら、その人《ひと》はおそらく以前《いぜん》に胃《い》の大病《たいびょう》などして、乗《の》り越《こ》えたような人《ひと》ですよね。つまり、胃《い》が「お客《きゃく》さん」なんです。

甲野　同《おな》じようなことは昔《むかし》整体協会《せいたいきょうかい》の創始者《そうししゃ》である野口晴哉《のぐちはるちか》先生《せんせい》が言《い》われていましたね。

方条　そういう意味《いみ》で、武術《ぶじゅつ》が今《いま》より楽《たの》しかった頃《ころ》は、武術《ぶじゅつ》は自分《じぶん》にとって「お客《きゃく》さん」だったなという気《き》がしています。

甲野　確《たし》かに私《わたし》も技《わざ》の工夫《くふう》はもう習《なら》い性《しょう》となっていますね。

方条　先生《せんせい》は、日常《にちじょう》のあらゆる体験《たいけん》が技《わざ》のヒントとなっていますもんね。音楽《おんがく》を聞《き》いて体《からだ》が変《か》わったり、暗闇《くらやみ》でガマガエルを踏《ふ》んで、潰《つぶ》す前《まえ》に回避《かいひ》した経験《けいけん》が技《わざ》になったり（笑）。

私《わたし》も武術《ぶじゅつ》を始《はじ》めてから、日常《にちじょう》の中《なか》でどんどん体《からだ》を組《く》み替《か》える習慣《しゅうかん》がついてきて、いつしか無意識《むいしき》にそれを行《おこな》うようになりました。そうすると、日常《にちじょう》だとか稽古《けいこ》だとかの境目《さかいめ》が曖昧《あいまい》になって、気付《きづ》いたらぱっと体《からだ》が変《か》わっていたりするんです。でも、他人《たにん》からしたら私《わたし》が稽古《けいこ》らしい稽古《けいこ》をしているように見《み》えるのは、一カ月分《げつぶん》を合計《ごうけい》しても五、六時間《じかん》ぐらいしか無《な》いと思《おも》います。なので、一見《いっけん》「全然稽古《ぜんぜんけいこ》をしていない人《ひと》」にも見《み》えるかもしれません。でも、ある意味常《いみつね》に稽古《けいこ》をしているとも言《い》えますし、自分《じぶん》の中《なか》で、本当《ほんとう》に境目《さかいめ》がないんです。

甲野　動《うご》きの質《しつ》を変《か》えることは、そこまでいかないといけないでしょうし、そこからやっと本格的《ほんかくてき》な「稽古《けいこ》」というか「修行《しゅぎょう》」が始《はじ》まるように思《おも》います。

方条　まさに呼吸《こきゅう》のごとく、それが「前提《ぜんてい》」なのかもしれませんね。実《じつ》はここ数年《すうねん》「稽古《けいこ》」という言葉《ことば》にすら、どこか白々《しらじら》しさというか違和感《いわかん》を感《かん》じていて、「稽古《けいこ》をしているんだ」と自覚《じかく》している時間《じかん》の量《りょう》がそのまま自分《じぶん》の未熟《みじゅく》さであり、武術《ぶじゅつ》と一体《いったい》になっていない部分《ぶぶん》だなぁという気《き》がしています。そういう意味《いみ》で、ある種《しゅ》の完成《かんせい》に近付《ちかづ》いてゆくほど、道場《どうじょう》の上《うえ》で誰《だれ》かと組《く》んでやったり、目的《もくてき》を持《も》って何《なに》かの動《うご》きを磨《みが》くような時間《じかん》は減《へ》ってゆくような気《き》がしています。

甲野　それはまさにその通《とお》りだと思《おも》います。

方条　ただ「楽《たの》しい」という気持《きも》ちを全《まった》く否定《ひてい》しているわけではなくて、特《とく》に稽古《けいこ》の初期《しょき》では不可欠《ふかけつ》なエンジンになると思《おも》っています。私自身《わたしじしん》、それが無《な》ければ今《いま》はありませんでした。実際《じっさい》、自分《じぶん》の教室《きょうしつ》ではいかに「楽《たの》しく学《まな》んでもらえるか」の工夫《くふう》ばかりをしています。しかし、何事《なにごと》も「役割《やくわり》」や時期《じき》というものがあると思《おも》っています。宇宙船《うちゅうせん》の二段《だん》ロケットのように、うまく切《き》り離《はな》すべき時《とき》に切《き》り離《はな》さねば先《さき》へ進《すす》む上《うえ》での重荷《おもに》にもなってしまうという事《こと》ですね。

その観点《かんてん》で言《い》うと「苦《くる》しいけれど歯《は》を食《く》いしばって乗《の》り越《こ》える」ような練習《れんしゅう》は、その分《ぶん》野《や》が「土足《どそく》で家《いえ》を荒《あ》らし回《まわ》る侵入者《しんにゅうしゃ》」みたいになってしまっていて、「一体《いったい》」どころか「お客《きゃく》さん」にすらなれていない。お客《きゃく》さんですらまだ気《き》を遣《つか》うのに、「侵入者《しんにゅうしゃ》」となんて、とてもじゃないが二十四時間一緒《じかんいっしょ》になんかいられないですよね。その辺《あた》りも、本書《ほんしょ》の重要《じゅうよう》なテーマとなっていますね。

甲野　上手《うま》い事《こと》「例《たと》え」ますね。それは大変《たいへん》いい「例《たと》え」だと思《おも》います。いま思《おも》いましたけれど、技《わざ》の上達《じょうたつ》のためには「例《たと》え上手《じょうず》」という事《こと》も重要《じゅうよう》な要素《ようそ》である気《き》がしますね。

方条「たとえ」というのは、「一見無関係《いっけんむかんけい》な二者《にしゃ》を接続《せつぞく》する行為《こうい》」ですから、技《わざ》の創出《そうしゅつ》と密接《みっせつ》な関係《かんけい》がありますね。

甲野　方条《ほうじょう》さんの場合《ばあい》は、半端《はんぱ》でない探究心《たんきゅうしん》があって、それが「生《い》きている」ことと一体化《いったいか》してきて、自分《じぶん》の世界《せかい》を見出《みいだ》してきたんだなと思《おも》います。「完全武装解除《かんぜんぶそうかいじょ》の原理《げんり》」は私《わたし》の方《ほう》が後《あと》から気付《きづ》いているようですから、その辺《へん》のところに気付《きづ》くということは、やっぱりそこはさすがに方条《ほうじょう》さんだなと思《おも》います。ですから私《わたし》がこの原理《げんり》に気付《きづ》いた時《とき》、この話《はなし》は誰《だれ》に話《はな》すよりも、方条《ほうじょう》さんなら「いや全《まった》くその通《とお》りですよ」ときっと共感《きょうかん》してもらえるだろうなと思《おも》ったのです。

方条　一点《いってん》の反論《はんろん》も無《な》いですね（笑）。

甲野　いや、だからね、本当《ほんとう》に不思議《ふしぎ》なのは、私《わたし》が足《あし》を怪我《けが》しなければ、多分今日《たぶんきょう》も忙《いそが》しくやっていて、結局《けっきょく》いつものように稽古会《けいこかい》の始《はじ》まる時間《じかん》ぎりぎりになっただろうと思《おも》うことですよ。

（※注《ちゅう》：この日《ひ》は月《つき》に一度《いちど》、恵比寿《えびす》で中島章夫氏《なかじまあきおし》主催《しゅさい》の稽古会《けいこかい》「松聲館《しょうせいかん》の術理《じゅつり》の『今《いま》』を稽古《けいこ》する」開催《かいさい》の日《ひ》であった。毎回講師《まいかいこうし》の甲野《こうの》を、アシスタントの方条《ほうじょう》が恵比寿駅《えびすえき》まで迎《むか》えに行《い》く事《こと》が恒例《こうれい》になっている。しかし、甲野《こうの》の多忙《たぼう》により、開始時刻《かいしじこく》ぎりぎりになる事《こと》が多《おお》い）

方条　いつものね（笑）。

甲野　ところが足《あし》の指《ゆび》を怪我《けが》して歩《ある》くのがちょっと大変《たいへん》なので、混《こ》んでる電車《でんしゃ》は困《こま》るなと思《おも》って、早《はや》い時間《じかん》の空《す》いてる各駅停車《かくえきていしゃ》に乗《の》ってゆっくり行《い》こうと思《おも》ったのです。それで早《はや》めに来《く》ることになったので、時間《じかん》が出来《でき》てこのように方条《ほうじょう》さんと話《はなし》が出来《でき》るという訳《わけ》です。もし今日《きょう》時間《じかん》がなかったら、この「完全武装解除《かんぜんぶそうかいじょ》の原理《げんり》」に共感《きょうかん》してもらっても「ああそうですね」と言《い》うぐらいで終《お》わっていて、なかなかここまで深《ふか》く話《はな》し込《こ》むことは出来《でき》なかったと思《おも》いますよ。足《あし》の指《ゆび》を切《き》ったお陰《かげ》でこれだけ時間《じかん》を取《と》って、こうして対談原稿《たいだんげんこう》が進《すす》んだわけです。

　ですから、もう私《わたし》の人生《じんせい》のシナリオもなかなか無駄《むだ》なく出来《でき》ているなと感心《かんしん》します。今回《こんかい》、本当《ほんとう》に足《あし》を切《き》った時《とき》、「これであの『奇跡《きせき》』の税金《ぜいきん》が払《はら》えたな」と思《おも》ってすぐ、三笠《みかさ》のエピソードを思《おも》い出《だ》したんです。「奇跡《きせき》」の税金《ぜいきん》を私《わたし》が払《はら》うことが出来《でき》て少《すこ》し安心《あんしん》した理由《りゆう》は、こうした事《こと》は身内《みうち》の一番弱《いちばんよわ》い所《ところ》に、その税金《ぜいきん》がいきがちなので、陽紀《はるのり》の所《ところ》にいる小《ちい》さな子《こ》ども達《たち》に、つまり私《わたし》の孫《まご》ですが、この子《こ》たちに何《なに》かあったら困《こま》るなと思《おも》っていたからです。

（※注《ちゅう》：屋根《やね》から落《お》ちた際《さい》、無意識《むいしき》の対応《たいおう》で無事《ぶじ》に済《す》んだ甲野《こうの》が、一日《いちにち》おいて「ペティナイフを落《お》とし、足《あし》の親指《おやゆび》の付《つ》け根《ね》を深《ふか》く切《き》る」という怪我《けが》を負《お》った。その時《とき》「ああ、これで一昨日《いっさくじつ》の奇跡《きせき》の税金《ぜいきん》は払《はら》えたな」という思《おも》いと共《とも》に思《おも》い出《だ》したエピソード。
日露戦争《にちろせんそう》で日本《にほん》がロシアに対《たい》して信《しん》じられないような大勝《たいしょう》をしてから一週間《いっしゅうかん》も経《た》たないうちに、連合艦隊《れんごうかんたい》司令長官《しれいちょうかん》だった東郷平八郎《とうごうへいはちろう》が乗《の》っていた旗艦《きかん》「三笠《みかさ》」が、佐世保《させぼ》の軍港《ぐんこう》で停泊《ていはく》中《ちゅう》に大爆発《だいばくはつ》を起《お》こし沈没《ちんぼつ》。この時《とき》の死者《ししゃ》は三〇〇人以上《にんいじょう》、日露戦争日本海海戦《にちろせんそうにほんかいかいせん》での戦死者《せんししゃ》の三倍《ばい》ほどであった。ちなみに、この事故《じこ》が起《お》こったのが明治《めいじ》三十八年《ねん》の九月《がつ》十一日《にち》、甲野《こうの》が足指《あしゆび》を切《き》った日《ひ》は令和元年《れいわがんねん》九月《がつ》十一日《にち》であった）

現在《げんざい》は古稀《こき》を越《こ》えたこの歳《とし》で、人生最多忙《じんせいさいたぼう》の日々《ひび》を送《おく》っていますから、他《ほか》にもやりたい事《こと》、やらなければならない事《こと》が山積《さんせき》していて、怪我《けが》をしていなかったらどうしてもそれらをやっていたと思《おも》いますよ。でも、今日《きょう》は恵比寿《えびす》に行《い》くためには、この足《あし》ですから、どうしても空《す》いている電車《でんしゃ》で行《い》かなければ危《あぶ》ないので、早《はや》めに恵比寿《えびす》に着《つ》いていようと思《おも》って出《で》てきたのです。ですから、本当《ほんとう》に屋根《やね》から落《お》ちて無事《ぶじ》だった事《こと》も、ペティナイフを落《お》として怪我《けが》をした事《こと》も、「全部《ぜんぶ》」つながってるんですよ。

方条　面白《おもしろ》いもんですね。

甲野　そうそう（笑）。

方条　電車《でんしゃ》の中《なか》でも、戦艦《せんかん》「三笠《みかさ》」のエピソードから始《はじ》まり、「運命《うんめい》」や「縁《えん》」についての、かなり深《ふか》い話《はなし》になりましたよね。

一番不思議《いちばんふしぎ》なのは、数年前《すうねんまえ》に私《わたし》なりの経緯《けいい》で「武装解除《ぶそうかいじょ》」と名付《なづ》けた術理《じゅつり》を発見《はっけん》してから、それを用《もち》いて甲野先生《こうのせんせい》と初《はじ》めて稽古《けいこ》したのが、ホームページの記録《きろく》を調《しら》べてみると、今日《きょう》と同《おな》じ九月《がつ》十二日《にち》なんです。そして、甲野先生《こうのせんせい》の「完全武装解除《かんぜんぶそうかいじょ》の原理《げんり》」に初《はじ》めて触《ふ》れる事《こと》になったのが五年後《ねんご》の今日《きょう》九月《がつ》十二日《にち》、しかも曜日《ようび》が同《おな》じ木曜《もくよう》で、場所《ばしょ》も恵比寿《えびす》の抱一亀道場《ほういつがんどうじょう》なんですよ。

甲野　まあ色々《いろいろ》となるべきようになっているのかもしれませんが、不思議《ふしぎ》なことが重《かさ》なりますねえ。

【本書《ほんしょ》の刊行《かんこう》にあたって】

冒頭《ぼうとう》でも触《ふ》れたように、一定《いってい》の「個性的人材《こせいてきじんざい》」を輩出《はいしゅつ》し続《つづ》ける一方《いっぽう》、「難解《なんかい》」として挫《ざ》折者《せつしゃ》も多《おお》いのが松聲館《しょうせいかん》スタイルです。

本書《ほんしょ》では本当《ほんとう》に「難解《なんかい》」なのだろうかという根源的《こんげんてき》な問《と》いも含《ふく》めて、その意義《いぎ》と意味《いみ》を解《と》き明《あ》かし、できるだけ多《おお》くの人《ひと》に届《とど》けたい、というのを第一《だいいち》の目的《もくてき》としました。

「伝《つた》える」とは「はしご」のような行為《こうい》です。

「高度《こうど》」なだけだと伝《つた》わりづらく、「分《わ》かりやすい」だけだとレベルが落《お》ちてしまう。

高《たか》い所《ところ》にはぶら下《さ》がっているけれど、足元《あしもと》まで届《とど》いていない梯子《はしご》は時折見《ときおりみ》かけます。

足元《あしもと》には置《お》いてあるけれど、短《みじか》すぎる梯子《はしご》もあちこちで目《め》にします。

そんな中、「レベルを極力落《きょくりょくお》とさず、どれだけ分《わ》かりやすくできるか」。

本書《ほんしょ》を通《つう》じ、可能《かのう》な限《かぎ》り長《なが》い「はしご」の組《く》み立《た》てを試《ため》してみたつもりです。

その「はしご」に手《て》を掛《か》けていただく人《ひと》として、真《ま》っ先《さき》に思《おも》い浮《う》かんだのが「本来《ほんらい》ならば甲野先生《こうのせんせい》の稽古《けいこ》を挫折《ざせつ》してしまうはずの人々《ひとびと》」です。また、これまでの甲野先生《こうのせんせい》の講習会《こうしゅうかい》参加者《さんかしゃ》や書籍《しょせき》の購買層《こうばいそう》から「外《はず》れていた」人《ひと》もそうです。たとえば、十代《だい》や二十代《だい》の若者《わかもの》といった方々《かたがた》にもなるべく届《とど》く内容《ないよう》となるよう、心掛《こころが》けてみました。

そこに伝《つた》わるように書《か》けば、甲野先生《こうのせんせい》に元々関心《もともとかんしん》がある方《かた》や、常連《じょうれん》さんにも良《よ》き「参考書《さんこうしょ》」として機能《きのう》することでしょう。

そのためにも、なるべく幅広《はばひろ》い人達《ひとたち》に伝《つた》わるよう、いくつかの工夫《くふう》を施《ほどこ》してみました。

一つは、「内容《ないよう》を細《こま》かいブロックに分《わ》ける」こと。現在《げんざい》、若《わか》い世代《せだい》になるほど顕著《けんちょ》な傾向《けいこう》が「待《ま》てない」ことだと思《おも》います。長《なが》い話《はなし》が聞《き》けない、長《なが》い文章《ぶんしょう》が読《よ》めない、長《なが》いストーリーが追《お》えないなどです。

起承転結《きしょうてんけつ》の「承《しょう》」や「転《てん》」まで我慢《がまん》ができないのです。近年《きんねん》のテレビ番組《ばんぐみ》が短《みじか》いスパンで刺激的《しげきてき》なネタを羅列《られつ》する形式《けいしき》になっていたり、「一四○文字以内《もじいない》でつぶやく」ツイッターが流行《りゅうこう》したのもその表《あらわ》れでしょう。

そうした傾向《けいこう》を踏《ふ》まえ、本書《ほんしょ》を書《か》き進《すす》めるに当《あ》たり、「短《みじか》いブロックで話題《わだい》を分割《ぶんかつ》し、全体《ぜんたい》で見《み》ると大《おお》きな『流《なが》れ』となっている」形式《けいしき》をとってみました。

「小魚《こざかな》の群《む》れ」が、俯瞰《ふかん》すると「集団《しゅうだん》の秩序《ちつじょ》」を成《な》しているようなものです。

「もくじ」では全《すべ》てのトピックに個別《こべつ》のページ番号《ばんごう》をふりました。読《よ》み返《かえ》す際《さい》や、内容《ないよう》を大《おお》まかに確認《かくにん》したい時《とき》など、興味《きょうみ》ある話題《わだい》から優先的《ゆうせんてき》に参照《さんしょう》できる助《たす》けとなればと思《おも》います。

また、一《ひと》つの試《こころ》みというか挑戦《ちょうせん》として、ほぼ全《すべ》ての漢字《かんじ》に「ふりがな」を付《つ》けていただきました。

現代《げんだい》は大人《おとな》でも「活字離《かつじばな》れ」が進《すす》み、漢字《かんじ》や文章《ぶんしょう》が苦手《にがて》な人《ひと》が増《ふ》えています。

この本《ほん》の試《こころ》みの一《ひと》つが「今《いま》まで届《とど》かなかった人達《ひとたち》にも寄《よ》り添《そ》いたい」というものなので、そういった人《ひと》にもなるべく届《とど》けられたらと思《おも》います。

また、ご家族《かぞく》が購入《こうにゅう》した本《ほん》を、小学生《しょうがくせい》や中学生《ちゅうがくせい》のお子《こ》さんがたまたま手《て》に取《と》る事《こと》があるかも知《し》れない。そんな時《とき》、大抵《たいてい》は「意味《いみ》が分《わ》からない」で終《お》わってしまうと思《おも》います。

しかし一定《いってい》の感性《かんせい》を持《も》った子《こ》が「よく分《わ》からないけれど何《なに》かあるぞ」と思《おも》ってくれる事《こと》が、一例《いちれい》ぐらいはあるかも知《し》れない。その「可能性《かのうせい》」にも、一石《いっせき》を投《とう》じておきたいのです。

【本書の刊行にあたって】

本《ほん》を読《よ》み慣《な》れたり漢字《かんじ》が得意《とくい》な人《ひと》にとっては、「馬鹿《ばか》にされているのか」と思《おも》う人《ひと》もいるかも知《し》れません。しかしそういう人達《ひとたち》には多少《たしょう》の違和感《いわかん》や「読《よ》みづらさ」さえ我慢《がまん》していただければ届《とど》くことは届《とど》きます。

「大《だい》は小《しょう》を兼《か》ねる」ではないですが、「届《とど》かない層《そう》」に届《とど》けば、「届《とど》く層《そう》」にも届《とど》くという事《こと》です。ならば、今回《こんかい》は「届《とど》かない層《そう》」にも寄《よ》り添《そ》ってみたいのです。

願《ねが》わくば一人《ひとり》でも多《おお》くの方《かた》に、「松聲館《しょうせいかん》スタイル」の素晴《すば》らしさが伝《つた》わりますように。

方条《ほうじょう》　遼雨《りょうう》

あとがき

本書《ほんしょ》が初《はじ》めての著書《ちょしょ》となる方条遼雨《ほうじょうりょうう》氏《し》は異能《いのう》の人《ひと》である。異能《いのう》、そして風変《ふうが》わりである事《こと》は、外出《がいしゅつ》する際《さい》にも靴《くつ》などの履物《はきもの》と訣別《けつべつ》していることでも明《あき》らかだし、公開《こうかい》する書物《しょもつ》や雑誌《ざっし》、映像《えいぞう》などに顔《かお》や本名《ほんみょう》を出《だ》す事《こと》を好《この》まない事《こと》からも感《かん》じられると思《おも》う。

しかし、一面《いちめん》、方条氏《ほうじょうし》ほど真面目《まじめ》で常識《じょうしき》を備《そな》え、辛抱強《しんぼうづよ》く人《ひと》に接《せっ》する人《ひと》も稀《まれ》である。その事《こと》は本書《ほんしょ》に書《か》かれている、方条氏《ほうじょうし》の手《て》による術理《じゅつり》の解説《かいせつ》にも現《あらわ》れていると思《おも》う。方条氏《ほうじょうし》は、現在一般化《げんざいいっぱんか》しているが、決《けっ》して有効《ゆうこう》ではない、それどころかマイナスにしかならないと思《おも》われるトレーニング法《ほう》や指導法《しどうほう》によって様々《さまざま》な弊害《へいがい》が起《お》きている現状《げんじょう》から、一人《ひとり》でも多《おお》くの子《こ》どもや若《わか》い人《ひと》（別《べつ》に若《わか》い人《ひと》に限《かぎ》らないが）を救《すく》い出《だ》し、もっと各自《かくじ》が本気《ほんき》で追求《ついきゅう》できる環境《かんきょう》を提供《ていきょう》したいという志《こころざし》があるようだ。そして、その結果《けっか》、自分《じぶん》が有名《ゆうめい》になることは全《まった》く望《のぞ》んでおらず、むしろ黒子《くろこ》になりたいという思《おも》いがあるようで、素顔《すがお》や本名《ほんみょう》は公開《こうかい》しないのだと思《おも》う。

私《わたし》が現代《げんだい》広《ひろ》く行《おこな》われている武道《ぶどう》やスポーツの稽古法《けいこほう》、トレーニング法《ほう》に関《かん》して根本的《こんぽんてき》な疑問《ぎもん》を感《かん》じたのは半世紀《はんせいき》近《ちか》く前《まえ》であり、いろいろ考《かんが》えた末《すえ》、四十一年前《ねんまえ》に当時《とうじ》は全《まった》く未《み》熟《じゅく》ではあったが松聲館道場《しょうせいかんどうじょう》を建《た》て、「武術稽古研究会《ぶじゅつけいこけんきゅうかい》」を立《た》ち上《あ》げ、独自《どくじ》に武術《ぶじゅつ》を探究《たんきゅう》する道《みち》に入《はい》った。以降現在《いこうげんざい》に至《いた》るまで、「これが正《ただ》しい基本《きほん》だ」と言《い》えるような動作《どうさ》は何《なに》一つ作《つく》っていないし、「正《ただ》しい」という言葉《ことば》は現在《げんざい》も喉《のど》に引《ひ》っ掛《か》かって中々《なかなか》言《い》いづらい。ただ、私《わたし》のそうした探究方法《たんきゅうほうほう》に共感《きょうかん》をもって、一緒《いっしょ》に稽古研究《けいこけんきゅう》をしようという同志《どうし》には恵《めぐ》まれた。

特《とく》に武術稽古研究会《ぶじゅつけいこけんきゅうかい》という組織《そしき》（組織《そしき》というほどの組織《そしき》でもなかったが）を二〇〇三年《ねん》に解散《かいさん》して、一人《ひとり》になって以降《いこう》このスタイルで稽古研究《けいこけんきゅう》に専念《せんねん》し始《はじ》めてから、このスタイルを参考《さんこう》にして、抜群《ばつぐん》に技《わざ》が出来《でき》、他《ほか》の武道《ぶどう》や格闘技《かくとうぎ》の人達《ひとたち》と手《て》を合《あ》わせても驚《おどろ》かれるような人材《じんざい》が複数出《ふくすうで》てきた。その中《なか》でも方条氏《ほうじょうし》は名古屋《なごや》の山口潤《やまぐちじゅん》・カラダラボ代表《だいひょう》と共《とも》に、私《わたし》の「松聲館方式《しょうせいかんほうしき》」と時《とき》に呼《よ》ばれている、「何《なに》が正《ただ》しいかわからないが、より深《ふか》く人《にん》間《げん》の特性《とくせい》を研究《けんきゅう》する」という武術研究《ぶじゅつけんきゅう》のスタイルを消化吸収《しょうかきゅうしゅう》して独自《どくじ》の研究《けんきゅう》を続《つづ》け、その結果《けっか》、手《て》を合《あ》わせた誰《だれ》もが、その実力《じつりょく》や指導力《しどうりょく》を認《みと》めざるを得《え》ない人物《じんぶつ》の一人《ひとり》となったのである。恐《おそ》らく、これからも方条氏《ほうじょうし》のさらなる進化進展《しんかしんてん》は止《と》まらないだろう。そして、その考《かんが》え方《かた》も深化《しんか》していくことだろう。

本書《ほんしょ》で述《の》べられている方条氏《ほうじょうし》の稽古論《けいころん》、武術《ぶじゅつ》に関《かん》する考察《こうさつ》は、読《よ》まれた方《かた》はおわかりだと思《おも》うが、年数《ねんすう》をかけて十分《じゅうぶん》に吟味《ぎんみ》され、方条氏自身《ほうじょうしじしん》よくよく自分自身《じぶんじしん》に問《と》いかけてまとめてあるだけに、私《わたし》も感《かん》じ入《い》ったところが少《すく》なくなく、私《わたし》と共通《きょうつう》する考《かんが》えも、もちろん多《おお》い。しかし、個性的《こせいてき》な方条氏《ほうじょうし》の意見《いけん》は私《わたし》と異《こと》なるところも勿論《もちろん》ある。いつかその点《てん》について掘《ほ》り下《さ》げて、対話《たいわ》することもお互《たが》いにとって意味《いみ》のあることのように思《おも》うが、それはまた、その機会《きかい》が来《き》た折《おり》に、ということで、今回《こんかい》は私《わたし》の術理《じゅつり》を聞《き》き、私《わたし》の技《わざ》に触《ふ》れることで、ここまで見事《みごと》に稽古論《けいころん》を組《く》み上《あ》げられた方条 遼雨氏《ほうじょうりょううし》に感謝《かんしゃ》と御礼《おれい》を申《もう》し上《あ》げたいと思《おも》う。

本書《ほんしょ》は「武道《ぶどう》などの稽古事《けいこごと》は、まず確《たし》かな実力《じつりょく》を備《そな》え、その分野《ぶんや》の権威《けんい》として有名《ゆうめい》な師《し》に就《つ》き、その指導《しどう》のもと、基本《きほん》をシッカリ身《み》につけることが上達《じょうたつ》への王道《おうどう》である」と思《おも》われている世間《せけん》の常識《じょうしき》とは全《まった》く異《こと》なった「武術《ぶじゅつ》・武道界《ぶどうかい》からは異端《いたん》と思《おも》われている私《わたし》のような人間《にんげん》が説《と》く、常識《じょうしき》とはかなり異《こと》なった風変《ふうが》わりな稽古法《けいこほう》に関心《かんしん》を持《も》ち、この私《わたし》を観察《かんさつ》しながら自分《じぶん》で一から術理《じゅつり》と稽古法《けいこほう》を考え、試行錯誤《しこうさくご》して研究《けんきゅう》することにより、常識的《じょうしきてき》な稽《けい》古法《こほう》をしてきた人達《ひとたち》からは想像出来《そうぞうでき》ないような技《わざ》の使《つか》い手《て》となった人物《じんぶつ》が現《げん》に存在《そんざい》していること」を紹介《しょうかい》することにより、現在《げんざい》の武道《ぶどう》やスポーツのトレーニング法《ほう》に疑問《ぎもん》を感《かん》じている方《かた》の御参考《ごさんこう》にしていただければと思《おも》い、刊行《かんこう》したのである。

本書《ほんしょ》により、武術《ぶじゅつ》・武道《ぶどう》に限《かぎ》らず、さまざまな技芸《ぎげい》やスポーツ、さらには人文系《じんぶんけい》の研《けん》究《きゅう》分野《ぶんや》でも、この方条氏《ほうじょうし》のような稽古研究法《けいこけんきゅうほう》に関心《かんしん》を持《も》ち、自《みずか》らのトレーニング法《ほう》や研究法《けんきゅうほう》を改革《かいかく》し、それによって思《おも》いもよらなかった世界《せかい》を拓《ひら》く方《かた》が生《う》まれることを心《こころ》から願《ねが》っている。

甲野《こうの》 善紀《よしのり》

〈著者略歴〉

甲野善紀（こうの　よしのり）

1949年東京生まれ。武術研究者。20代の初めに「人間にとっての自然とは何か」を探求するため武の道に入り、1978年に「松聲館道場」を設立。以来、剣術、抜刀術、杖術、槍術、薙刀術、体術などを独自に研究する。2000年頃から、その技と術理がバスケットボール、野球、卓球などのスポーツに応用されて成果を挙げ、その後、楽器演奏や介護、ロボット工学などの分野からも関心を持たれるようになった。2006年以降、フランスやアメリカから日本武術の紹介のため招かれて講習を行なう。2007年から３年間、神戸女学院大学の客員教授も務めた。2009年から森田真生氏と「この日の学校」開講。著書に『剣の精神誌』、『できない理由は、その頑張りと努力にあった』、『自分の頭と身体《からだ》で考える』（養老孟司氏との共著）、『薄氷の踏み方』（名越康文氏との共著）、『巧拙無二』（土田昇氏との共著）など多数。

月２回、夜間飛行からメールマガジン「風の先・風の跡」を配信中。

http://yakan-hiko.com/kono.html

方条遼雨（ほうじょう　りょうう）

玄武術【天根流】（げんぶじゅつあまねりゅう）主宰。

甲野善紀、中島章夫に武術を学ぶ。

両師の術理に独自の発見を加え、「体・動きの根本原理の組み替え」と「脱力」に主眼を置いた「玄運動（げんうんどう）」「玄武術（げんぶじゅつ）」を提唱。スポーツ指導者・パフォーマー・格闘家・芸術家など、ジャンルを問わず「体の使い方」を伝える。

また、「身体と心は完全に同一である」という独自理論を元に、心と体の整え方・緊張の治し方教室やカウンセリング・身体調整も行う。

近年ではサッカー・スタント・歌舞伎・掃除など異分野との交流や合同講師としても活動している。

■ 玄武術【天根流】HP：http://hojos.blog135.fc2.com/

■ツイッター／フェイスブック：「方条遼雨」

■メール：houjoushunkoku@gmail.com

※ HPより無料メールマガジン配信中

装丁：華本達哉〈aozora.tv〉

上達論
基本を基本から検討する

2020年1月23日　第1版第1刷発行
2024年6月20日　第1版第5刷発行

著　者　甲野善紀
　　　　方条遼雨
発行者　岡修平
発行所　株式会社ＰＨＰエディターズ・グループ
〒135-0061　江東区豊洲5-6-52
☎03-6204-2931
http://www.peg.co.jp/
発売元　株式会社ＰＨＰ研究所
東京本部　〒135-8137　江東区豊洲5-6-52
普及部　☎03-3520-9630
京都本部　〒601-8411　京都市南区西九条北ノ内町11
PHP INTERFACE　https://www.php.co.jp/
印刷所
製本所　図書印刷株式会社

ISBN978-4-569-84560-9

PHPの本

できない理由は、その頑張りと努力にあった

武術の稽古で開けた発想

甲野善紀 著／平尾 文 聞き手

仕事にも人生にも行き詰まりを感じることがある。それを乗り越えるために最も必要になるのは発想の転換であることを武術探究を事例に説く。

定価 本体一、六〇〇円（税別）